中国社会科学院大学文库

广电传媒的转型发展
与人才培养

李永健　张　弛　荣文雅　等　著

社会科学文献出版社
SOCIAL SCIENCES ACADEMIC PRESS (CHINA)

总 序

张政文[*]

恩格斯说：一个民族要想站在科学的最高峰，就一刻也不能没有理论思维。[①] 人类社会每一次重大跃进，人类文明每一次重大发展，都离不开哲学社会科学的知识变革和思想先导。中国特色社会主义进入新时代，党中央提出"加快构建中国特色哲学社会科学学科体系、学术体系、话语体系"的重大论断与战略任务。可以说，新时代对哲学社会科学知识和优秀人才的需要比以往任何时候都更为迫切，建设中国特色社会主义一流文科大学的愿望也比以往任何时候都更为强烈。身处这样一个伟大时代，因应这样一种战略机遇，2017 年 5 月，中国社会科学院大学以中国社会科学院研究生院为基础正式创建。学校依托中国社会科学院建设发展，实力雄厚。中国社会科学院是党中央直接领导、国务院直属的中国哲学社会科学研究的最高学术机构和综合研究中心。新时期党中央对其定位是马克思主义的坚强阵地、党中央国务院重要的思想库和智囊团、中国哲学社会科学研究的最高殿堂。使命召唤担当，方向引领未来。建校以来，中国社会科学院大学聚焦"为党育人、为国育才"这一党之大计、国之大计，坚持党对高校的全面领导，坚持社会主义办学方向，坚持扎根中国大地办大学，依托社科院强大的学科优势和学术

---

[*] 中国社会科学院大学党委常务副书记、校长、教授、博士生导师。

[①] 习近平：《在纪念马克思诞辰 200 周年大会上的讲话》，人民出版社，2018，第 15 页。

队伍优势，以大院制改革为抓手，实施研究所全面支持大学建设发展的融合战略，优进优出、一池活水，优势互补、使命共担，形成中国社会科学院大学的办学优势与特色。学校始终把立德树人作为立身之本，把思想政治工作摆在突出位置，坚持科教融合、强化内涵发展，在人才培养、科学研究、社会服务、文化传承创新、国际交流合作等方面不断开拓创新，为争创"双一流"大学打下坚实基础，积淀了先进的发展经验，呈现了蓬勃的发展态势，成就了今天享誉国内的"社科大"品牌。"中国社会科学院大学文库"就是学校倾力打造的学术品牌，如果将学校之前的学术研究、学术出版比作一道道清澈的溪流，"中国社会科学院大学文库"的推出可谓厚积薄发、百川归海，恰逢其时、意义深远。为其作序，我深感荣幸和骄傲。

高校处于科技第一生产力、人才第一资源、创新第一动力的结合点，是新时代繁荣发展哲学社会科学，建设中国特色哲学社会科学创新体系的重要组成部分。我校的建校基础——中国社会科学院研究生院是我国第一所人文社会科学研究生院，是我国最高层次的哲学社会科学人才培养基地。周扬、温济泽、胡绳、江流、浦山、方克立、李铁映等一大批曾经在研究生院任职任教的名家大师，坚持运用马克思主义开展哲学社会科学的教学与研究，产出了一大批对文化积累和学科建设具有重大意义、在国内外产生重大影响、能够代表国家水准的重大研究成果，培养了一大批政治可靠、作风过硬、理论深厚、学术精湛的哲学社会科学高端人才，为我国哲学社会科学发展进行了开拓性努力。秉承这一传统，依托中国社会科学院哲学社会科学人才资源丰富、学科门类齐全、基础研究优势明显、国际学术交流活跃的优势，我校把积极推进哲学社会科学基础理论研究和创新，努力建设既体现时代精神又具有鲜明中国特色的哲学社会科学学科体系、学术体系、话语体系作为矢志不渝的追求和义不容辞的责任。以"双一流"和"新文科"建设为抓手，启动实施重大学术创新平台支持计划、创新研究项目支持计划、教育管理科学研究支持计划、科研奖励支持计划等一系列教学科研战略支持计划，全力抓好"大平台、大团队、大项目、大成果"的"四大"建设，坚持正确的政治方向、学术导向和价值取向，把政治要求、意识形态纪律作为首要标准，贯穿选题设计、科研立项、项目研究、成果运用全过程，以高度的文化自觉和坚定的文化自信，围绕重大理论和实践问题展开深入研究，不断推进知识创新、理论创新、方法创新，不断推出有思想含量、理论分量和话语质量的学术、教材和思政研究成果。"中国社会科学院大学文库"正是对这种历史底蕴和学术精神的传承与发展，更是新时代我校"双一流"建设、科学研究、教育教学改革和思政工作创新发展的集中展示与推介，是学校打造学术精品、彰显中国气派的生动实践。

"中国社会科学院大学文库"按照成果性质分为"学术研究系列""教材系列""思政研究系列"三大系列，并在此分类下根据学科建设和人才培养的需求建立相应的引导主题。"学术研究系列"旨在以理论研究创新为基础，在学术命题、学术思想、学术观点、学术话语上聚力，注重高原上起高峰，推出集大成的引领性、时代性和原创性的高层次成果。"教材系列"旨在服务国家教材建设重大战略，推出适应中国特色社会主义发展要求，立足学术和教学前沿，体现社科院和社科大优势与特色，辐射本硕博各个层次，涵盖纸质和数字化等多种载体的系列课程教材。"思政研究系列"旨在聚焦重大理论问题、工作探索实践经验等领域，推出一批在思想政治教育领域具有影响力的理论和实践研究成果。文库将借助与社会科学文献出版社的战略合作，加大高层次成果的产出与传播。既突出学术研究的理论性、学术性和创新性，推出新时代哲学社会科学研究、教材编写和思政研究的最新理论成果；又注重引导围绕国家重大战略需求开展前瞻性、针对性、储备性政策研究，推出既通"天线"又接"地气"，能有效发挥思想库、智囊团作用的智库研究成果。文库坚持"方向性、开放式、高水平"的建设理念，以马克思主义为领航，严把学术出版的政治方向关、价值取向关、学术安全关与学术质量关。入选文库的作者，既有德高望重的学部委员、著名学者，又有成果丰硕、担当重任的学术带头人，更有崭露头角的"青椒"新秀；既以我校专职教师为主体，也包括受聘学校教授、岗位教师的社科院研究人员。我们力争通过文库的分批、分类持续推出，打通全方位、全领域、全要素的高水平哲学社会科学创新成果的转化与输出渠道，集中展示、持续推广、广泛传播学校科学研究、教材建设和思政工作创新发展的最新成果与精品力作，力争高原之上起高峰，以高水平的科研成果支撑高质量人才培养，服务新时代中国特色哲学社会科学"三大体系"建设。

历史表明，社会大变革的时代，一定是哲学社会科学大发展的时代。当代中国正经历着我国历史上最为广泛而深刻的社会变革，也正在进行人类历史上最为宏大而独特的实践创新。这种前无古人的伟大实践，必将给理论创造、学术繁荣提供强大动力和广阔空间。我们深知，科学研究是永无止境的事业，学科建设与发展、理论探索和创新、人才培养及教育绝非朝夕之事，需要在接续奋斗中担当新作为、创造新辉煌。未来已来，将至已至。我校将以"中国社会科学院大学文库"建设为契机，充分发挥中国特色社会主义教育的育人优势，实施以育人育才为中心的哲学社会科学教学与研究整体发展战略，传承中国社会科学院深厚的哲学社会科学研究底蕴和40多年的研究生高端人才培养经验，秉承"笃学、慎思、明辨、尚行"的校训精神，积极推动社科大教育与社科院科研深度融合，坚持以马克思主义为指导，坚持把论文写在大地上，坚持不忘本来、吸收外来、面向未来，深入研究和回答新时代面临的重大理论问题、重大现实问题和重大实践问题，立志做大学问、做真学问，以清醒的理论自觉、坚定的学术自信、科学的思维方法，积极为党和人民述学立论、育人育才，致力于产出高显示度、集大成的引领性、标志性原创成果，倾心于培养德才兼备、全面发展的哲学社会科学高精尖人才，自觉担负起历史赋予的光荣使命，为推进新时代哲学社会科学教学与研究，创新中国特色、中国风骨、中国气派的哲学社会科学学科体系、学术体系、话语体系贡献社科大的一份力量。

前　言

　　本书承袭了笔者在广电传媒行业工作、教学、研究的经历，尤其是在 2015 年央视挂职结束后五年多的教学、研究工作，其主要围绕广电传媒行业的转型，特别是在媒介融合背景下的困境及创新发展，以及在此基础上探索分析由于这种转型发展而对人才培养带来的新要求这两大方面进行的。这里面蕴含了笔者自己对在央视挂职结束后的一些反思，也蕴含了笔者和团队对于媒介融合驱动下的广电传媒转型发展的理解与认识，同时也让我们对新闻传媒教育及人才培养有了新的体会，这两者是相辅相成的。

　　第一章、第二章的核心内容是原央视为了让他们的业务部门更多地了解媒介融合及国内外广电传媒转型发展的现状及发展趋势，委托课题于笔者。为此，我们专门做了较为系统的文献调研和实地调查，在充分认识媒介融合的本质以及国内外广电传媒转型经验的基础上，提出了央视转型发展，尤其在组织架构上转型发展的思路和策略。

　　第三章的主要内容是从两个方面分析媒介转型发展时期所遇到的两个困境。一是由媒介娱乐化导致的一些媒体为求得生存和发展，放弃了新闻界应该严格遵守的真实、公正原则，使媒体应有的公信力受到损害。二是由于新媒介的发展，传统主流媒体在话语权方面有所丢失。如何重塑主流媒体的话语权？只有充分吸收正面引导、负面反应的经验教训，充分认识重大公共危机事件下谣言传播的特点及规律，有针对性地施策，才能走出舆论引导的困境，《中国舆论场》就是一个很好的尝试。

第四章是基于对《中国新闻》和《中国舆论场》的深度考察，提出了媒介融合时代广电传媒转型研究的新视角。互联网技术的飞速发展及移动互联网的全面普及，使新闻媒介的发展面临前所未有的挑战。收视率下降、转型乏力是其面临的主要挑战，如何提升收视率、如何促进传媒转型发展是电视新闻媒介亟须解决的问题。

第五章结合新文科建设的新视角，探讨分析了媒介融合时代广电传媒转型发展对人才需求的新变化。在对中央电视台、青岛电视台的调研采访的基础上，深入分析了融媒体时代广播电视学专业人才需求以及媒介融合时代广播电视学专业人才核心素养。随着"全媒体"时代的来临以及媒介融合的纵深发展，媒介生态发生了变化，应结合新文科建设背景，重新考虑一名优秀的新闻传媒专业学生应当扮演什么样的角色，应该具备的核心素养是什么。

第六章结合媒介融合的特点、广电传媒转型对于新闻人才队伍带来的冲击，以及我们在调查中得到的一线记者编辑的反馈信息，提出了这样一个命题，即不管时代如何变化、传媒如何转型，坚持新闻理想是培养新型传媒人才的基石。传播者的思想文化直接决定报刊的发展、层次和深度，影响刊物在社会上所能发挥的作用和扮演的角色。

第七章的主要内容是结合我们前期所进行的大规模调查，试图从理论上进行分析，然后把前期的调研和理论分析结合起来，形成我们探索分析核心素养研究的基本思路和研究设计。

第八章是对前期调查得来的数据进行分析，将理论上的9项二级素养进一步抽象概括成6项二级素养。在此基础上利用统计分析方法又进一步抽象概括3项二级核心素养和3项一级核心素养，并利用模型建构这三项核心素养之间的关系，针对其核心素养，对未来的人才培养的教学目标及课程设置提出了有针对性的建议。本章还从宏观方面分析了在新文科背景下我国的新闻学教育如何转向，以及各高校新闻传媒专业在培养方案、课程体系等方面如何进行转型发展等问题。

　　本书的特色在于实证，这里面的实证材料既有笔者观察到的，也有经过科学的研究设计，进行访谈、问卷调查得来的，所以这一工作绝非一个人可以完成的，它一定是一个团队共同奋斗的结果。

　　笔者的研究生配合笔者接力做工作，才有了目前这点结果，有的研究生只经历了枯燥的文献梳理及数据收集工作，就匆匆忙忙毕业走了，而后续的学生就在他们师兄师姐工作的基础上展开工作，轻松了很多。做科研工作就是这样，需要一代接一代的工作，也许有很多人都看不到花，不过总有花开的那一天。我们要感谢那些为我们栽树的人，笔者也要感谢这些研究生，后记中有参与本研究及本书写作的主要成员的简介，唯有他们勤勤恳恳的工作，才能有本书的诞生。

　　本书的整体架构设计及统稿由李永健教授完成。

李永健

2021 年 5 月

目　录

上　篇

媒介融合时代广电传媒转型发展研究

第一章　媒介融合意味着什么[*]

第一节　媒介融合概述

近年来，在互联网技术飞速发展的新形势下，国内外诸多学者对"媒介融合"这一新课题展开了研究。"融合"（convergence）一词最早源于科学技术领域，经过不断发展与传播，才被引入新闻传播领域相关理论和实践中。20世纪70年代末，美国麻省理工学院教授尼古拉斯·尼葛洛庞帝（Nicholas Negroponte，麻省理工学院媒体实验室创办人兼执行总监）在教书时，通过绘图向学生传达了广播电视、计算机和出版印刷业三者之间的关系。他展示和描述了这三种技术的边界逐渐趋向于重叠的聚合过程，从媒介技术的视角对媒介融合进行了阐释，并认为三者的交叉处将成为成长最快、创新最多的领域。^① 这为新闻传播领域后续专家学者的研究带来了新的启发和视角。

通过文献分析发现，西方学者对于"媒介融合"的研究主要集中于以下几个视角。

---

* 本章由张弛撰写，内容来自《媒介融合背景下电视新闻评论节目的困境与发展路径探析》，硕士学位论文，中国青年政治学院，2017；由杨苏丽完成文字及引用格式的进一步完善工作。

① 刘颖悟、汪丽：《媒介融合的概念界定与内涵解析》，《传媒》2012年第1期。

在宏观层面视角下，学者们探究媒介融合对社会、经济、文化产生的影响以及如何对其进行规制、监管。在基于这一视角的研究中，除了尼古拉斯·尼葛洛庞帝所提出的媒介技术会作用于社会变革的观点，另外比较有代表性的是瑞典学者安德烈斯·尼尔森等人的研究，其将媒介融合的概念分为三个方面：媒体业务和媒体本身的融合、规制和规则的融合，以及用户对媒体的互动使用与参与的融合。① 此外，关于媒介融合对文化领域影响的研究也较有代表性，例如詹肯斯提出的"融合代表了一种文化变迁"②。总体来看，西方学者从宏观视角进行研究，不仅注重媒介自身的发展，还注重媒介融合对整个社会发展变革产生的影响，并在如何监管和受众层面做了大量研究。

在中观层面视角下，学者更多地关注媒介形态融合和传媒机构之间相互渗透、融合等传媒行业业务操作和组织管理的具体运作。提出比较有代表性观点的是英国传媒政治经济学家默多克，他从行业视角出发，认为媒介融合主要有三种形式：一是传媒文化形态的融合，二是传播系统的融合，三是传媒公司所有权的融合。③ 这一视角与传媒实践紧密结合，因此对该视角进行研究的不仅有学者，更有传媒行业专家和经济学研究者，专业涵盖范围较广。

在微观层面视角下，相关研究主要着眼于技术的发展对媒介融合的推动作用。美国传媒学者约瑟夫·R. 多米尼克在《大众传播动力学——数字时代的媒介》一书中把媒介融合定义为各种传播技术的混合。④ 除此之外，更有学者注意到具体的两种或多种媒介之间的渗透和

① 蔡雯、王学文：《角度·视野·轨迹——试析有关"媒介融合"的研究》，《国际新闻界》2009 年 11 期；熊澄宇、雷建军：《作为传媒的电影和作为产业的电影》，《当代电影》2006 年第1 期。

② Jenkins, H., "Convergence? I Diverge", *Technology Review*, June, 2001, pp. 93 - 97；曾培伦：《熊彼特创新理论视阈下的中国媒介融合路径危机》，《新闻大学》2017 年第 1 期。

③ 王茫茫：《分众时代的媒体融合》，《中国广播电视学刊》2005 年第 3 期。

④ 〔美〕约瑟夫·R. 多米尼克：《大众传播动力学——数字时代的媒介》，中国人民大学出版社，2003，第 518 页。

发展并做出阐释。例如美国哈佛大学的安瑟尼·G.欧廷格及法国的西蒙·诺拉和阿兰·孟克还分别创造了"compunication"（计算机通信）和"telelmatiqu"（电信技术）两个新词，试图反映数字融合的发展趋势。[①]

相较于西方，我国由于科学技术限制和互联网引入相对滞后，关于"媒介融合"的研究起步较晚。20 世纪 90 年代末，国内有学者开始对"媒介融合"相关领域展开研究，但成果极为有限，直至 2005 年蔡雯教授发表了数篇相关论文，才将"媒介融合"的概念引入国内。自此"媒介融合"成为近年来学术界研究与业界实践的热点。与西方学者的探究略有不同，我国学者主要从理论和实践两个层面对"媒介融合"进行探索。

在理论层面，国内学者在研究之初重点关注媒介融合的概念、现状以及功能等。例如，中国人民大学新闻学院蔡雯教授等在《规制变革：媒介融合发展的必要前提——对世界多国媒介管理现状的比较与思考》一文中，通过对美国、欧洲、新加坡和中国香港等地的媒介管理现状进行比较，探讨媒介融合所需的政策条件。蔡雯等在文中总结："媒介规制的变革乃是媒介融合的必要前提。"[②] 西安外国语大学新闻与传播学院的黄建友在《论媒介融合的内涵及其演进路径》一文中，梳理了东西方对媒介融合概念的不同界定，对媒介融合概念的演进过程进行了阐述，并指出："媒介融合由于内涵过于宽泛，变得不可测量，缺乏规范性。"[③] 而学者孟建、赵元珂的《媒介融合：作为一种媒介社会发展理论的阐释》，黄旦、李暄的《从业态转向社会形态：媒介融合再理解》等文章，都从理论视角对"媒介融合"进行了研究。

在实践层面，国内众多学者注意到媒介融合对媒体转型、技术手

---

① 刘颖悟、汪丽：《媒介融合的概念界定与内涵解析》，《传媒》2012 年第 1 期。

② 蔡雯、黄金：《规制变革：媒介融合发展的必要前提——对世界多国媒介管理现状的比较与思考》，《国际新闻界》2007 年第 3 期。

③ 黄建友：《论媒介融合的内涵及其演进路径》，《当代传播》2009 年第 5 期。

段、人才储备等方面的影响，并进行了研究。

在媒介融合的大背景下，传统媒体转型是国内学者关注的重中之重，而相对于广播、电视，报纸在媒介融合环境下受到了更大的冲击。因此，对纸媒在媒介融合背景下发展现状和发展路径的研究数量最多。严俊和宋宣谕在《媒介融合时代传统报业编辑部的转型研究》一文中，从内部和外部两方面分析了传统报业。他们认为："传统报业与新兴媒体的融合正由浅入深、由简单而繁杂、如火如荼地进行，作为传统报业核心部门的编辑部，转型是他们的不二选择，也是传统报业转型的关键之所在，转型成功不仅会使他们成为这场变革的幸存者，更有可能成为未来媒体发展的引领者。"①

此外，广播、电视在媒介融合背景下的转型也是近年来专家学者关注的重点。在数字化技术及经济全球化背景下，传媒行业的种间竞争和种内竞争加剧，广播、电视也面临前所未有的挑战。在如何促进广播电视的节目形式与其他类型的媒介形式进行融合方面，专家学者做出了较多的探索。庞井君在《媒介融合背景下中国广播影视产业发展的思考》一文中，对中国广播电视业的发展现状进行了分析，并将中国当前电视产业发展和其他相关产业的发展与发达国家同类型产业进行了比较，通过对比总结出在媒介融合的大背景下发展广播电视业的益处，并指出发展广播电视产业需要解决四个问题：培育合格市场主体、重构试听产业链、健全市场体系、建设现代视听监管体系。②

学者曾培伦运用经济学"熊彼特创新理论"对媒介融合发展路径进行了研究，为媒介融合的研究提供了新的视角。在较为宏观地对整个传媒产业进行媒介融合的研究之外，也有学者对广播节目、电视节目、数字报、网页新闻等具体的新闻内容和形式进行分析和研究，但对媒介

---

① 严俊、宋宣谕：《媒介融合时代传统报业编辑部的转型研究》，《新闻大学》2016 年第5 期。
② 庞井君：《媒介融合背景下中国广播影视产业发展的思考》，《现代传播（中国传媒大学学报）》2013 年第2 期。

融合背景下的传统电视新闻及评论节目的研究较少，该方面发表的论文主要集中在近几年，表明学界和业界近年来对该领域的重视。

第二节　媒介融合的利与弊

媒介融合不仅对新闻传播业产生影响，也对整个社会产生影响。媒介融合带来整个媒介环境的改变，也对人类生存的社会环境产生一定的影响，具体体现在社会与媒介的关系、人与人之间的关系、人与媒介的关系等方面。[①] 对于媒介融合的意义，国内有学者曾提到，在媒介融合背景下，"新闻传播方式从传统媒介主导的单向传播变为专业媒介组织与普通公民共同参与的分享式、互动式，大众传播与人际传播更加紧密地结合与汇流"[②]。媒介融合对于人类传播史乃至人类文明发展历史的推动作用是显而易见的：信息由单向传播向多元化传播转变，传统意义上的传播者不再具有绝对主导权，媒体对于信息的收集、管理等处理方式需要更加谨慎、灵活，才能为人所接受。

一　媒介技术在传播史上的地位

人类社会的发展与传播技术的发展密不可分。从东汉时期蔡伦改进造纸术到 1895 年意大利的马可尼和俄国的波波夫几乎同时发明了无线电，传播技术的每一次革新，都意味着人类社会进入又一个崭新的时代。印刷术的发明直接导致近代报刊的出现，使人类告别了口传笔录的传播时代，进入印刷时代。电子媒介的出现，让人类的传播极大地摆脱了时间和距离的限制，进入电子传播时代；而互联网的出现，更是让人

①　邢仔芹：《媒介融合的现状及对传媒业的影响》，硕士学位论文，山东大学，2009，第 37 页。
②　蔡雯：《媒介融合前景下的新闻传播变革——试论"融合新闻"及其挑战》，《国际新闻界》2006 年第 5 期。

类社会信息传播进入"地球村"的时代，信息传播更加快捷、多样化。

电子技术的发展，极大地推动了网络技术、数字技术等新媒体技术的发展，使得媒介资源更加丰富、媒介类型更加多样、信息传播变得全球化。可以说，科学技术的发展决定了媒介技术的发展，也直接决定了人类传播行业的发展，这种发展会随着时代的发展和进步，一直进行下去。人类传播媒介的发展水平，很大程度上与科学技术的发展水平是保持一致的。马克思说过：火药、指南针和印刷术是"最伟大的发明"。对于造纸术和印刷术的意义，李约瑟博士也说过，"对人类文化史来说，我想象不出能有比造纸术与印刷术的发展更重要的题目"①。造纸术最早在我国发明，德国古登堡发明的印刷术被普及后，印刷技术才为人类社会的发展奠定了基础，人类的文化传播迈出了走向大众传播最为重要的一步。

进入近代社会以后，通信技术发展的标志产物是电子传媒，代表产物是莫尔斯发明的电报机和贝尔发明的电话。在美国发明家莫尔斯发明了电报机，并发出世界上第一封电报之后，世界各地的通讯社如雨后春笋一般诞生，大众传媒拥有了在当时最快速的传播信息的手段。而美国人贝尔发明电话，则使"声音"这种介质实现了远距离实时传输，人类信息交流实现了双向化。直至目前，电话通信技术不断发展和革新，从老式座机到移动手机，从有线到无线，从单一的通话、短信功能到语音通话和视频通话，人类社会进入即时化、碎片化传播的时代。

广播、电视是 20 世纪继印刷媒介出现的电子媒介形式，标志着人类传播进入以电子媒介为主的时代。目前，众多新媒体的出现仍然是科学技术发展的结果，而且这种变化还会一直持续。总而言之，媒介技术在人类传播史上所扮演的角色是举足轻重的，在科学技术的推动下，人类传播史是随着媒介形态的进化而不断发展的。

---

① 闵大洪：《传播科技纵横》，警官教育出版社，1998，第 47 页。

二　"媒介即讯息"理论的现实意义

加拿大学者麦克卢汉提出了"媒介即讯息"理论。"任何媒介即人的任何延伸，对个人和社会的任何影响，都是由于新的尺度产生的，我们的任何一种延伸或曰任何一种新技术，都要在我们的事务中引进一种新的尺度。"① 在麦克卢汉看来，每一种新媒介的出现，无论其本身所传递的具体信息是什么，该媒介都会给人类社会、传播学带来某种信息，甚至能够引起社会的某些变革。从这个意义上来说，媒介本身就是某个时代的代名词，人类拥有了某项传播技术，才能从事与之相对应的传播活动。麦克卢汉还认为"媒介是人的延伸"，媒介与人的关系是相对独立的，并且对人的感知有强烈的影响，不同的媒介对不同的感觉器官起作用。视听媒介影响触觉，使人的感知形成三维结构；书面媒介影响视觉，使人的感知形成线状结构。② 这就是传统意义上的"媒介即讯息"。

"媒介即讯息"之于当下社会，即互联网技术本身传递的讯息，而不是某一条信息、某一个互联网应用，或者某个电脑硬件。互联网时代下，媒体所传递信息的内容更加多样，人们常常会忽略它所传递信息的内容，而去关注这种媒介形式所带来的突破传统的变革意义。媒介融合时代最重要的产物是网络媒体的功能实现了媒体功能的大融合。目前来看，网络媒体融合了传统媒体的各种功能，如看新闻、听广播、看视频、接电话等，一跃成为现代社会最有影响力的媒体。在这种情形下，互联网开始全方位地渗入人们的现实生活，成为无可替代的技术形式，并使人们逐渐养成新的行为习惯。这种影响远比互联网技术本身的影响

---

① 〔加拿大〕马歇尔·麦克卢汉：《理解媒介——论人的延伸》，何道宽译，商务印书馆，2000，第53页。
② 〔加拿大〕马歇尔·麦克卢汉：《理解媒介——论人的延伸》，何道宽译，商务印书馆，2000，第53页。

要深远得多。

在当前社会的媒介形态中，虽然新媒体的地位日益显著，但是广播、电视等传统媒体在整个社会中的作用仍然不可小觑。互联网技术的出现，标志着媒介形态由原本的相对独立进入互相融合的时代，它所透露的讯息不只是"互联网技术"的出现，更意味着全新的媒介时代的到来。借助麦克卢汉的"媒介即讯息"理论，我们能得出很多更具时代意义的结论，互联网技术在我们身上的延伸，让我们拥有了全新的生活方式，这种延伸是新技术应用的表现，更是人类的传播进入媒介融合时代的象征。

三 媒介融合给现代社会带来的挑战

国内学者郭庆光曾用"使用与满足"理论来描述媒介融合对于现代社会的影响。受众具有能动性，他们基于特定的需求来接触和使用媒介，从而使自己的需求得到满足。[①] 媒介融合对于互联网时代下，新兴媒体和传统媒体之间的关系产生的影响，是势在必行的过程和结果，因为媒介间借鉴融合是一个漫长的过程，不是一朝一夕能完成的。在这个时代背景下，传统媒体传播结构的单一性、信息流向的单一性、传播地位的主导性，使得传统媒体发展遭受了巨大冲击。走向媒介融合，也是传统媒体在新形势下谋求生存的必然选择。而新的媒介融合趋势也给社会和行业发展带来了挑战。

1. 传播者和受众的界限日渐模糊

媒介融合时代下新的传播形态，彻底改变了传播者和受众的划分。微博、微信等传播形态，让受众在接收他人传递的信息的同时，也能随时随地发出信息。个人既是传播者，也是受众。有学者认为，传播者与受众的关系经历了由俯视到平视的过程，"受众从被动地接受到主动地

---

① 郭庆光：《传播学教程》，中国人民大学出版社，1999，第180页。

参与，从仅有的'知情权'到'话语权'的使用。传播者的主体建构发生了从俯视到平视的调整，受传者的主体解读发生了从仰视到平视的转变。两种态度的转变，一种视角的回归"①。

在日常生活中，最明显的表现就是，每个人遇到新鲜事，都能利用手中的手机，随时拍下来并发送到网上，实现信息的共享与传播。而接收到信息的其他受众，也能对事件进行补充，并形成新的信息。从这个角度来讲，信息的传播者和受众之间的界限越来越模糊了。

2. 传播者的主导地位减弱，受众地位逐步上升

"受众"的概念源于19世纪初大众社会理论对于"大众"的看法，更多是带有贬义性质的，如一盘散沙般的"乌合之众"。② 早期的传播效果研究，都是从传播者角度出发，强调传播者在信息传播中的主导性和决定作用。如19世纪末20世纪初的"魔弹论"，20世纪初拉扎斯菲尔德提出的"有限效果论"等理论，都突出了传播者的中心主导地位，受众无法决定其接收信息的内容和程度，无法改变传播者在传播过程中的强势主导性地位，只能充当一个被动的信息接收者角色。在之后的研究中，受众的能动性逐渐被关注，"使用与满足"理论的提出，强调了受众的某些能动性。在互联网时代，受众的能动性表现得更加明显，大家可以根据自己的需求、喜好来自主寻找信息，并对所接收的信息进行筛选。从这个角度来讲，传播者和受众的地位发生了明显的转变。

3. 信息传受双方的互动，成为普遍的传播现象

在移动互联网时代，受众的自我意识不断增强，传播者在传递信息的同时也需要得到来自受众的反馈。正如同丹尼斯·麦奎尔所说的那样，"所谓被动的收听者、消费者、接收者或目标对象，这些典型的受众角色将会终止，取而代之的将是下列各种角色中的任何一个：搜寻者

---

① 梅迪：《中国电视传播者与受传者的和谐建构》，《中国广播电视学刊》2009年第7期。

② 〔英〕丹尼斯·麦奎尔：《受众分析》，刘燕南、李颖、杨振荣译，中国人民大学出版社，2006，第10页。

（seeker）、咨询者（consultant）、交谈者（conversationalist）"①。无论是麦奎尔提到的哪个角色，受众都具有主观能动性，都具有主动识别信息并对信息做出反应的条件和能力。

即使是网络媒体高速发展的今天，大多数传统媒体仍处于单向线性传播的状态，极大地阻碍了传播效果。当然，很多传统媒体也努力在某些方面实现了互动，如短信参与、网友评论、摇一摇红包、网友点赞等。传统媒体利用新媒体的特性，将新媒体元素融入自身节目中，让更多的网友参与到节目中来，这是一个大趋势，也慢慢成为一个普遍的现象。

四　当前媒介融合存在的问题

媒介融合切实影响到传媒行业的发展。媒介融合在为传媒领域带来新机遇的同时，也带来了一系列的问题和矛盾。由于传播空间上的差异，传统媒体和新媒体共存于整个媒介环境之中，在未来很长的一段时间内都将是常态。但是随着传播媒体与新媒体日渐融合，信息同质化、信息庞杂、融合形式单一等影响到传媒业的健康发展，成为当前媒介环境中存在的突出问题。

1. 信息庞杂无序，接收率降低

在传统媒体时代，受篇幅或时长的限制，媒体能够向大众传递的信息十分有限，为了最大限度实现传播效果，媒体会将精心筛选后的信息呈现给大众。而在互联网时代，信息的传播不再受篇幅和时长的限制，且能够做到随时随地传播，信息量呈爆发式增长。信息量的迅速增加能够使受众接触到不同类型的信息，并开阔眼界。然而，面对庞杂而无序的海量信息，那些没有较强判断和筛选能力的受众会浪费大量时间和精

---

① 〔英〕丹尼斯·麦奎尔：《受众分析》，刘燕南、李颖、杨振荣译，中国人民大学出版社，2006，第158页。

力，却无法得到对自己真正有用的信息。因此，互联网时代的受众必须不断提高媒介素养，增强甄别和选择信息的能力。另外，信息的碎片化降低了信息接收率。信息的碎片化使得受众接收了数量巨大而内容趋向分散的信息，所以受众会因为信息整合能力不足而降低信息接收率。

2. 信息同质化严重，造成媒介资源浪费

在媒介融合背景下，出现的另外一个问题是信息的同质化。"'新闻同质化'指的是新闻信息在传播过程中被大量复制、加工所产生的新闻内容重复、雷同、单一等现象。"[①] 造成这一现象的原因主要有以下两个方面。一方面，由于媒体数量的增加，媒体间为了抢占新闻资源，使受众能够尽可能迅速地搜索到所需要的信息，在采编精力有限的情况下，大量转发其他媒体尤其是权威媒体的内容，导致信息同质化严重；另一方面，在媒介融合的大背景下，传统媒体迫切希望能够通过融合渠道来呈现更加多元的内容，占据一席之地，但大多数传统媒体通过融合渠道展现出来的内容，不过是照抄照搬在其他传统媒体上已经发布的内容。这种信息生产和传播方式与媒介融合以及吸引受众的初衷背道而驰，会造成巨大的资源浪费。

3. 媒介融合形式单一，缺乏创新性

在认清当前媒介形势的前提下，媒体人开始有意识地将各种不同的媒介形态进行融合，寻求新的发展道路。目前，传统媒体都开始在新媒体平台上拓展自己的发展空间，纸质媒体、广播电台、电视台纷纷开通微博账号、微信公众平台，以弥补自身在时间和空间上的劣势。但在大部分实践中，传统媒体和新媒体并未实现真正意义上的交互。传统媒体的内容能够搬到新媒体平台上进行呈现，而新媒体上的反馈内容却不能及时在传统媒体上得到呈现。另外，不同媒介之间的互动并不频繁。这一方面是由于媒介之间是竞争关系，媒介集团下属的媒体无法覆盖到所有媒介平台，因此在合作中，各方都希望利用自有的技术实现媒介融

---

① 徐瑞：《"陌生化"理论视角下的新闻同质化现象分析》，《成都理工大学学报》2008年第9期。

合，导致媒介融合流于形式；另一方面是由于技术和观念的限制，新的技术在媒介融合过程中无法最大限度发挥优势，这也是导致媒介融合形式单一的重要原因。

这种单一的媒介融合形式，在电视媒体上集中体现为电视节目形式的同质化。当前的电视经营管理者已经意识到媒介融合所带来的机遇和挑战，因此在节目中开始不断尝试融入更加多样的媒体形式。但电视节目往往在此过程中"丢失了自我"，从前几年风靡一时的读报节目，到后来微信参与"摇电视"功能，照搬其他节目形式，缺乏创新意识，投入恶性竞争，却忽视了自身的优势和不足。大量重复和低质量的节目导致受众审美疲劳，传播效果不尽如人意。

综上所述，媒介融合在为传媒行业带来新机遇的同时，在发展过程中也暴露出一些问题。在这样的媒介环境中，新闻节目要想通过融合和改革谋求生存和发展，也面临着巨大的挑战。

第二章　媒介融合背景下央视
转型发展研究

　　路透社于2021年1月发布的一项调查结果显示，来自43国的234名媒体业管理层人员中，有76%的受访者表示，新冠肺炎疫情加速了他们传媒转型的步伐。例如，澳大利亚新闻集团（News Corp）于2020年5月就加速推展转型计划，停止印刷旗下112份社区与区域报章，并将其中的76份转为电子报，其余的36份报章停刊。

　　加拿大电信业巨头贝尔公司旗下的新闻资讯网CP24的一份研究报告显示，未来三年内加拿大或有40个报刊和电视台，以及200家广播电台被迫停业。报告指出，受新冠肺炎疫情影响，不少广告商停止或减少投放广告，媒体业收入急剧下滑，预计到2022年，整个行业的累计收益缺口将达10.6亿加元（约56.3亿元人民币）。

　　1964年，《理解媒介——论人的延伸》出版，旋即掀起了世界范围内的"麦克卢汉热"。在这本书里有关电视的章节中，麦克卢汉将电视称为"羞怯的巨人"，认为它是一种冷性的、需要观众参与的媒介（巨人喻指电视带来的强大影响力，而羞怯则对应电视"冷"的性质）。"电视图像是低强度的、低清晰度的图像，因此它与电影不同，它不提供物象的详细信息。""因为电视的低清晰度确保了观众的高度介入，所以最成功的电视节目，是那些在情景中留有余地，让观众去补充完成的节目。"[①] 针对传统的、偏重书面文化的人所持有的电视经验的对象是消极被动的收视者的看法，麦克卢汉指出这一言论离题万里。他认为电视首先是要求创造性参与的一种媒介。半个世纪过去了，麦克卢汉的"冷热媒介""媒介是人的延伸"等理论依旧影响着学术界，但电视这种媒介却在技术日新月异的革新中清晰度越来越高，高清电视、超高清电视层出不穷。那么今天的电视清晰度不那么低了，是不是可以说电视媒介就不再那么冷，变成热媒介了呢？答案是否定的：电视依旧是冷媒介。很重要的原因就在于电视节目依旧需要观众的参与，越是深度参与越能保持用户黏性。

第一节 韩国放送公社（KBS）的创新 与受众本位策略带来的启示

韩国放送公社（Korea Broadcasting System，KBS），是韩国最大、最有代表性的广播电视机构。KBS属于完全公营体制，2013年KBS发布了年度报告，其旗下共有三个电视频道、七个广播频道、四个无线DMB（Digital Multimedia Broadcasting）频道，其收入主要来自观众缴纳的电视收视费和广告收入。虽然我国广播电视属于完全的国有化体制，但在目前竞争激烈的媒介市场，KBS作为韩国最大的媒体机构，其发展经验仍然值得我们学习，只有放眼世界、汲取营养才能打造出真正强大的媒体。

提到韩剧《花样男子》《成均馆绯闻》，很多韩剧爱好者定能如数家珍般将剧中情节娓娓道来；提到韩国的News9频道，一些关注韩国新闻业的人士也能立马指出这个节目在韩国有着怎样的地位。但是关于这些精彩节目背后的制作机构——KBS，人们是否了解其节目成功之处？

（一）紧跟时代、不断创新的品格

创新，对于任何一家要在市场上争夺受众的媒体来说都至关重要。

---

① 〔加拿大〕马歇尔·麦克卢汉：《理解媒介——论人的延伸》，何道宽译，译林出版社，2019，第32页。

时代在发展，民众对节目的口味也越来越呈现分化态势，加之各种社会化媒体形式层出不穷，只有不断创新才可能不被口味挑剔的消费者淘汰。KBS 作为公立媒体机构，面临着同行 MBS（文化广播公司）、SBS（首尔广播公司）带来的分流受众的压力，但 KBS 在创新中不断前进，让世人看到了韩国人民自己的广播机构的实力。

1. 重视技术革新，带给受众更佳体验

（1）数字化

根据 KBS 的年度报告，在 2012 年 12 月 31 日凌晨 4 点，KBS 实现了由模拟广播向数字广播的成功过渡，开启了全球数字媒体服务的新纪元。同时，KBS 努力发展 UHDTV（超高画质电视）和混合 3D 电视（hybrid 3D TV）来实现高品质广播。2012 年 KBS 向数字广播过渡的过程中，将其互联网官方主页上的视频格式进行更改，由原先 4∶3 的模拟屏幕比例改为 16∶9 的数字屏幕比例。

DMB（数字多媒体广播）是在数字音频广播（Digital Audio Broadcasting，DAB）基础上发展起来的面向未来的新一代广播系统。在第三代广播——DAB 广播已将传统 AM、FM 模拟广播声音质量提高至 CD 级别的基础上，DMB 又将单一的声音广播业务推向了多媒体领域。在发送高质量声音节目的同时，DMB 还提供了影视娱乐节目、智能交通导航、电子报纸杂志、金融股市信息、互联网信息、城市综合信息等可视数据业务。2005 年，韩国成为世界上第一个开通卫星 DMB（S-DMB）和地面波 DMB（T-DMB）服务的国家，KBS 积极利用这一新技术，开设无线 DMB 频道，包括 U-KBS star（基于 KBS TV1 的韩国核心移动电视频道）、U-KBS heart（基于 KBS TV2 的家庭及文化移动电视频道）、U-KBS music（21 世纪音乐频道）和 U-KBS data（数据及信息频道，提供实时资讯）四种类型，使拥有移动智能终端的人们可以随时随地享受 KBS 提供的多样化服务。

（2）互动性

在当前节目接收设备越发智能的趋势下，很多用户已经不再满足于单方面接收信息，而在更大程度上希望体验实时性与节目的互动，希望体验自己决定节目播放次序的快感。KBS 作为以观众视听费为主要收入来源的公立媒体机构，自然会积极满足广大韩国民众的愿望。为此，其技术研发中心探索发展混合电视，将电视与互联网相结合，从而为观众提供 VOD 点播、节目索引、电视频道搜索以及生活信息等应用软件服务。KBS 新闻节目 News9 非常重视与观众的互动，鼓励大众通过各类社会化媒体参与到节目的制作、播出中来，为新闻节目提供更加广泛的视角和观众更深层的参与。

（3）灾难预警、播报实时性

KBS 连接了大约 4000 台全国范围内用于灾难监测的闭路电视摄像机。这些摄像机由国家紧急事务管理机构、国土海洋部以及国家政策机构共同管理。KBS 设立了一个服务器，用于从十家权威机构（包括韩国气象厅）收集灾难数据信息，并且开发出能够自动将数据转化为实时电脑图像的计算机系统。举例来说，这些系统意味着当 2012 年 8 月台风"布拉万"席卷全国时，KBS 能够通过不间断直播新闻来减小台风带来的损失，稳固了 KBS 作为全国首要灾难播报台的地位，这是 KBS 以技术造福于民的生动体现。

2. 重视节目创新，打造独特"吸金石"

（1）韩流核心节目创新

众所周知，韩国电视剧和流行音乐在亚洲乃至全世界都拥有超高的知名度。"韩流"一词也应运而生，体现韩国文化产业发展对世界的影响。电视剧方面，KBS 作为公立机构，他们希望在电视剧中融入更多韩国当下的社会问题，寓教于乐。比如 2012 年电视剧《顺藤而上的你》获得了 46.3% 的高收视率，创造了国民新词"si-world"（姻亲世界），而且韩国卫生福利部部长认为该剧为改进社会对怀孕、生育、收养等方面的认知做出了贡献。电视剧《我的女儿素英》探究了在现代社会中父亲这个角色的意义，描述了养父母家庭和亲生父母家庭之间的悲伤，为 KBS 创造了高达 47.7% 的收视率。流行音乐方面，KBS 打造出"音乐银行"节目，通过其全球巡回演出，在促进 KBS 品牌全球化和在全世界传播韩流方面发挥了关键作用，例如音乐银行巴黎站、音乐银行香港站、音乐银行雅加达站。值得一提的是，音乐银行巴黎站是在欧洲第一次规模超过 1 万名观众的韩国流行音乐演出。

（2）韩流新元素之纪录片

KBS 雄心勃勃，希望将纪录片打造成继韩剧和韩国流行音乐之后的又一韩流元素。《文明地图的记忆》《超级鱼》《伊卡洛斯梦》《学术人》这四部 KBS 纪录片，因制作精良而广受赞誉。它们讲述复杂题材的方式以及收视率都非常成功。在休斯敦国际电影节上，《伊卡洛斯梦》获得大雷米奖，《超级鱼》获白金雷米奖；在加拿大班夫国际媒体节上，《失落灵魂的眼泪：脱北者》获得"班夫洛基奖"。这些奖项代表 KBS 的国际成就，也是 KBS 在韩流发展中另辟蹊径的表现。

（二）受众本位、贴近民众的情怀

1. KBS 为受众提供最权威的信息

新闻媒体是社会的雷达、瞭望塔、探照灯，将与民众息息相关的信息最迅速、最准确地传递出来，是媒体最重要的职责。在由韩国广告协会组织的调查中，KBS 新闻节目连续三年在可信度和影响力方面名列前茅，KBS 的 News9 节目更成为韩国新闻界的旗帜和标杆。受众本位，为受众提供全面、准确、客观、平衡的报道是 KBS 新闻人的核心理念。以 2012 年的韩国普选和总统选举为例，通过成立"选举报道顾问组"和"政策宣言顾问组"，KBS 加强了自身选举报道的公平性、准确度和深度。KBS 在韩国媒体中第一个成立了"总统候选人核实组"，核实以及报道有关总统候选人信息的真相，而且在选举报道中使用了最先进的图像技术——"媒体立面"（Media Facade），不但是世界首创，而且开启了选举报道史上的新篇章。

2. KBS 积极与观众互动，维护观众权益

KBS 积极举办观众体验项目，观众可以个人身份参观节目生产地，获得关于广播电视媒体的第一手信息（儿童参观类 253 次 12228 人，国

内和海外邀请活动 87 次 3454 人）。这些活动让更多观众有机会以亲切友好的、有教育意义的方式了解 KBS，打破了电视制作的神秘感，拉近了观众与 KBS 的距离。除参观以外，KBS 的很多节目本身就以普通观众为主角，如反映大众意见的《开放频道》和《我们的世界》，以及反映普通大众生活的《我们社区艺体能》。

KBS 认为观众是节目的主人，观众的意见、建议对他们来说十分宝贵。每个月 KBS 观众意见委员会都会行使职责，反映观众对节目的意见。另外，KBS 还设有投诉处理渠道，如果观众认为 KBS 的节目对他们造成了伤害，可以随时提出，KBS 会积极处理。这既是尊重观众的体现，也是 KBS 同人不断改进节目内容的努力。

3. KBS 践行公益，履行社会责任

KBS 深知自身肩负的社会责任，在节目中不断传递积极向上的信念，帮助弱势群体，为社会融合做出了自己独特的贡献。

（1）聘用残疾人播报新闻

KBS 有世界上第一个视障播音员 Lee-chang-hoo，2013 年 3 月又聘用了有肢体残疾的播音员 Hong-seo-yoon。KBS 于 2011 年 4 月 19 日表示"为了改善对残疾人的错误认识，决定在扩大残疾人进行广播的基础上，制作由残疾人亲自播报新闻的专栏"，预计今后可以看见由残疾人综合新闻主持人播报的 KBS 新闻。KBS 解释："残疾人只被看作纪录片的佳话素材，有很多残疾人，虽然他们身体特定的部位有残疾，但是其他才能非常出众。电视台想试着通过录用残疾人担任综合新闻主持人来纠正因为他们是残疾人而未能获得正确评价的看法"，"如果残疾人担任新闻节目的主持人，和正常人扮演同等的角色，可能会对消除对残疾人的歧视有很大帮助"。

（2）丰富的教育类活动——帮助韩国未来一代健康成长

为保持母语纯洁性，KBS 的播音员到全国的初高中学校给学生们做演讲，教导他们正确的韩语发音。KBS 发起 TIE（Television in Education）项目，通过让年轻观众在观看一期教育节目后写文章，然后给他们奖励，从而让观众在观看中收获知识、快乐。KBS 利用自身平台优势，推动母语文化的发展，在教育功能的发挥上比较杰出。

韩国校园暴力问题比较突出，一些心灵脆弱的中学生因为害怕受到伤害而产生厌学、厌世情绪，学生自杀惨剧时有发生。KBS 作为公立机构，在节目中向年轻观众倡导和谐相处的同学关系，并发起全国运动试图根除校园暴力和防止青年自杀。

（3）传承韩国优秀传统文化

拉斯韦尔认为大众传媒的功能中包括很重要的一项：社会遗产传承。优秀的传统是一个民族立足的根基，只有在继承的基础上才可能更好地发展。韩国是一个重视传统的国家，并以发扬自身传统文化为荣，KBS 也不辱韩国人民赋予的使命，积极发掘、保护、传递韩国传统文化中的精粹。例如，KBS 举办了第 22 届韩国传统音乐比赛，以发掘、培养有潜质的传统音乐人。这样的举措鼓励了像传统音乐一样的文化形式发展，赢得了观众的赞誉。

对于电视技术革新的问题，麦克卢汉在《理解媒介——论人的延伸》中进行过解答。他将电视与电影进行了对比，在他看来，电影是"高清晰度"的"热媒介"，"电影图像每秒钟提供的光点比电视的光点多出数百万，看电影的人不用急剧缩减光点的数目也可以构成印象。相反，他趋向于一揽子接受其完整的形象"①。但麦克卢汉也很有趣地指出，倘若有人问："如果技术将电视图像提升到电影的数据水平，以上的一切是否会变化？"答案是肯定的，但"改进过的"电视也不会再是电视了。现在看来，改进过的电视例如高清电视、IPTV 等给人们的生活带来了变化，但在这个互联网时代，我们也只能在"电视"前冠以某个更能反映其当下特性的形容词，如"互联网"，而依旧没有改变电视需要与人互动、需要观者参与的本质特征。当今观众的需求越发多元、个性，积极主动的观众正在影响整个媒体业的格局。正如在麦克卢汉写

① 〔加拿大〕马歇尔·麦克卢汉：《理解媒介——论人的延伸》，何道宽译，译林出版社，2019，第 48 页。

《理解媒介——论人的延伸》时所处的时代，远距离的观众彼此间是很难就收看节目交流的，而现在的互联网电视不仅可以让观众实时发表自己的意见、建议，还可以与其他观众在一个开放透明的平台进行讨论。

第二节　互联网思维视角下央视的总体发展策略

新媒体技术的运用及媒介融合将会带来采编模式的变革、媒介组织的变化，而更为重要的是一种全新的互联网思维模式所带来的影响。我们尝试采用一种新的思维模式和角度来认识媒介融合，来梳理国际一流电视媒体的发展战略，以及它们在新媒体方面的独特战略，进而重点就未来央视为了应对媒介融合，如何建构一种合理的组织架构做些探索性分析。

互联网思维的核心原则有三条：一是服务，二是创造，三是自主。对于传媒来讲，从提供产品到提供服务，从传播到创造，从他人控制到自我控制，说到底一个媒介的成功就要看它提供的服务是不是真正让受众受益。受众受益是决定媒介成功的重要因素，要达到这样一个目的首先就是要转变媒介中的把关者角色，转变一线的记者编辑的角色，要让他们的信息传播成为价值激发的导火索。

在互联网思维的视角下，我们比较了几家国际一流媒体，发现由于媒体自身的背景不同，各自的发展战略和发展重点也有所不同，也有些共同点如都十分关注新媒体技术的使用，但使用新媒介的目的有所差异。作为后起之秀的"今日俄罗斯"，它关注新媒体主要是为了扩大自己的影响力，在发展新媒体的侧重点上，它主打的是通过内容以及透过内容表现出的不同价值观而发展自己。而韩国的 KBS 关注新媒体技术的使用，目的是让观众有更佳体验。

2014 年 4 月 15 日，中共中央政治局委员、中宣部部长刘奇葆出席推动媒体融合发展座谈会，强调要着眼于巩固宣传思想文化阵地、壮大主流思想舆论，积极推动传统媒体与新兴媒体融合发展，加快建设形态多样、手段先进、具有强大传播力和竞争力的新型主流媒体，参会的有媒体和产业部门、发改委、工信部等。从传达的会议精神看，管理部门已经准确认识到了新媒介技术对传统媒体的影响。会议讲 2007 年媒介影响力的排名是电视、报纸、杂志，而到了 2014 年变成了电视、网络、手机，全国的手机用户有 12.4 亿人，其中使用微信的用户达到了 6.5 亿人。欧美报业的衰落日益加快，因此，注重媒介融合，在未来的舆论主导权、话语权争夺中占得先机，这涉及意识形态领域安全的大问题。中宣部将建立协调会制度，具体推动媒介融合进展，同时也会提出媒介融合发展的指导性意见，明确提到了四种新媒体技术的运用：大数据、云计算技术；移动互联技术；4G 发展网络视频、直播报道；微博和微信技术。

一 互联网思维概念的由来

互联网思维这一概念最初由百度 CEO 李彦宏于 2011 年提出，张瑞敏、马化腾、周鸿祎、雷军等企业家分别从不同角度加以阐释，其中以雷军提出的互联网"七字诀"（专注、极致、口碑、快）最为大家津津乐道。不是因为有了互联网才有了互联网思维，也不是只有互联网公司才有互联网思维。

2013 年 11 月 3 日，央视新闻联播以"互联网思维带来了什么?"为题报道了小米手机和海尔空调的开发模式，互联网思维一词由此风靡。实际上，互联网思维在运用于不同领域的不同企业时，问题不同，背景不同，抽象出来的要素也有差异。表 2-1 所列的就是不同企业在运用互联网思维解决自己面临问题时的异同。

互联网思维这一概念并没有严格的定义，陈光锋在《互联网思维：商业颠覆与重构》一书中结合案例提炼出互联网思维的 12 个核心点：标签思维、简约思维、NO.1 思维、产品思维、痛点思维、尖叫点思维、屌丝思维、粉丝思维、爆点思维、迭代思维、流量思维和整合思

表 2-1 企业在运用互联网思维解决自己面临的问题时的异同

	百度	小米	腾讯	海尔	奇虎 360
时间	2011 年 4 月	2012 年	2013 年 11 月	2014 年 1 月	2014 年
背景	互联网的用户已达 4.5 亿人，但是企业对于互联网的认识以及对于互联网接受的程度以及他们根据自己的实际情况在互联网上所做的事情非常有限	小米有了一定的发展，很多人都在问雷军小米成功的秘诀是什么	互联网已经改变了音乐、游戏、媒体、零售和金融等行业，未来的企业更需要互联网思维	张瑞敏在海尔集团 2014 年互联网创新交互大会上的讲话	社会上有很多人都在吹嘘互联网思维，把它说得神乎其神，而且有些人是拿着周鸿祎的想法胡说乱说
人物	李彦宏	雷军	马化腾	张瑞敏	周鸿祎
问题	企业了解重视互联网思维，但在实际运用中却不能把互联网思维和产品结合起来	试图总结出互联网企业的与众不同，并进行结构性的分析	腾讯是如何用互联网思维来运营转的	海尔在互联网时代应该怎么做	中小企业如何在互联网大潮中寻找突破口，传统企业如何顺应潮流，在改革创新中前行
核心	要基于互联网的特征来思考	专注、极致、口碑、快	移动互联网不只是延伸，而是颠覆；改良不行，一定要颠覆	零距离、网络化的思维，并使企业网络化，企业需要与员工、合作方共建合作共赢的生态圈	用户至上、体验为王、免费的商业模式，颠覆式创新

维。[①] 上面这 12 个核心点是从一些个案中总结出来的，我们认为互联网思维是一种新的思维模式，它是在信息时代互联网技术对人类经济和社会生活产生变革性影响的背景下产生的。它是对工业化时代所提倡的单一化、标准化、规模化，以及崇尚精英文化思维模式的一种颠覆；它遵从多元化、个性化、扁平化，崇尚协作、分享，具有平等、开放、民主等特征；它与工业化时代的思维模式具有本质差异。

二　互联网思维特征

表 2-2 比较了工业化时代和信息化时代（后工业化时代）不同的思维模式，如果我们用几个关键词来表达互联网的思维特点的话，可以用便捷、表达（参与）、用户体验、大数据思维来表达。

表 2-2　工业化时代、信息化时代（后工业化时代）的思维模式对比

	工业化时代	信息化时代（后工业化时代）
时间	18 世纪 60 年代～20 世纪中期	大约从 20 世纪 50 年代开始
代表性象征	发电机	计算机
特征	专业社会大生产，社会分工更精细，业缘关系代替了血缘和地缘，法治代替了人治，竞争意识和时间意识增强，崇尚科学，信服真理	智能化，电子化，全球化，非群体，综合性，竞争性，渗透性，开放性
思维特征	数据化、标准化、仪器化、精确化	简约性、扁平性、互动性、拓展性

（一）便捷

互联网的信息传递和获取方式比传统方式更加迅速而且内容也更加丰富，从最初的台式机取代传统的报纸、电视，到现在移动终端手机即将取代台式固定端，信息获取不但便捷而且体现智能化的趋势。在电视节目的策划与运营上，便捷、智能化不但体现一种效率和状态，更可以成为一种人性化体验与互动。

---

① 陈光锋：《互联网思维：商业颠覆与重构》，机械工业出版社，2014。

(二) 表达 (参与)

互联网使人们表达、表现自己成为可能。其实早在 20 世纪 80 年代末，中国大地上就兴起过一种名叫"点歌台"的电视节目，普通观众只要付费给电视台，就可以在电视屏幕上将自己的祝福表达出去。随着技术的发展，电视节目与观众的互动也从手机短信发展为如今的微博、微信等新兴媒介。比如抖音等新型互联网媒体及移动媒体的发展，使得传统的电视媒介在策划阶段就可以融入观众表达，而且可以通过观众的表达了解观众的需求在哪里，会给节目的后续制作带来更多的帮助。

(三) 用户体验

从用户体验的角度看，如何让用户体验在使用媒介后感觉"爽"、让用户满意十分关键。作为电视节目的内容生产团队，这应该是最核心的用户体验，让观众感觉到为观看节目所付出的时间是值得的，这一切取决于内容本身的优劣。电视节目生产团队只有真正做好节目本身的质量把控，才能保证和提升用户体验，让用户满意；只有这种正反馈，才可能保证用户继续观看节目，成为节目的忠实粉丝。

(四) 大数据思维

互联网让数据的收集和获取更加便捷，并且随着大数据时代的到来，数据分析预测对于提升受众的使用与满足体验有非常重要的价值。因此恰当地使用大数据，利用互联网思维，可将传统意义上的电视观众变为电视节目投资人，因为他们的时间和精力就是一份投资，让受众通过参与电视节目制作的各个相关环节，实现电视内容与千万受众的联合互动，受众的卷入度越高，他们未来就越可能关注和收看节目。

在新媒体、手机和网络视频的强烈冲击下，作为传统媒体的电视台其实到目前为止还没有更好的新媒体应对策略，而为此增加的传送渠道，并没有给自己的主营业务带来应有的提升，现在倡导的台网融合才是一种真正意义上的融合。在总结央视新媒体的发展进程时，原央视台长胡占凡提出了三个阶段的划分：一是传统媒体建设新兴媒体，即"你是你，我是我"的阶段；二是传统媒体和新兴媒体互动发展，即"你中有我，我中有你"的阶段；三是传统媒体和新兴媒体融合发展，即"你就是我，我就是你"的阶段，也就是当前的"一体化"发展阶段。①如果说前两个阶段是单点突破、各自为战，那么现在所处的阶段就必然是一场深层次的改革、一次系统化的创新，必须加强顶层设计，进行机制创新，推动系统性的整体变革。

第三节　央视在组织架构上
转型发展的策略分析

一　对内策略

1. 加强台网融合，优化组织结构

台网融合是电视台新媒体化的路径。这里的网，指的是互联网，要学习、利用互联网的思维、互联网的技术和商业模式，使自己互联网化，尤其重要的是，要学习互联网企业的扁平化组织结构与决策机制。

从以往经验来看，绝对的垂直领导使得一个组织结构从上至下的指令传达非常有效，而且能在极短的时间内迅速调集优势资源以满足短时间特殊任务的需要。但是，这样的组织结构让各个细分工作单位的横向合作变得异常艰难。横向合作的困难直接导致的是资源相互利用和整合的难题。从某种意义上说，垂直型组织结构是资源浪费型的组织结构，它适用于短时间运作及战时状态，而不适用于以市场为导向的产业竞争。19 世纪 20 年代，资本主义在发展初期大规模利用了垂直型的组织结构对于一个企业迅速扩张的优势。但 20 世纪 80 年代以来，由于竞争的加剧，扁平式结构和网状结构的组织结构迅速代替了原先的垂直型组织结构。东方卫视在这方面的革新值得我们借鉴。他们大胆突破旧有节目生产管理的制度与架构，删减中间管理层级，促使管理结构扁平化，

---

① 胡占凡：《推动台网深度融合 打造新型主流媒体》，《电视研究》2014 年第 10 期。

减少报批程序，一线的创意可以快速传递到高层，并得到反馈。

2. 分析用户大数据，提高用户体验

台网融合路径的一个核心是用户和大数据。电视台实现新媒体化的目标，是把观众变成用户。在大数据时代，不真正掌握用户，不了解用户，就将失去未来发展空间。

在 IT 领域，用户指网络服务的使用者。把"用户"引入传媒领域取代"受众"，是为了强调其服务理念，推动媒体融合发展，要注重各种媒体平台用户资源的综合开发和利用，将"用户至上"思维渗透到各环节，善于借力新兴媒体技术优势，加强用户分析，掌握用户多样化、个性化信息需求，提供全方位、伴随式服务。加强媒体与用户间的互动交流，提高用户关注度和参与度，用优秀的体验留住用户。要加快新的产品与服务研发，促进优质高效内容生产，为用户提供多种类型的终端入口服务。

3. 开发新节目，优化版权战略

台网一体化融合路径的另一个核心是版权战略。例如湖南台的独播事件。2014 年 4 月 25 日，湖南卫视携芒果 TV 推出"芒果独播战略"，称包括《花儿与少年》、《变形计》第八季等在内的几档新节目将不再对外销售互联网版权，只在旗下的视频网站芒果 TV 独播。一石激起千层浪，5 月 12 日安徽卫视也宣布正在录制的综艺节目《我为歌狂》第二季将"收紧版权转播权"。似乎一场由湖南卫视引发、其他卫视跟进的，与视频网站的大战已经打响。表面好像是"内容王"和"渠道王"的 PK，实际是对年轻受众群的争夺，更是资本进入网络视频后——阿里巴巴入股优酷土豆、百度收购 PPS 等，电视内容生产商们的应对之举。在地方卫视为保护优质节目版权而竭尽全力时，央视作为国家级媒体，也应当积极研发新节目，在台网、新媒体尤其是短视频 App 联动中取得优质节目版权的控制能力，吸引更多的年轻用户关注央视及相关的媒体群。

4. 推进移动端建设，吸引年轻群体

2012 年，胡占凡提出决策，即央视新闻新媒体"微博微信客户端三步走"①。其中第一步是微博，是央视新闻向新媒体进军的第一块阵地；第二步是 2013 年 4 月推出微信公众平台，央视新闻微信是第一个突破 100 万用户的媒体账号；第三步是于 2013 年 5 月和 7 月先后推出搜狐界面客户端和独立客户端，现在订阅数已双双突破 1000 万大关。三大平台相辅相成，差异呈现，微信突出"互动"，客户端以"视频"见长，而微博主打"首发"，微博在战略中是探索者，是"概念车"。"微博微信客户端三步走"目前已取得了很好的成效，但在观众分流日益严重的今天，移动端是央视要继续抓好的重要一步。中国互联网络信息中心（CNNIC）发布的《中国移动互联网调查研究报告》显示，截至 2020 年 12 月，我国手机网民规模为 9.86 亿，在整体网民中占比达 99.7%。随着智能手机的普及和移动应用的丰富，手机上网常态化特征进一步明显，手机网民使用手机上网的时长不断增加，使用频率进一步提高。这些数据都清楚地向我们说明了大力推进移动端建设的必要性和紧迫性。

5. 积极打造新媒体业务平台

要整合相关资源，打造中央电视台新媒体业务平台。在形式和内容上进一步改进和完善以图文为基础、以视频为核心、以互动为特色的央视新闻网站；充分发挥电视平台和网络平台的双平台优势，融合广播、电视、播客等传播媒介传播的内容；对传统电视节目资源进行再生产、再加工以及碎片化处理，着力打造网络原创品牌节目；鼓励网友原创和分享，进一步加强个人点播服务，从单向的图文传播转变为以视频为主的互动传播；为用户提供更加丰富的基于视频内容的互动应用和参与式网络互动电视体验；能够全方位、多领域地为用户提供网络互动直播、点播以及视频回看服务，方便受众任何时候、任何地点都能够收看到自己喜欢的电视节目。

---

① 胡占凡：《推动台网深度融合 打造新型主流媒体》，《电视研究》2014 年第 10 期。

6. 大力加强网络合作

要加强与其他媒体的合作，以获得更好的发展，提高自身影响力。对于大型活动的播报，要充分运用台网合作，使得网络各媒体平台也能享用到央视的电视节目资源和广告资源，利用网络平台，为电视提供互动支持，给相关网站带来广告资源，以期实现双赢。同时，在加强央视网与各门户网站的战略合作的基础上，要大力发展与移动端新媒体的合作。例如联合今日头条 App、新浪 App、搜狐 App、腾讯 App 多家视频网站和应用对奥运会、世界杯等重大赛事进行联合转播，并与人民网、新华网网站及其 App 开展公益性联合推广等，以吸引更多的互联网用户，扩大总体受众规模，增加总页面浏览量，创建大规模的新媒体转播联盟，实现重大赛事的新媒体联合转播。由此可见，台网合作、网络联盟及新媒体 App 的合作是电视和互联网、电视和新媒体的深度融合，更是完美媒介融合的结晶。

二 对外策略

1. 争取第一手信息，突出央视独家视角

世界上的知名新闻媒体，极少数依靠悠久的历史、深厚的资历换取受众青睐，就连 BBC 也要和 CNN、新闻集团等媒体争夺新闻资源，啃老本只能被受众抛弃。从 CNN 的发展历史看，其每一步的飞跃都和大事件报道有关：1986 年的航天飞机失事现场直播崭露头角；1987 年现场直播拯救杰西卡事件使它成为全国性新闻频道；1991 年海湾战争的现场报道，更是直接将 CNN 推进世界一流电视媒体的行列。大多数媒体是依靠在重大国际性事件发生时的独家新闻赢得受众眼球的。央视作为国家级媒体应积极主动，在争议性大事件中发出中国自己的声音，这对我们的国际形象的提升也是非常重要的。在 1991 年的海湾战争中央视的中文国际频道异军突起，利用独特的国际视角报道分析海湾战争，以此树立了中国媒体在国际舆论场的独特形象，在之后的 2013 年的乌克兰危机报道中也都充分展现了中国媒介的形象，使得世界舆论场中有了来自中国的声音。

2. 加强本土化建设，亲近当地民众

中国媒体的海外记者，大多是外派的中国人，他们的语言再好、交际能力再强，也很难做到完全跟当地人打成一片，更别提与某些有戒心的官方机构建立关系了。因此，在某些重大国际事件报道中很难第一时间获取第一手资料。我们要学习路透社、美联社等大量使用当地雇员的经验，例如近几年崛起的"今日俄罗斯"电视台，也非常注重各频道的因地制宜，建立了相应的制播中心，注重在本地招聘采编人员，尽可能与受众贴近，独立开辟本地新闻资源，而不是仅仅成为俄语报道的翻译版。央视、新华社过去几年大力发展当地雇员，新闻报道也取得了不错的成绩，但总体来看，仍有不足。对此，央视有必要进一步加强其本土化建设，招聘本地采编人员可以使新闻报道更符合当地人的阅读习惯，行文传播更能确切表达新闻要义。除此之外，央视海外站的工作人员要积极发展与当地政府、团体的良好关系，为日后更加便利地进行新闻采访铺平道路。

3. 电视节目突出人性化关怀，淡化政治宣传

在重大危机事件的新闻报道中，央视要抓第一手资料，发出独家解读以提高国际信息传播影响力；另外，在其他常态性节目，比如在一些娱乐类、休闲类节目中，央视要本着体现人文关怀的思想，淡化节目中的政治色彩，以当地民众喜闻乐见的方式传播中华文化，让他们更轻松地了解一个不一样的中国。人类的许多品质是共有的，像勇敢、个人奋斗、追求成功甚至恐惧等，美国好莱坞大片之所以能够在全球市场发行，也是因为找到了很多人类共同的价值观念。对此，央视在对外传播中应当积极探索节目的形式，凸显人文关怀。

4. 借用已有的全球性新媒体平台

在分析知名媒体成功的经验时，我们看到"今日俄罗斯"借力社交网络，放大其品牌效应，影响全球各地的年轻网民和非西方国家的受

众。自 2007 年进入全球最大的视频分享网站 YouTube 时起，"今日俄罗斯"上传的话题就引起大量共鸣，并成为 YouTube 最受欢迎的新闻频道之一。2012 年，"今日俄罗斯"成为该网站最大的新闻视频提供商，这一点值得央视借鉴。目前全世界的民众越发依赖社交网络，有鉴于此，央视可以继续在 YouTube 上开设栏目，扩大阵地，上传优质节目，更多地吸引受众；央视英语频道的 Twitter 账户也要妥善经营，用有趣、有益、有深度的内容吸引年轻群体，而不是让它成为摆设。

央视作为一个老牌权威的主流媒体，在当今时代，应该关注新媒体技术的使用，增加用户的新体验，这在对内传播上是可以应对的。但是央视作为国家媒体，还有对外传播的任务，在这一方面，央视在国际上的传播力和影响力还是有很大发展空间的，增强对外传播的能力是央视未来发展战略中很重要的一部分。在这一方面可以借鉴"今日俄罗斯"成功发展的经验、关注的内容，研究采用何种形式展现中国的价值观，在这一环节上，新媒体的作用就是扩大影响力。所以从这个角度看，央视的发展战略要区分两个不同的对象，一是对内传播，它的主要任务是要保持以及扩大央视的权威、传播力和影响力，在这一方面可以借鉴 KBS、CNN 关注年轻人以及关注娱乐的发展战略；二是对外传播，这要借鉴"今日俄罗斯"以及 CNN 的经验，关注内容，抓住时机，扩大自己在国际传播舞台上的影响力。

在运用新媒体技术方面，央视也要建立对内和对外两种不同的策略模式，对内可以参考全媒体发展模式，以体制和机制的改革作为实施台网一体化的核心；在对外传播策略上则应将新媒体作为扩展电视媒体影响力的一个重要渠道，将新媒体渠道建设作为对外传播新媒体发展策略的核心。

第四节　央视未来组织架构的初步设想

互联网时代，电视变的是提高人们观看体验的技术，不变的是其冷媒介需要观者参与的本质。对照时下流行的互联网思维，顺势而上激发观众参与性是在这一大背景下媒体变革不得不思考的问题。李良荣在《新闻学概论》中指出：不管是在电视屏幕上看节目，还是在其他屏幕上看节目，受众对于节目的视觉、听觉震撼性还是有很高需求的。因此，面对互联网和新媒体在传输技术、使用习惯和内容制作方面的挑战，电视行业则要进一步加强其高品质节目的制作，各种集声、画、音效特技于一体的大型综合娱乐节目、大场面体育比赛、长时间电视剧等，将电视娱乐休闲的功能进一步发挥出来。

一　资源整合视角

在央视目前的组织架构下，各个频道之间缺少合作交流，导致资源相互利用和整合的困难，会出现同一热点事件由多个栏目的不同报道小组重复采集的情况。这会造成资源的浪费，不利于资源的优化利用。

图 2-1 是关于中央电视台建立资源共享平台的构想。除几个王牌节目保留采集人员外，其余记者均整合组成采集部门，采集部门根据各个频道和栏目的需要，采集信息并上传于资源共享平台，各个频道可以根据自身需要编辑素材；各个频道采集的素材和制作完成的节目、央视网和移动客户端接收到的受众反馈信息也都上传至该平台。该平台不仅是资源的共享平台，而且是交流合作的平台。在该平台中，各个员工都可

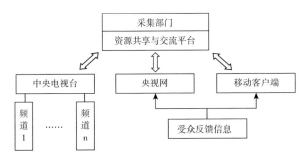

图 2-1　关于中央电视台建立资源共享平台的构想

以随时了解和讨论事件的进展，询问和解决技术问题。在媒介融合的背景下，互联网思维的开放性和共享性，促使资源整合，使同一资源通过多元化渠道多次利用和传播，避免了无序竞争和缺乏共享造成的资源浪费。

二 数据思维和受众参与视角

当前，基于受众的数据收集和多维度数据分析，即大数据应用，开始成为电视媒体应对竞争挑战的工具，图 2-2 是关于受众市场部门建立的设想。受众市场部独立于频道之外，是对一档栏目的各个运营阶段的横向影响和调整，而非纵向的管理。

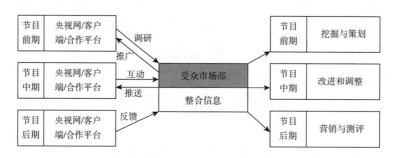

图 2-2 关于受众市场部门建立的设想

在节目前期，受众市场部可以根据自身所占有的央视网、移动客户端和合作平台（如微信、微博等）获取受众数据，对数据整合和分析后，指导节目的前期策划，并通过客户端和公共平台进行节目推广；节目播出期间可以根据受众在各个平台的互动和参与，分析出热点话题并向公共平台推送，也可以适时对节目进行调整，更加符合受众需求；在节目播出后期，可以依据受众的关注热点，将节目内容转化为产品进行营销，而受众的反馈也成了测评该节目的有力依据。

在互联网思维下，获得准确的数据，以数据为依据，了解市场需求，是媒体精准定位目标受众的有效途径。媒体想了解受众的需求，就要在节目生产的每一环节，运用数据思维，强化用户中心地位，只有这样，才能获得预期效果。互联网环境中，受众也有了参与内容生产过程的可能性，与受众建立起良性互动，以这种方式吸引新用户、保留原有用户，在这个受众越发积极主动的新时代显得尤为必要。

三　平等和创新视角

互联网思维下媒体的员工要适应不断变化的市场需求和竞争环境，并不断进行内容创新和思路创新。传统媒体需要一种更加扁平化的结构，为创新产品的快速转化提供平台。

图 2-3 是关于建立节目制作团队竞争机制结构的设想。在央视内部组建若干节目制作团队，团队负责节目的整个制作过程，从策划调研到制作运营都由团队完成，制作完成的节目上传至节目平台中，由各个频道根据自身频道定位和频道受众需求对节目进行购买。这样的方式决定了节目制作团队既要与外部的市场竞争，又要与其他制作团队竞争。为了获得回报，节目制作团队必须根据受众需求不断创新、灵活调整；频道之间也存在竞争，对于一档好的节目，频道需要通过购买才能获得，频道既要同其他频道进行竞争，又要考虑到节目的收视效果。这种平等开放的竞争机制可以激发团队和频道的能动性，可以加快由创意向产品的转化，提高产品创新的效率。

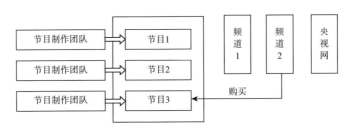

图 2-3　关于建立节目制作团队竞争机制结构的设想

2014年东方卫视完成改革后（组织架构见图2-4），成立新的东方卫视中心，该中心由原东方卫视中心、艺术人文中心、大型活动中心、新娱乐公司、星尚传媒公司等单位和部门组成，直属台集管理。这次改革首先在组织架构上做出了调整，改变了原有的矩阵式的结构。过去的组织架构从上至下有东方传媒集团、东方娱乐传媒集团，再到各个频道，频道下设各个职能部门，内部又有制片人和一线编导。因此，每个方案、每个想法的实现都要经过非常多的层级。首先，改革后的组织架构凸显了扁平化设计，在管理上体现透明、平等、沟通等互联网思维方式；其次，在中心内实行独立制作人制度，东方卫视中心下设20组独立制片人、3个中心、3个部门，在此基础上形成若干个制作团队，推动整个东方传媒集团娱乐节目的创新发展；最后，内容生产流程和商业模式都进行了创新，实行产品经理人制度，开辟了新的商业模式。东方卫视大胆突破旧有节目生产管理的制度与架构，删减中间管理层级，促使管理结构扁平化，减少报批程序，一线的创意可以快速传递到高层，并得到反馈。

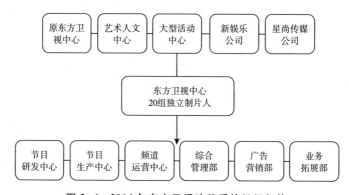

图2-4 2014年东方卫视改革后的组织架构

资料来源：宋佳慧《2014年东方卫视的改革策略与模式创新》，《广告导报》2014年第4期。

湖南卫视提出了节目生产团队动态化管理这个概念，从旧有的以科层制为核心的部门化节目生产，到以制片人制度为核心的栏目化生产，再到以扁平化管理为核心的团队化生产，如今升级为动态化管理，实现其节目生产团队形态上的"扁平化、柔性化、小型化"（见图2-5）。动态编排理念影响下的管理方式，由于竞争环境、生产任务、生产状态、产品形态的动态化，在管理上要确保节目生产团队的机动性、团队组织结构的柔韧性；组织结构上，减少了"信息漏斗"的层级，提高了决策的速度；组织管理上，不仅强化了制片人作为团队灵魂的业务价值和业务权威，还极大地满足了核心员工自我价值实现的需要；组织激励上，强调了每个团队作为一个整体在节目生产中发挥的作用；目标实施上，团队能量的流动性大大加强。湖南卫视灵活有效的组织架构形态成为其在省级卫视中异军突起的强大推动力。

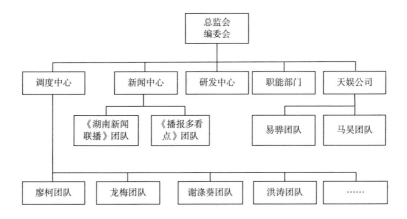

图2-5　湖南卫视动态化管理组织架构

资料来源：黄红艳《湖南卫视节目生产团队动态化管理研究》，硕士学位论文，湖南大学，2010。

第三章 媒介融合时代广电传媒的
发展困境及出路

第一节 媒介娱乐化①

在对媒介娱乐化的社会影响的讨论中，多数人强调其负面影响，认为娱乐化价值取向造成媒介的同质化竞争，使一些媒体为求得生存和发展，放弃了新闻业应恪守的真实、公正原则，使媒体应有的公信力受到损害。更多人认为当前的媒介娱乐化风潮是大众传媒功能的走偏，媒介娱乐化暗含的消费主义、享乐主义特性会使人们远离崇高的理性追求，麻痹人的神经，使之处于虚幻的满足状态，过度的娱乐使人成为物欲膨胀的"精神侏儒"。② 甚至有人借用尼尔·波兹曼的一句惊呼告诚国人："我们的政治、宗教、新闻、体育和商业都心甘情愿地成为娱乐的附庸，毫无怨言，甚至无声无息，其结果使我们成了一个娱乐至死的物种。"③

然而也有人认为目前对于媒介娱乐化的抨击过于笼统和偏激，认

---

① 本节内容来自李永健、张媛《"传媒娱乐化"背后的"娱乐"》，《新闻记者》2008 年第 3 期；李永健、刘欢、戚明《传媒娱乐化与大众文化》，《新闻记者》2007 年第 2 期。

② 梅琼林：《谈大众传媒的娱乐化现象》，《新东方》2005 年第 4 期；曹丽虹、布仁：《对媒体泛娱乐倾向及其负面效应的思考》，《伊犁师范学院学报》2003 年第 6 期。

③ 〔美〕尼尔·波兹曼：《娱乐至死》，章艳译，广西师范大学出版社，2004；丁国强：《泛娱乐化时代——读〈娱乐至死〉》，《博览群书》2005 年第 1 期。

为应当将承担娱乐功能的传播内容分别拿出来讨论；并且认为出于对受众认知影响的考虑，在严肃内容中添加娱乐性因素是合理的并且应当予以鼓励。①

上述关于媒介娱乐化的研究的涵盖面已较广，但其中对"娱乐"概念的深入探讨甚少。究竟什么是娱乐，我们对娱乐概念的理解是否受到了大众传媒的误导？

一 "媒介娱乐化"在实践和认识中的两种误区

放眼如今的大众传媒，"娱乐频道""娱乐专栏""娱乐在线"随处可见。抛开诸多论证，我们必须面对一个问题：究竟什么是娱乐？该怎么描述和解释娱乐？回答这个问题比我们在日常生活各个方面听到的关于娱乐的争论要复杂得多。不难发现，我们的媒体积极地定义着"娱乐"。部分媒介调查往往只热衷于找出受众作为媒介消费者对特定形式的兴趣而不考察娱乐的基本要素；一些以娱乐冠名的节目从它们自己对娱乐的臆想和对市场的觊觎出发，用大量满足受众低层次精神需求的内容，把"成型"的娱乐呈现在受众面前，构建他们所谓的"娱乐"框架。大众传媒使娱乐实践标准化、统一化，因而成为对个人娱乐选择的一种干涉，大众传媒组织将为每个人事先设想的娱乐预先消化，然后进行传媒内容生产。这与每个人的自由选择的表示相矛盾，也与娱乐的个性化精神相违背。因此关于娱乐概念的一些有误导性的成见也广泛地渗入我们的社会，在普通大众的日常生活中如此，在学者对市场、媒介、受众的诸多分析研究中也如此。彼得·旺德（Peter Vorderer）在其著述中直接指出：很不幸的是，甚至在媒介观察家和研究者自身关于媒介的诸多论述中，也至少有两种对娱乐概

---

① 肖云：《新闻娱乐化的辩证批判》，《西南民族大学学报》（人文社科版）2005 年第 5 期；沈维梅：《新闻娱乐化根源探析》，《江苏广播电视大学学报》2004 年第 4 期；文宇、冯纪元：《娱乐——电视娱乐新闻的本质属性》，《天府新论》2005 年第 6 期。

念的误解。①

第一种误解是把娱乐视为媒介提供的内容本身的特性。依照这种观点，一些媒介内容具备娱乐性，而另一些则不具备。比如电视肥皂剧、言情小说、娱乐综艺节目等属于最常见的娱乐性内容，而新闻、纪录片、教育节目等则属于较少具有甚至一点娱乐性也没有的传播内容。这种看似有理的观点认为：当媒体受众接受具有娱乐性特点的媒介信息时，他们能感觉到愉悦，而当他们接收到的信息不具备足够的娱乐性的时候，他们较少感觉到愉悦。

第二种误解是把娱乐与信息直接对立，从这种视角出发，一个节目提供的信息越多，它就越不具备娱乐性。也就是说，受众觉得媒介提供的娱乐享受越多，他从中学到的知识就越少。这也是许多学者担心受众对娱乐的追逐可能导致他们被媒介提供的娱乐引向浅薄、远离崇高，乃至变成"沙发土豆片"的依据之一。

而现今心理学研究认为，媒介使用者能够有意识地计划并采取行动，并非仅对大众传媒被动地做出反应。他们能够积极地建构，而不是消极地模仿他们接触到的东西。基于这种观念，媒介使用者被视为主动的行为人，他们可以依据自己的喜好自由地选择接触什么样的媒介及其传播内容。虽然大多数时候受众会更专心、更严肃地对待一个新闻节目而不会觉得怎么搞笑，而当他们收看诸如《快乐大本营》这样的节目时也不指望从中学到多少知识。过去对多种媒体的受众的经验性研究也表明：在接受诸如肥皂剧、广播、科幻电影、言情小说等内容时，受众可以从中获取实用的、严肃的信息；同时，即便是阅听严肃新闻节目的观众有时也会产生被逗乐或愉悦的感受（比如他们觉得某个人物的境遇或某个镜头很有趣）。

换句话说，受众作为媒介使用者，他们自己决定是否要从新闻中获

---

① Peter Vorderer, "It's All Entertainment—Sure. But What Exactly Is Entertainment? Communication Research, Media Psychology, and the Explanation of Entertainment Experiences", *Poetics*, 29, 4, 2001.

得娱乐的快感或者从明星主持搞笑逗乐中获得严肃知识。这又反映了一个并不新鲜的观点：受众并不总是按照传者的意愿去解读信息。因而娱乐也不能被简单地按照传者通过传播媒介传递的信息的特征界定，即便多数人在接收这些信息的时候认为自己享受了娱乐。

丹尼斯·麦奎尔在其著作中提到，"Entertainment"意指媒介产品及其消费的一个主要分支，其包括一系列的具体内容构成形式，这些内容的共性主要有诱惑、引人发笑、趣味性、使人获得轻松感等。[①] 如果仅限于此，那麦奎尔也"不幸地"陷入了彼得·旺德所归纳的解释娱乐概念的第一种误区。好在他同时也指出，娱乐的概念也包括获取娱乐消遣的过程本身，并且在这个意义上它还与新闻、广告或教育等有关（尽管这些通常不被看作娱乐的类别）。[②] 詹宁斯·布赖恩特则延伸 16世纪哲学家蒙田、20世纪心理学家弗洛伊德对现代娱乐观念进行的解释（他们把娱乐看成消除紧张、烦躁或伤感的消遣工具。前者认为娱乐是非常积极、正面的，给不幸的生命提供了宽慰。而在后者看来，个人对快乐刺激的体验被压制，娱乐却给了人们一种体验这些快乐和解除痛苦的间接方式）对娱乐下了这样的一个定义："一种消除日常生活中的不满和紧张情绪的手段，可以采取多种实现形式。"[③] 对媒介娱乐进行了大量研究的兹尔曼等认为，较之信息本身呈现的特点而言，娱乐应看作受众接触媒介信息时的一种体验。[④]

在中国，从前面对媒介娱乐化的文章的梳理可见，多数学者在谈到"娱乐"时都自觉地或不自觉地在"两种误区"限定的范围内打转。然而终归还有一点新鲜的声音出现：周雪梅、张晶在其论述中通过考察

① Denis McQuail, *McQuail's Mass Communication Theory*, 4th ed, Sage Publications, 2000, p. 495.

② Denis McQuail, *McQuail's Mass Communication Theory*, 4th ed, Sage Publications, 2000, p. 495.

③ 〔美〕詹宁斯·布赖恩特、苏姗·汤普森：《传媒效果概论》，陆剑南等译，中国传媒大学出版社，2006，第 294 页。

④ Dolf Zullmann, Peter Vorderer, *Media Entertainment：The Psychology of Its Appeal*, Routledge, 2000, preface.

《辞源》《史记》得出娱乐的原始含义是一种审美的游戏，是在游戏中获得审美快感，"是使原本紧张的身心得以缓释与松弛，是在人的生存之中对强制性的劳动的一种调剂和补充，是保持人的身心平衡，成全人之所以为人的必要途径。娱乐是没有外在功利目的的，它所满足的是人的内在需要，是身心放松、精神愉悦的需要"①，强调娱乐的审美性，并指出娱乐具有调和功能和非功利性的特点。张小争则肯定娱乐就是享受生活，同时媒介作为人类传播的载体本身即具有娱乐的天性；并且引证黄匡宇关于娱乐实现的两种基本方式的观点指出："大多数娱乐本身就是传播活动，通过媒介则更是传播活动。这正是传播的娱乐性。"②把娱乐归为一种实实在在的活动，包括直接体验和通过媒介视听行为来间接体验。

二 对"媒介娱乐化"背后"娱乐"本质的辨析

实际上，娱乐本身几乎与人类一样古老，但来自大众传媒的娱乐是最近才发展起来的。通常被视为"信息时代"开端的20世纪80年代晚期，信息的增殖、压缩、传递、展示等技术发展使媒介的形式和内容极大丰富，给人们以事前不能想象的海量信息以供娱乐选择。在这样的历史环境下，再加上受众对娱乐供应的需求明显增长，把我们将要迎来的时代称为"娱乐时代"并不为过。这主要是因为传播媒介的作用，人类历史上从未有过如此多的可供享用的信息。较早致力于传播研究的传播学家H.拉斯韦尔曾在《传播在社会中的结构与功能》中提出大众传播的三大功能的理论，即环境监测、社会协调和社会遗产传承。后来社会学家C.R.赖特在《大众传播：功能的探讨》中提出"四功能说"，对拉斯韦尔的三大功能进行了补充，又增加了一项功能——提供娱乐。

---

① 周雪梅、张晶：《在审美与娱乐之间——当代中国电视的价值取向》，《现代传播》2003年第1期。
② 张小争：《娱乐：中国传媒业改革与发展的突破》，《数字传媒》2004年第5期。

在大众媒介发展的过程中，这种娱乐功能是时弱时强的。但进入消费社会以来，传媒就逐渐步入一个娱乐功能中心化的时代。在繁荣的信息社会，受众对快乐的追求似乎特别要求媒体要足够体现"娱乐"。

我们认为，就受众的媒介接触而言，娱乐首先是一种个人的心理态度。受众接收任何媒介信息，只要是根据个人的愿望、爱好以及所处情境的需求自由选择，并为个人在进行这一信息接收的过程中能谋得某种心理愉悦感的都属于娱乐的范围。即使某些被视为能给人带来娱乐的信息占据了媒介信息传递的主要地位（如体育、两性、音乐或其他），但娱乐的范围实际上是无限的，因为它取决于每个人的动机。由此，以这个定义为标准，任何由大众传媒发布的信息都可以当作一种娱乐来接受，因为一切都取决于人在进行媒介视听时的精神状态。根据这种观点，甚至被多数人认为枯燥、乏味、毫无"乐趣"可言的期刊文章、电视电影节目都能够带有一定的娱乐性。

娱乐以这样或那样的形式触及整个社会，娱乐时间是生机勃勃的时间，人们竭力从中获取最大的利益。有人认为流行音乐能使自己放松心情，有人却更享受格调高雅的音乐会；有人喜欢悬念迭出的侦探电影，有人却乐意收看被其他人视为简单、幼稚的动画片；有人狂热于《超级女声》的热闹喧器，有人却只喜欢《人与自然》的宁静休闲；有人着迷于《晚间》（湖南卫视晚上播出的一档新式新闻栏目）或《第七日》，有人却在每天北京时间晚7点观看中央电视台的《新闻联播》……有学者认为受众通过大众传媒寻求娱乐的行为可以简单地解释为一种想要过得愉快的渴望，即"have a good time"[1]。由于个人心理需求总是有差异的（哪怕只有一点），有人觉得这样愉快，有人觉得那样愉快……甚至被多数人视为郁闷的一些信息却能让另一些人感到"have a good time"。

---

[1]　Peter Vorderer, "It's All Entertainment—Sure. But What Exactly Is Entertainment? Communication Research, Media Psychology, and the Explanation of Entertainment Experiences", *Poetics*, 29, 4, 2001.

博沙特视娱乐为一种三重功能复合体：补偿（逃避现实）、满足（使用与满足，娱乐导向的受众）、自我实现（较少被研究）。并将媒介使用者寻求娱乐体验归结为六个要素：心理放松——休闲、轻松，转移情绪；逃避和休闲——提供多样性的娱乐选择；刺激——互动、刺激，令人兴奋；找乐——愉悦、有趣；一种气氛——美妙的、令人舒适愉快的气氛；愉快——快乐、欢愉。① 综观我国大众传媒的收视现状，的确，现在大量流行的、被认定为"娱乐性"的信息能够让多数受众认同其"娱乐性"，因为这一部分受众在阅听的过程中获得了补偿、满足、自我实现或者其他的需求，总之是拥有了某种心理愉悦感。但应该正视的是，也有一部分受众（即使是很少的数量）对目前流行的娱乐节目并不感兴趣，甚至排斥、厌恶。他们也许会打开电视频繁地从一个频道换到另一个频道，最后却不得不关掉电视——感到无聊、没劲、低俗或者枯燥、乏味。总之，他们不能从中得到愉悦感。试想，若媒介真的"娱乐化"了，为何还会有这样一种抱怨得不到娱乐的声音存在？

旺德认为，受众通过媒介使用寻求娱乐应被视为可依据个人兴趣以及其他情境因素选择的。也有研究表明"人们大部分时间关于娱乐所做出的决策都是一时冲动，这些一时冲动的选择依靠许多因素，诸如人的情绪和潜在动机"②。无论这种选择是必然的还是偶然的，无论各种社会决定论是怎样相对地影响着个人的选择，毕竟娱乐本身是一种个人心理体验，以帮助媒介使用者调和他们的日常生活。对于一些人来说，娱乐是在烦躁的情绪中获得愉悦或在压力下获得放松；对另一些人来说娱乐意味着在某些需要得不到满足的情况下的一种补偿，或者是求得自我提升或自我实现的满足。

① Peter Vorderer, "It's All Entertainment—Sure. But What Exactly Is Entertainment? Communication Research, Media Psychology, and the Explanation of Entertainment Experiences", *Poetics*, 29, 4, 2001.
② 〔美〕詹宁斯·布赖恩特、苏姗·汤普森：《传媒效果概论》，陆剑南等译，中国传媒大学出版社，2006，第292页。

三　小结

有学者认为娱乐是现代人紧张生活的舒缓剂，它也是大众传媒的一项重要的功能。娱乐显然提供了媒体主要的内容，并且在可预见的未来也是如此。然而当媒介娱乐以自己构建的娱乐氛围来覆盖我们的传媒内容并将之传播给我们的受众时，媒介娱乐不可避免地被质疑。我们担心我们的受众臣服于娱乐暴力，追逐低级趣味，逃离现实，转而进入一个虚拟想象的空间。但媒介娱乐不能代表、更不能替代娱乐的真实含义。我们应当了解，娱乐根本上是一种个人的心理感受，媒介使用者有自主选择从什么样的信息中获取娱乐的自由。真正的娱乐不会像很多人担心的那样必然导致低俗化、同质化。受众能够遵从自己的需要、口味和倾向，挑选真正娱乐自己的信息，因而受众在被媒介娱乐操控的同时也操控媒介娱乐①，甚至可能会在可以预见的将来促使我们的大众传媒重新认识娱乐。正因为这样，我们在讨论媒介娱乐、娱乐化之类的问题时，也应该对娱乐的概念有一个更清醒的认识，而不要被媒介娱乐的大肆渲染所蒙蔽。当我们去掉媒介提示的"娱乐"的伪装后，真正值得我们恐慌的也就不是娱乐或者娱乐化了。因为娱乐首先是个人的一种心理态度，传媒的意图是不能给它划定边界的，可怕的是媒介为我们的娱乐制定框架，错误地引导娱乐，违背公众和社会利益。

第二节　《中国舆论场》重塑
主流媒体舆论话语权

自从移动互联开始出现，特别是"两微一端"在手机中的应用，大众可以随时随地接收信息并能反馈信息，在网络世界中发声。传统主

---

① Dolf Zillmann, "The Coming of Media Entertainment", in Dolf Zullmann, Peter Vorderer ed, *Media Entertainment：The Psychology of Its Appeal*, Routledge, 2000.

流舆论场受网络舆论场的影响越来越大。2014 年 8 月 18 日，中央全面深化改革领导小组第四次会议审议通过了《关于推动传统媒体和新兴媒体融合发展的指导意见》（以下简称《意见》）。《意见》强调，推动媒体融合发展，强化互联网思维，推动传统媒体和新兴媒体在内容、渠道、平台、经营、管理等方面深度融合。习近平总书记在中央网信办会议上也指出要建设良好的网络舆论生态，发挥网络引导舆论反映民意的作用。在这种大背景下，主流媒体需要转变舆论引导方式，转变思想观念，关注网络中的热点事件，通过传统媒介与新媒体的融合，对受众关注的、在意的、网络平台中的热点话题重新筛选，探索在融媒体环境下传统主流媒体引导舆论的新方式、新功能。中央电视台电视新闻评论性节目《中国舆论场》正是在这一时代背景下诞生的新兴产物。

一　舆论场

1. 两个舆论场

清华大学刘建明教授认为舆论场是指包括若干相互刺激的因素，使许多人形成共同意见的时空环境。[1] 新华社原总编辑南振中于 1998 年曾提出"两个舆论场"的概念，其指的是现实生活中实际存在老百姓的"口头舆论场"和新闻媒体着力营造的舆论场。[2] 这里的两个舆论场由于具有不同的特点，不一定重合。现在"两个舆论场"更多地被表述为主流舆论场和网络舆论场。

人类诞生以来，人类社会不断发生变化，从早期的农业文明到工业文明再到信息革命，人类发明创造的工具越来越多，能力越来越强，但人类社会之间的距离却也越来越远。大众的基本信息需求需要大众传播

---

① 刘建明：《"舆论场、宣传场与舆论机构"的种种悖论》，《新闻爱好者》2014 年第 10 期。

② 南振中：《把密切联系群众作为改进新闻报道的着力点》，《中国记者》2003 年第 3 期。

媒体来满足，这也就是传统主流舆论场的形成原因，这一过程中信息的传递模式是线性的、单向度的。随着信息技术的发展，从 web 2.0 到 web 3.0，互联网改变了人类的信息接触习惯，互联网的实时性、平台的开放性等特点则赋予了大众更多的信息主权，受众可以在这一平台上选择接收自己需要的信息，发布信息，从而形成了网络舆论场。网络舆论场是网状的信息传输模式，每个人都是网络结构中的一个节点，网络信息也在这些节点之间流通。

2. 重塑主流媒体话语权的重要性

互联网的出现给民众提供了一个表达自己意见和观点的平台，在这里大众可以表达自己的诉求，利用网络舆论压力进行反腐也取得了显著成效，如微博反腐。但网络世界纷繁复杂、信息良莠不齐，受众往往疲于接收及选择准确的信息，以致忽视信息的真实性，而不假思索地去相信网络事件是现实世界的镜式反映，接受网络中的一些蓄意挑衅或者不良言行的教唆。换句话说，网络世界中所自发形成的网络舆论场像一把"双刃剑"，要善于利用有利于社会健康发展的一面。主流大众媒体具有显著的地位及话语权赋予功能，借助于官方媒体平台，将网络中的热点话题事件重新建构并播出，能够正确地疏导和引领网络舆论。

随着生产力的提高，社会分工的细化，人类改造自然的能力不断加强，而人与人之间的社会距离却不断加大。人们了解到的外部信息都是由大众媒体所提供的，大众媒体所设置的议程、规范和社会意识形态形成了一个场的合力，大众为了能够跟上所处环境场的规范和社会意识形态，就必须不断调整自己的行为和思想以免陷入社会孤立。在这个过程中大众媒体起到了主导作用，然后随着技术的延伸，网络虚拟平台出现，各种各样的网络声音都能在网络平台上出现，代表网民利益的声音和意识在网络上集中体现，形成一个新的场，在这个场中各种规范和信息良莠不齐，需要对这个网络舆论场进行管理的同时也需要一种新的形式来引导。

《中国舆论场》旨在通过大数据分析全媒体平台的舆论热点，通过融媒体模式带动全民参与话题讨论的全新模式，引导舆论并重塑主流媒体舆论话语权，通过专家及评论员的分析讨论，实现透过现象看本质的目的，这样就把热度和深度结合了起来。《中国舆论场》通过对每周关注的热点事件进行筛选、重现，并邀请专家对热点事件进行点评，一定程度上代表了主流媒体对热点事件的定性，同时在另一个侧面反映了网络舆论场持续发酵对主流舆论场的影响，凸显新形势下网络舆论场的重要作用和强大功能。但如何联通两个舆论场，使两个舆论场达到和谐统一，既能够代表主流态度，又能符合主流民意，还能对沉默的大多数进行引导，这是《中国舆论场》需要探索的重点。

二 大众媒体引导舆论的方式和作用

"信息的 DNA"正在迅速取代原子成为人类生活中的基本交换物，传统上的大众传播方式正演变成个人间的双向交流。过去只能从报纸、广播、电视这类传统媒体上获取信息的方式已经被颠覆，在信息技术的浪潮淹没传统媒体之前，传统媒体应适当做出改变以应对现状。

1. web 2.0 后大众媒体引导舆论的新形势

如果说 web 1.0 是四大门户网站把传统媒体的新闻整合起来放在那里呈现给人看，那么以博客为代表的 web 2.0 则意味着我们可以开始发布自己的内容。如今到了 web 3.0，"两微一端"一类的平台如雨后春笋般出现，我们不仅可以发布自己的内容，还可以利用它们来传播信息，它们实际上已经具备了社交网络的功能。实时又具有分享性的特点吸引着一众网民，人们甚至可以通过经营这些账号，拥有一个属于自己的完善的媒体，也就是我们常说的自媒体。习近平在谈到网络安全和信息化工作相关问题时，特别指出"我们一定要用网络信息造福人民"，网络信息要想用得好就必须"要适应人民期待和需求，加快信息化服务普及，降低应用成本，为老百姓提供用得上、用得起、用得好的信息服务，让亿万人民在共享互联网发展成果上有更多获得感"①。

传统新闻媒体报道的责任与功能会因为微博的出现而发生根本的变化。新浪 CEO 曹国伟曾在 2010 年中国企业家网的访谈中预言未来的媒体发展有几个趋势：第一，所有的内容都会是数字化的；第二，视频内容会极大地增加，我们现在每个人拥有的手机也好，数码相机也好，它们所带来的就是，每一个新闻现场的目击者、参与者都会是新闻的报道者，新闻事件不再是专业记者的专利，未来的新闻从业者们更多的责任是去解释、去更深度地剖析事件。就像我们说的"what happened"，已经不一定是新闻从业者所做的了，而是"why happened"，深度的报道，观点的报道、评论，这才是传统媒体要做的。②

2.《中国舆论场》在引导舆论中的独特作用

深度报道并探讨一件新闻"why happened"正是《中国舆论场》所做的，作为国内首档融媒体新闻评论节目，它创造性地引入"在线观众席"，运用全球领先的新媒体技术，将电视、互联网、移动新媒体深度结合，全球网友都可以通过手机实时抢票，这些形式让一向"高冷"的新闻评论节目变得亲民、接地气。《中国舆论场》和央视网合作通过算法梳理出舆情指数，每期节目从舆情关注度前 10 名的话题中，着重选出 3~4 件从根源梳理，再由主持人、特约嘉宾和评论员以及在线网友共同讨论，通过这种方式沟通社情民意，更好地传播中国声音。《中国舆论场》正在实践习总书记强调的"新闻舆论工作各个方面、各个环节都要坚持正确舆论导向"的原则，真正贯彻落实了"党的新闻舆论工作坚持党性原则，最根本的是坚持党对舆论工作的领导。党和政府主办的媒体是党和政府的宣传阵地，必须姓党"。《中国舆论场》的重磅亮相体现主流媒体希望把握舆论方向，杜绝因信息大爆炸令人们在快速接收海量资讯的同时，容易出现茫然无措的状态，在多元信息面前引

---

① 《网络安全和信息化工作六大问题，习总书记这样说》，千龙网，2016 年 4 月 26 日，http://tech.qianlong.com/2016/0426/566385.shtml。

② 范玉刚：《"民间网络舆论场"改变中国舆论生态》，《青年记者》2010 年第 16 期。

导受众如何辨别和判断铺天盖地的话题，以及告诉受众哪些话题是最值得关注和思考的。

三 《中国舆论场》重塑主流媒体的舆论话语权

（一）节目诉求的创新

美国社会心理学家 L. 费斯廷格于 1957 年提出认知不协调理论，其前提是每个人都努力使自己的内心世界没有矛盾，然而所有的人都无法使自己达到无矛盾状态。费斯廷格把"矛盾"和"无矛盾"换为"不协调"和"协调"，并据此对认知现象进行分析。认知不协调理论包含两个认知要素：一是关于自身特点和自己行为的知识；二是关于周围环境的知识。① 根据这一原理，一个人若是内心协调，就不会更改自己的行为方式和社会意识观念，以求适应社会的目的。传统的主流舆论场社会生活中一直是自上而下的单向传输模式，引导的舆论场都是正面的、积极的，而网络舆论中各种复杂、夸张或者不良的信息打破了人们对目前社会的认知协调状态，导致了人内心的不协调，人们迫切地想去了解这个社会。《中国舆论场》通过大数据分析全媒体平台的舆论热点，通过对网络舆论关注度高的热点事件进行筛选，现场的专家对这一热点形态进行解读，并通过融媒体模式带动全民参与话题讨论，让人们在传统媒体平台上开始理性思考网络舆论，重新构建认知基模，以求达到内心的认知协调。

（二）节目内容及形式上的创新

1. 节目内容

（1）舆情热度的筛选

《中国舆论场》的每期节目筛选出来的讨论话题并不是"拍脑袋"决定的，它每周甚至每天在其微信公众平台上直观又具体地给出本周和当天的中国舆论场指数前 10 名。受众的每一次搜索、每一次点击都成

---

① 李永健：《大众传播心理通论》，中国传媒大学出版社，2008。

为中国舆论场指数的权威来源，节目中讨论的是受众真正在乎并与自身息息相关的舆论话题。这样的话题也能吸引受众积极参与到每一期节目的讨论当中。比如首播中"网约车，路在何方？"和"打击号贩子"等民生问题，第二期、第三期节目中都提到的"揣着中国心，中国航母的诞生和下水"的国家安全问题，都足以引发全民参与讨论。《中国舆论场》给专家和受众充分的自由来表达自身观点，两者互相讨论、思想碰撞，再由代表主流舆论的主持人给出总结式的评论，通过点评专家和观众的观点得出结论，间接树立核心价值观，重新树立主流价值观。

（2）议程设置

提到新闻就不得不说议程设置理论，该理论认为大众传播往往不能决定人们对某一事件或意见的具体看法，但可以通过提供信息和安排相关的议题来有效地影响人们关注哪些事实和意见及他们谈论的先后顺序。大众传播可能无法影响人们怎么想，却可以影响人们去想什么。节目从每周甚至每天的舆情指数前 10 名中选出每期节目所讨论的三个到四个核心话题，这种筛选体现出节目在引导受众关注和思考时的多方面考虑。比如第一期节目中"网约车"和"打击票贩子"事件的选择，主要强调了当下国家在这两个问题上最新出台的政策和打击举措，展现国家治理决心，给人民一个交代；第二期、第三期则围绕航母、日本集体自卫权出台的一系列政策以及国内的再婚家庭第三孩政策展开，树立国际视野，树立大国观念；第三期直面中国房价问题、聚焦朝鲜问题等，不回避敏感话题、不规避敏感问题，将问题摆到台面上大家一起公开表达，遏制谣言传播。

2. 节目形式

（1）强烈的参与感

《中国舆论场》作为中国首档融媒体新闻评论节目，它在节目形式上的许多改进都让观众眼前一亮。独创的受众互动模式极大地刺激了收视率的增长，在央视这个官方平台上发表自己的观点，是原来想都不敢想的，但在该节目中只要积极参与抢票环节，就有可能让全球观众看到自己的评论并和其他受众共同讨论。这种参与感是以往评论类节目所容易忽视的。

除此之外，观众可以同特约嘉宾和评论员互动，还可以随时反驳或质疑他们的观点、意见，打破权威，更可以针对他们的评论给他们点赞。被评选出的最受观众喜爱的评论员会在今后的节目中频繁出现，这也迎合了观众的喜好，给予了他们最大限度的自主选择权。

现今青少年的主要娱乐方式从电视转向了电脑、手机，在电视收视率整体下滑的今天，《中国舆论场》则通过将电脑、手机作为电视节目的参与方式之一，将年轻一代的受众拉回到电视中，采用迂回战术重获受众。

（2）融媒体节目的首发

习近平总书记在央视新闻中心听取中央电视台媒体融合汇报时指出媒体融合是下一步我们工作的重要方面。笔者在上文中一再提到《中国舆论场》是一档融媒体新闻评论节目，该节目与央视网、人民网舆情监测室联合推出"中国舆论场指数"，实时关注全网新闻的热点舆情，盘点每周每日舆情最热的前 10 名。节目还将电视、互联网、移动新媒体深度结合，创造性地引入"在线观众席"，全球网友可以通过手机进行实时抢票，成为当期节目现场参与者，直接分享观点，向嘉宾提问，全程互动。嘉宾和主持人需要现场面对网友们的质疑，他们不再是节目的主导者，甚至有时观众还会主导节目的发展和讨论方向。主流舆论要接纳网络舆论从而做出改进，并据此断定如何引导舆论。

（3）主持风格

《中国舆论场》一改告知通知式的播报新闻形式，也不同于新闻评论员专栏式充满个人色彩的评论模式，而是通过主持人和网民、主持人和特约评论员和嘉宾，甚至主持人和主持人间的对话或讨论，营造一种平等的谈话场，在对话中重塑主流舆论和价值观。在 2018 年 2 月 19 日，习总书记视察人民网演播室时特别强调基层干部要接地气，记者调研也要接地气。这次，不仅是记者调研，主持人风格也贴近民众，更接地气。

四　小结

《中国舆论场》提供一个客观、权威、可信的平台，倡导有效的沟通，传递真实的声音，用均衡的眼光及理性的视角剖析新闻本身。

舆论场是复杂的，既可能存在各种舆论的共生共存现象，导致所谓的公共领域的兴盛、意见市场的勃兴；也可能存在不同舆论的彼此冲突、破坏、倾轧，以致枯萎衰败。要打通两个舆论场，意味着主流媒体必须依靠其公信力和权威性，通过社交媒体及其他新媒体渠道传播发挥舆论影响力，实现政策信息与网络民意的水乳交融，由最初的两个互不相融的独立体，逐渐演变成一个同心圆。信息技术加速了社会化媒体的大发展，同时也进一步促成了舆论场的多样化色彩，因此，舆论场的调控者如何根据有理、有利、有节的原则及时化解危机，推动舆论场朝一个同心圆的方向发展，我们似乎可以从《中国舆论场》这一节目得到启发。

第三节　主流媒体应对群体极化的策略①

一　网络群体极化研究综述

群体极化最早是由 James Stoner 于 1961 年发现群体讨论现象时提出的。其含义是在群体进行决策时，人们往往会比个人决策时更倾向于冒险或保守，向某一个极端偏斜，从而背离最佳决策。法国学者勒庞在他的名著《乌合之众：群体心理研究》中阐述了"群体的心理"，群体经常失去方向感，表现为一种纯粹的无意识形态。该书描述的群体心理与

---

① 李永健、王雪丽：《网络群体极化现象与主流媒体的应对责任》，《中国记者》2013 年第 8 期。

群体极化心理有一定的相似之处。塞奇·莫斯科维奇在《群氓的时代》中也对"群体极化"现象进行了深刻的研究，他指出："在整体社会中，有一个威望的指挥官（或者是有魅力的领域），这个社群就形成了，它比那个更广阔的社会要小，但是却具有更大的动力和更强的意志，它可以毫不费力地操纵世界，而这个世界对此却毫无所知。"①

美国哲学家凯斯·桑斯坦最早把群体极化与互联网联系在一起，他提出了"网络群体极化"的概念，同时指出：团体成员最初就存在某些偏向，并引起偏向性而组成团体；在讨论后，因为缺乏对立的意见和争论，人们更强化了原有的偏向，甚至形成了极端的观点。② 美国心理学家萨拉·凯拉尔也在研究中发现：群体极化现象不仅存在于现实中，而且同样存在于网络中。《网络之声》的作者格雷·舍柯通过研究证明："在以政治和舆论为导向的讨论中，意见会两极分化，并且这一现象在网络中也是大量存在的。"③ 其原因在很大程度上是我们经常在互联网上看到极端主义，但又明显缺乏一个有节制的声音。

不少研究者指出：网络会增加群体极化的可能性。例如，拉塞·斯皮司与其同事也通过研究证明：网络中的群体极化现象更加突出，大约是现实生活中面对面时的两倍多。④ 凯斯·桑斯坦同时也提及网络对许多人而言，正是极端主义的温床，因为志同道合的人可以在网上轻易而且频繁地沟通，听不到不同的看法，持续暴露于极端的立场中，听取这些人的意见，会让人逐渐相信这个立场。而且互联网站倾向于收集同类信息，链接立场相近的其他网站，这将导致信息"窄化"；人们通过互联网以匿名的方式成为团体成员，将使团体的观点更容易变得极端。互

---

① 〔法〕塞奇·莫斯科维奇：《群氓的时代》，许列民等译，江苏人民出版社，2003，第4页。

② 〔美〕凯斯·桑斯坦：《网络共和国——网络社会中的民主问题》，上海人民出版社，2003，第89页。

③ 〔美〕凯斯·桑斯坦：《网络共和国——网络社会中的民主问题》，上海人民出版社，2003，第132页。

④ 〔美〕帕特里夏·华莱士：《互联网心理学》，谢影、荷建新译，中国轻工业出版社，2001，第88页。

联网的这些特点及人的社会属性，使得人们很容易陷入某个虚拟群体当中，他们更多接受来自自己所属群体的影响，而外在因素的影响在减弱。也就是说，现在人们表面看起来有了更多的机会了解和获取各方面的信息、接受全方位的影响，但实际上他们理解世界的面越来越窄，成了满足于自己小群体交往环境的"单向度的人"。

在中国，一些学者从不同角度对网络群体进行了思考。例如，何威在《网众传播》一书中指出：网众的构成方式是网络化的，这种构型有利于缓解"群体极化"的倾向。乐嫒、杨伯淑在《网络极化现象研究——基于四个中文 BBS 论坛的内容分析》中也指出：网络极化现象在议题总体背景下并不存在。同时他指出：网络极化与政治意识形态相关联，并在特定论坛的特定议题类别中出现显著的差异程度。[1] 也有学者指出网络讨论的品质也会影响群体极化的结果，并且有学者认为网络中没有直接的讨论，网民进行决策往往根据舆论领袖的意见或自己的经验认识。[2]

二　网络群体极化现象的传播路径

《2012 年中国互联网舆情分析报告》显示，集中在权、民、法，即官员的依法行政、民众的公共利益、政法机关及其司法正义三个方面的矛盾冲突最容易引发舆情风暴。传统媒体是第一层面上的传播者，然而当媒体上的评论被呈现在网络上之后，引起了更多网民的讨论和关注，网络载体成了另一层面上的传播者。与此同时，意见领袖也发表自己的看法，并将自己的观点通过博客、微博、论坛等形式传播出去。而网民情感和观点被意见领袖所感染，其言论在意见领袖的影响下趋向于同一，此外，随着网络讨论的升温，网民的反对意见出现膨胀，继而形成

[1]　乐嫒、杨伯淑：《网络极化现象研究——基于四个中文 BBS 论坛的内容分析》，《青年研究》2010 年第 2 期。
[2]　焦德武：《试论网络传播中的群体极化现象》，《安徽理工大学学报》2010 年第 3 期。

群体极化现象。一般而言，网络上的群体极化现象可以分为两个层面。第一个层面是网络言词的极化，即网民的意见偏向一个观点，向一个极端偏斜；第二个层面是现实行为的极化，即网络上的群体行为作用到现实社会中，严重影响了正常的社会公共秩序，并有可能产生较大的社会动荡（见图 3-1）。

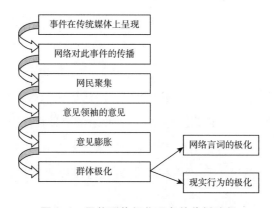

图 3-1　网络群体极化现象的传播路径

在分析中，我们发现了网络群体极化现象的一些新特点。

直接"讨论"的缺乏。在很多网络热点事件的传播路径中，我们没有看到网民的"讨论"过程，他们会凭借自己的经验、观念或是意见领袖的意见对事件发表看法。

网络群体极化现象呈现短期的暴发式效果。随着时间的流逝，网络受众对议题的关注度下降，这与网络自身的传播特性是密切相关的。

主流媒体责任重大。媒体在报道中的失之偏颇是导致受众意见产生群体极化的一个很重要的原因。

三　网络群体极化的社会根源

事实上，不管是事件信息要在某种条件下产生作用，还是受众在某种条件下会产生极化的效应，它们的发生与发展都不是独立的，而是都与社会根源有关，不可能脱离社会环境而存在。以下主要分析两个方面的原因：一是社会心理失衡，二是社会的信任危机。

（一）社会心理失衡

事实上，网络传播中群体极化现象是现实社会中群体极化现象在虚拟网络社会中的投射。现实社会中的群体之间存在的差异是导致社会心理失衡的主要原因。正处于转型期的中国，社会各阶层、各利益群体之间的差异导致社会上很多公众存在"社会心理"的失衡，一些紧张、焦虑、不满的社会情绪日渐凸显，特别是一些涉及官二代、富二代以及弱势群体等的敏感话题，更容易成为群体极化现象的"引爆点"。在此基础之上，群体极化现象更多表现为一种社会性心理情绪的释放。

（二）社会的信任危机

在当今社会，部分公民存在对于政府和媒介的信任问题。长期以来，民众对主流媒体的信任度都是处于较高水平的，然而在网络社会，网络受众更喜欢从意见领袖那里去寻求信息、验证信息。

四　主流媒体责任

网络群体极化现象的控制对策，可以从诸多方面论述，我们重点从媒体自身入手寻找对策，明确责任。

（一）舆情的管理责任

主流媒体应该建立相应的舆情监控部门，及时、适时地进行舆情监控。舆情监控任务既包括传统的社会舆情监控，又包括对网络媒体的舆情监控。尤其是在社会化媒体（如微博、论坛、博客、播客）兴盛的背景之下，要特别注重网络舆情监控，及时对网络受众对于新闻报道以及各种现象、问题所表达的信念、态度、意见和情绪等表现进行监控，并对未来发展的趋势做出判断。

（二）意见领袖的培养责任

网络意见领袖具有巨大的影响力，因此，媒体应该思考培养体制内的意见领袖以争取媒体话语权。媒体要想取得良好的宣传效果，应该利用好所掌握的信息优势，多使用话语权优势，提升媒体的公信力。媒体意见领袖的培养，一方面，可以将现有的网络意见领袖纳入媒体阵营；另一方面，应从人们的利益点和兴趣点出发，培养出自己的意见领袖。为防止外媒意识形态信息的渗入，要积极主动建立完善的信息公开制度和新闻发言人制度。信息公开是媒体争取话语权的基本保障，也是体制内意见领袖吸引受众的关键。

（三）媒体的报道和传播责任

履行宣传和传播任务的主流媒体，在实施具体任务时应该遵守相关的规则，如此则有利于"正面宣传，正面效果"的达成。首先，就传播者而言，在进行报道或评论时要保持公正、平等、客观的态度。记者切不可意气用事，直接表达观点和意见，要时刻保持理性、客观的良好形象；在报道新闻时要"以人为本"，正面报道、客观宣传，以正确的舆论引导人。其次，要选取合适的传播方式，切不可大发议论或过度宣传。一般而言，深度报道、辩论或讨论、对话往往比评论更容易取得宣传效果，因为这些方式尊重受众的观点和意见，给予他们思考的空间；同时，媒体的宣传要有一个合适的"度"，过度的膨胀式宣传会导致受众的强烈反感。

五 小结

中国目前正处在社会转型期，公众的情绪很容易被调动，群体极化现象将会越来越频繁地出现。网民自身的特点决定了他们很容易被意见领袖所引导。受阅历和水平的限制，公众很难在短时间内厘清事件背后复杂的社会和心理动因，因此他们往往借助意见领袖来了解正在发生的事件，再加上公众对意见领袖所存在的惯有的"崇拜心理"，使得他们更易于相信意见领袖的结论。同时，由于网民的非理性情绪，受众在网络中表达批判意见时，往往处于一种非理智的状态，很容易被其他网民的偏激情绪所感染，自己也易产生较强的社会情绪。通过对相关帖子的统计分析，我们发现在很多网络群体极化事件中，网络论坛上或者新闻跟帖上的谩骂、调侃等情绪化的言论占了回帖和跟帖总量的多数。因此，对网络群体的这种极化现象，一定要正确对待、冷静处理。我们要深刻认识到网络社会发展的特性，同时又要顺应社会的发展，创新引导社会舆论的做法，保证中国社会的健康和谐发展。

第四节　公共安全危机下谣言传播的特点与应对策略

2003 年的"非典"至今已经过去了近 20 年，2020 年突袭而至的新冠肺炎疫情至今仍在全球肆虐。人类的每一次进步都建立在借鉴历史经验的基础之上，同样，作为公共安全危机，"非典"有许多经验、教训值得参考借鉴、反思。同时，社会高速发展也使得许多公共安全危机因素发生了变化。与 2003 年相比，今天的媒介环境发生了质的改变，自媒体发展迅速，智能手机全面普及，个人能够随时随地获得信息、发表看法。同时，社会治理更加进步，各类信息发布条例建立，社会大众媒介素养和信息素养提高。在外部法规约束和公民内在素质提高的情况下，虽然自媒体使得谣言传播更加便利，但极少出现谣言大肆传播、影响社会稳定的情况。在公共安全危机等突发事件发生时，社会秩序被打乱，个体的焦虑情绪以及事件控制相对薄弱，大量谣言产生并传播，公共安全危机中谣言的产生有其社会心理根源。

一　谣言：过去与现在

据中国学者程中兴的考察，"谣言"一词最早出现在《后汉书》，既有歌谣、颂赞之意："诗守南楚，民作谣言"（《后汉书·杜诗传赞》）；也有诋毁、诽谤之意："在政烦忧，谣言远闻"（《后汉书·刘焉传》）。而在《后汉书·蔡邕传》中所说的东汉"三公谣言奏事"制度中，"谣言"采颂赞、诽谤之意皆可。① 在中国历史上，谣言曾经是对官员的监督手段和政治工具，在某种意义上充当了社会治理的功能。而封建社会历来的起义、夺权活动和战争中出现的种种谣言总是与神力同时出现，这就更加放大了谣言的神秘性、神圣性和不可置疑性。② 在《辞海》中"谣言"被释作"没有事实根据的传闻，捏造的消息"③。

"谣言"在英文里写作 rumor 或 rumour，有"散布谣言""传说"之意。西方历史中人们对于谣言的认知既充满了丑化、防范与怀疑，又有着尊崇与膜拜。④ 有学者将谣言描述为一个可怕的怪物，它的恐怖的外形代表了谣言"丑陋"的内容，其身形、力量和速度代表了它的影响力，而谣言的工具就是人的眼睛、耳朵和嘴巴。⑤ 此外，同样存在对谣言的膜拜，在公元前 465 年的雅典，"谣言女神"作为诸神中的一员被列入神谱，"它本身就是一种神圣"，谣言通过人来发挥威力，进行社会监督。⑥

从东西方谣言概念演变的历史中可以看出，过去人们对于谣言的认识往往充满矛盾、纠结。既认为它"面目可憎"，意味着诽谤和怀疑、无处不在，又觉得它"神秘莫测"，具有社会监督的功能，能够促进社会平稳运行。

近现代社会以来，人们对谣言更加关注，尤其是在第一次世界大战和第二次世界大战中，交战双方为了蛊惑人心，以官方的名义散布了大

---

① 程中兴：《谣言、流言研究——以话语为中心的社会互动分析》，博士学位论文，上海大学，2007，第 5 页。
② 雷霞：《谣言：概念演变与发展》，《新闻与传播研究》2016 年第 9 期。
③ 参见夏征农《辞海》，上海辞书出版社，1999，第 1158 页。
④ 雷霞：《谣言：概念演变与发展》，《新闻与传播研究》2016 年第 9 期。
⑤ 〔德〕汉斯-约阿希姆·诺伊鲍尔：《谣言女神》，顾牧译，中信出版社，2004，第 50~51 页。
⑥ 〔德〕汉斯-约阿希姆·诺伊鲍尔：《谣言女神》，顾牧译，中信出版社，2004，第 11~15 页。

量的谣言。一些学者专注于研究谣言的传播效果等问题，以及战后生活恢复正常以后，研究谣言的定义、谣言与新闻的区别等问题。比如，彼德森和吉斯特（Warren A. Peterson & Noel P. Gist）认为，谣言是"在人们之间私下流传的，对公众感兴趣的事物、事件或问题的未经证实的阐述或诠释"①。根据张志安等人的研究，欧美学术界近年来对谣言的研究主要涵盖谣言传播、谣言意涵与谣言应对三个方面，其中涉及遵从功能主义的研究路径，基于复杂网络理论与社会心理学等两种维度构建网络谣言传播的行为与心理机制。② 在国内，被学者们普遍接受的对谣言的界定是："未经官方证实的、虚假的、没有根据的消息。"此界定更多的是在对谣言的真假问题以及如何摒弃谣言上进行辨析，而对于谣言存在社会心理根源缺乏深入的分析。谣言背后实则反映了复杂的社会心理问题，尤其是在公共安全危机中，由于个体生活受到影响，公众容易产生恐慌情绪，使得谣言大肆传播。如果对谣言的认知仅停留在"真""假"层面或者撇开社会心理谈谣言的规避与治理，显然过于片面和简单，也忽视了古人对于谣言两面性的认识而带给我们的启示。

二　公共安全危机事件中谣言的产生：个体泛化的焦虑

西方学者从实证研究的角度认为，谣言是出于焦虑状态的个人为了消除不确定性而进行的一系列尝试。奥尔波特认为谣言可以缓解个体焦虑和感情冲动，也与个体投射（指个人意念、欲望等的外化）有关。③ 也有学者认为，谣言反映群体的智慧，谣言是在群体议论过程中产生的即兴新闻，通过这种经常性的、融合了集体智慧的交流方式，人们试图对自己面临的威胁或模棱两可的处境构建出

① Warren A. Peterson, Noel P. Gist, "Rumor and Public Opinion," *American Journal of Sociology*, 57, 2, 1951, pp. 159-167.
② 张志安、束开荣：《谣言传播、谣言意涵与谣言应对——欧美学术界近年来研究谣言的三个视角》，《新闻与写作》2016 年第 9 期。
③ 〔美〕奥尔波特等：《谣言心理学》，刘水平等译，辽宁教育出版社，2003。

有意义的解释。① 这两种观点是站在不同的角度来认识谣言传播的，对于个人来说，谣言是一种公共的信息交流，反映了个人对某一社会现象的阐释，能帮助其消除焦虑、获得平静；对于社会来说，谣言"允许群体在充分互动的基础上获得集体记忆，解构并重构社会信任，最终推动社会发展"②。

美国心理学家奥尔波特在其著作《谣言心理学》中进行了较为系统的论述。他将谣言归结于人们情绪状态的"投射"③。心理学上的"投射"是指个人意念或者欲望的外化：当一个人的情绪状态反映在他对周围事物的解释中而不自知时，这种现象即称为投射。在这样的情况下，人们对周围事物的解释并没有采取和使用完全客观公正的态度和证据。就是人们需要什么，就会倾向于表达什么，也更容易相信什么。当人接收了某个信息之后，产生恐慌情绪，并会将这种恐慌情绪投射到周围的事物，做出带有恐慌心理因素的判断、猜测和假想。奥尔波特认为，谣言的投射分为互补投射和直接投射。互补投射是假定某事存在与否，并为了给自己的情绪找一个"合理"的解释；直接投射则是为了使自己免于良心的责罚。无论谣言是互补投射还是直接投射，都是传播者对自己情绪的释放，使自己重新获得安全感。《谣言心理学》中引用了一个典型的例子。第二次世界大战时期，一位家庭主妇对她的邻居说："我听说×军营里，肉多得吃不完，他们把大块的牛肉扔到垃圾堆。"这位妇女为什么要这么说呢？因为当时的肉类短缺对她的家庭造成了不便，让她觉得恼怒又无措。肉类短缺的现状总归是有原因的，不过这位家庭主妇无法得知真正的、确切的原因。但她可能听说过一些军官的腐败贪婪，或者她可能对军队怀有偏见，不管怎么说，一个现成

---

① Shibutani, Tomatsu, "Improvised News: A Sociological Study of Rumor", *Indianapolis: Bobbs-Merrill*, 1966, quoted in Dan E. Miller, "Rumor: An Examination of Some Stereotypes," *Symbolic Interaction*, 28, 4, 2005, pp. 505-519.
② 转引自周裕琼《真实的谎言：抵制家乐福事件中的新媒体谣言分析》，载邱林川、陈韬文主编《新媒体事件研究》，中国人民大学出版社，2011，第102页。
③ 〔美〕奥尔波特等：《谣言心理学》，刘水平等译，辽宁教育出版社，2003。

的、说得通的罪魁祸首就出现了，×军营为肉类短缺背上了黑锅。但这个家庭主妇的话并没有事实依据，是个谣言。这种心理称为互补投射，通常表现为假定存在某种现象，或者假定他人有某种行为，从而为自己的情绪找一个"合理"的解释。

对自身内疚的投射会使人设法逃避良心的不安，简单来说就是"错的是别人，而不是我；即使我有错，也不如别人错得多"[①]。这种心理容易产生责难式的谣言和诽谤。例如在各种灾难或公共事件初期，总有各种谣言夸大其影响程度，很可能就是出于寻求关注、试图与别人分担压力的潜在心理。这种心理表达为言辞就是：我对某些事物感到恐慌，但我又不能直接说"我好害怕"，于是就用一条谣言来体现这些事物的可怕，间接地把个人的紧张情绪传达给其他人，从而引起别人的关注，让个人安心。奥尔波特认为，谣言的传播具有双重功能，即能够解释和减轻个人所产生的紧张情绪。通俗来讲就是：个人通过对谣言的传播，使得他人同样紧张起来，共同关注着一个令人紧张的"事物"，从而实现压力和恐慌的分担。

在新冠肺炎疫情带来的疾病和病毒的威胁面前，人们容易感到极度无力和前所未有的迷茫。尽管已经有 2003 年抗击非典的经历、经验，但是当面对疫情在传播范围、危害性、持续时间等方面严峻的事实时，人们的内心开始感到焦虑和不安。尤其是在疫情初期，社会控制手段薄弱，信息流通性、公开性低，人们对疫情的整体认识不够全面，在信息和认知的局限下，一些不合事实的谣言产生并传播。

荣格认为，只要人们有好奇心和探听新闻的愿望，一般谣言的传播就有了基础，从某种意义上讲，谣言传播是人们发泄不安和敌意的表现。从这个角度出发，我们可以对新冠肺炎疫情期间谣言的内容做一个简单的分类：第一大类是能够满足好奇心、获知最新信息的欲望以及宣泄内心的不安的内容；第二大类是充满质疑、批评，有敌意表现的内容。

---

① 〔美〕奥尔波特等：《谣言心理学》，刘水平等译，辽宁教育出版社，2003。

我们利用百度指数，对根据荣格谣言传播理论所确定的两大类内容特征的谣言进行了统计分析。百度指数是针对互联网用户对关键词搜索关注程度及持续变化情况进行统计分析指数的一种，它是以网民在百度的搜索量为数据基础，以关键词为统计对象，科学分析并计算出各个关键词在百度网页搜索中搜索频次的加权，而且还根据数据来源的不同，搜索指数分为 PC 搜索指数和移动搜索指数，目前我们采用的是两者之和。针对第一大类，即满足好奇心、获知最新信息的欲望以及宣泄内心的不安的内容，我们选择"疫情"作为关键词的代表；针对敌意表现，我们选择了"谣言"作为关键词，因为按照我国信息管理方法，没有确定消息来源以及具有各种各样的反社会表现，我们的管理部门都将其定性为谣言。

以"疫情""谣言"为关键词，分别搜索在同一时间内的百度指数搜索趋势（见图 3-2、图 3-3）。

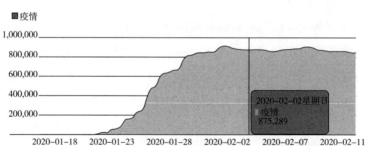

地域范围 全国　设备来源 PC+移动　时间范围　2020-01-13~2020-02-11

图 3-2　以"疫情"为关键词的百度指数搜索趋势

从图 3-2 和图 3-3 的发展趋势来看，在同一时间内，两者的百度指数发展趋势具有关联性。当人们对"疫情"的关注程度变高时，"谣言"的关注度也随之增加。值得注意的是，对"谣言"的百度指数出现了几次高峰，并不像"疫情"的百度指数发展趋势那样平稳，这是因为"谣言"像病毒一样，也具有暴发期，尤其是在疫情发展初期，社会治理手段薄弱，信息透明度不高，人们对疫情的了解不够全面，导

地域范围 全国　设备来源 PC+移动　时间范围　2020-01-13~2020-02-11

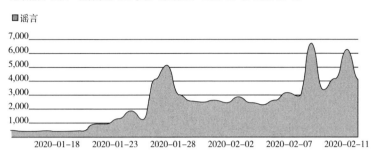

图3-3　以"谣言"为关键词的百度指数搜索趋势

致一些谣言产生。但是由于社会机体的自我防御反应，让它又回归了正常，这也说明目前整个社会传播和发展的大环境是正常的。

谣言也可以被比喻为生活在健康社会机体上的"病毒"，就像人类在自然界中需要抵御各种各样的病毒，谣言传播也时刻在侵袭着社会机体，同时也能让健康的社会机体时刻处于警醒状态。面对谣言，不做任何反应是不对的，但是过度反应反而会对正常的社会运行造成伤害。在社会组织中，谣言是活跃的，但是在健康正常的社会环境中，谣言的产生和传播速度较慢。当社会面临危机或者处于相对混乱的状态时，由于人群中普遍的焦虑、恐慌心态，谣言便会暴发，呈现极其活跃的高热状态。如果社会组织不能抵御它们的破坏，这种高热状态就有可能发展到危险的地步，威胁社会的正常发展和运行。战争、暴乱、瘟疫、灾祸等公共安全危机事件本身就具有破坏社会稳定、威胁人类生活的特性，再加上谣言这一"并发症"，如果不能得到及时的调整和控制，就会加重灾难的破坏性。

三　公共安全危机中的谣言传播：认知不和谐的推动

从精神分析的角度看，谣言传播是一种个人心理防卫机制启动的反应。像新冠病毒对人体的侵袭一样，有的人反应平缓，有的人则反应强烈，在指数曲线上就会出现起伏。《谣言心理学》提到，谣言的产生需要两个基本条件：一是故事主体对传谣者和听谣者具有某种重要性；二是真实事件必须要用模糊性来掩盖。① 当重大公共安全危机发生时，民众急于对危机有全面的了解，但在危机初期，社会整体对危机的认识不够完善，媒体和政府传播的相关信息太少或者不够明确，此外，恐慌状态下的人们可能对官方发布的信息保持质疑。而来自自媒体和社交媒体的各类信息内容庞杂、传播迅速、真假难辨，这种官方平台信息整合与输出、自媒体小规模组织化传播、社交媒体几何式扩散的传播状态，使得危机发生初期信息严重超载，民众难辨真伪，导致人们对危机认知不和谐，社会紧张情绪加重。

在公共安全危机中，一方面，受个人媒介素养、信息接触渠道的影响，在铺天盖地的信息面前，一些人会倾向于选择自己认为"对"的消息，或者由于接触不到权威媒体、官方发布的信息，将了解真相的视角局限于自媒体、社交媒体。这些平台的信息为了博取关注，经常存在"标题党"、夸大事实的问题，这些被夸大的、虚假传播的内容，极易引起并加重受众消极恐慌等负面情绪。尤其是在面对人员伤亡、财产损失等威胁民生的信息时，这种消极感性的心理状态也会影响人们的实践行动，如果长期被这种感性心理左右，人们可能产生无意识或防御性的认知盲目和麻痹大意。另一方面，在公共安全危机事件中，专业性强的官方媒体会迅速调整传播策略，疏通传播渠道，进行积极的舆论引导，接触该类信息的受众，在逐渐加深对危机了解的同时，心理也由危机初期的不安紧张向科学理性认识转变，积极参与危机治理。

在公共安全危机中，这种正负情绪交织、消极感性与科学理性并存的矛盾性社会心理状态，易使真假信息出现"恶性循环"的现象，为谣言的传播提供了"温床"。因此，官方、主流媒体应做好传播的"下沉"工作，疏通传播渠道，扩大传播范围，创新传播方式，以确保在危

---

① 转引自赵青娟《重大疫情中谣言治理的法制理性》，《新闻与传播评论》2020 年第 3 期。

机发生时，社会民众能够最大范围接触到中立客观的信息。

四　公共安全危机中谣言传播功能：人际交流的润滑剂

"沟通是人类交往的基本构成，也是社会心理形成的基础。在人的日常生活中，免不了信息的沟通与交换，谁在这个过程中占据主动，谁就可能在社会关系中获利。"[①] 从新闻传播的角度看，谣言一方面牵动着大家敏感的神经，另一方面因其具有模糊性的特点，更能引起大家的关注和好奇。卡普费雷把谣言的沟通与说服功能概括为人际交往功能，在广受关注的公共安全危机中，谣言的传播使个人可能获得与他人沟通、说服他人的满足感，这种满足感尤其对生活平淡、心态不平衡的人具有吸引力。在这种情境下，谣言传播就像人际沟通交流的"润滑剂"，"激励"个人在谣言交流和传播的过程中，体验为别人"答疑解惑"、占据主动的"快感"。为避免被谣言刺激的人际传播掩盖事实真相，在公共安全危机的管控中，政府、媒体应做好舆情监测、舆论引导工作，对谣言及时澄清，防止其大规模传播影响社会稳定。

五　建构集体记忆，编织纸草社会

莫里斯·哈布瓦赫是法国涂尔干学派第二代成员中的重要人物，也是记忆社会学的先锋，在 20 世纪 20 年代，哈布瓦赫提出了集体记忆这个概念，使之与史学意义上的历史彻底区分开来。哈布瓦赫关于集体记忆的观点可以概括为："对于那些发生在过去的、我们感兴趣的事件，只有从集体记忆的框架中才能重新找到它们的适当位置。当这些框架变化的时候，相应的记忆变化就会发生。这要么是因为我们不再关注它

---

① 林剑：《论人的社会交往与人的本质和人的发展之间的关系》，《华中师范大学学报》（人文社会科学版）1996 年第 4 期。

们，要么是因为我们已将注意力转移他处。"① 这表明，人们关于过去的概念，是受当下所遇到的问题以及解决问题的心智意向影响的，集体记忆本质上是立足于现在而对过去的一种建构，是有社会框架的。在对集体记忆的建构过程中，大众媒介对国家、民族认同的叙事，连同各种博物馆一起承载了群体记忆再现与恢复的职能。媒体通过多种修辞表达框架，连接了历史与记忆，并借由媒体在集体记忆中再现或创造历史，用以建构国家的集体认同。在群体记忆缺失、记忆受阻的现代社会，大众传媒对历史事件的再现和记叙，对公众记忆的议程设置，成为现代国家将过去变成合理化权力的资源、塑造国民意识、凝聚共识和维护国家身份的最重要途径。牢固稳定的集体记忆在某种程度上也是一种民族共识，当公共安全危机发生时，这种民族共识能够极大地激发我们战胜困难的决心和能力。

媒介与社会联系紧密，媒介通过各种各样的渠道和方式，呈现一个社会的变化和状态，营造垂直媒体议程。但这是一个受众既是传播者也是受传者的时代，受众的力量日渐增长，公民也日渐依赖从个人化的媒体中了解到的水平层面的议程。从最早发出新冠肺炎疫情信息的传播者来看，首先他们都是医生，是事件的直接参与者，并且他们选择首先在工作的同时在朋友和家人中分享警告信息。从心理学的角度看，当一个涉及自己和家人朋友的公共安全危机发生时，人们首先关注的是自身的安全，然后才是更广泛意义上的社会。水平和垂直这两种议程越来越交织在一起，影响着人们的公共生活和私人生活。②

在处理公共卫生安全危机时，有效的信息传播和社会沟通是必不可少的。否则信息传播不畅通，民众的恐慌和焦虑心理、认知空白不能得到及时的安抚和补充，导致谣言大量产生并传播，变本加厉地威胁社会平稳运行。

---

① 陶东风：《记忆是一种文化建构——哈布瓦赫〈论集体记忆〉》，《中国图书评论》2010 年第 9 期。
② 〔美〕唐纳德·肖：《创造一个纸草型社会》，《国际新闻界》2004 年第 4 期。

六　应对策略

第一，要关注典型案例的收集与分析，通过对典型案例中谣言传播以及舆情走向的分析，探索此类事件背后的一般规律。通过对此类事件中谣言传播及舆情聚焦的特点、各方面的来源、呈现质疑主要集中的方面，以及由此给政府及媒体管理带来的主要压力进行分析，归纳此类事件中各方面的影响因素以及主要特点，有的放矢。

第二，建设纸草型社会，稳定社会大局。由于社交媒体以及自媒体的发展，人们获取信息的渠道趋向多元化，既有来源于大众传媒（主流媒体）的信息，也有源于自媒体和社交媒体的信息，而从目前中国整体社会及媒介环境健康发展的表现看，这种垂直议程和水平议程相结合所创造的纸草型社会的稳固性，其中有一个全国很重要的表现就是没有出现任何社会波动。

第三，要选准"堰塞湖"疏浚的突破口。随着新冠肺炎疫情防控进入常态化，人们的情绪也从应急激情状态转向平稳和理性的状态，归因问题，将会成为社会心理的普遍状态。这其实已经形成全社会心理归因的"堰塞湖"，而且都将会通过归因这一心理需求释放出来，如果引导不当，将会对社会带来动荡和冲击。因此政府及主流媒体在新冠肺炎疫情防控常态化时期的报道中，对全社会的归因心理状态要做好应对。

第四章 广电传媒转型的发展研究

——基于《中国新闻》和《中国舆论场》的深度考察

第一节 广电传媒转型发展研究的新视角

随着互联网技术的飞速发展及移动互联网的全面普及，新闻媒介的发展面临前所未有的挑战。收视率下降、转型乏力是其面临的主要困难，如何提升收视率、如何促进传媒转型发展都是电视新闻媒介亟须解决的问题。央视 2017 年一季度收视报告显示，从 2011 年一季度至 2017 年一季度，人均收视分钟、平均到达率呈逐年下降趋势；相较于 2016 年一季度，2017 年一季度人均收视分钟下滑量、平均到达率缩量最大，分别达到 16 分钟和 4.59%（见图 4-1）；2015 年一季度至 2017 年一季度，开机率曲线均呈下降趋势（春节当周开机率升高且达到最高但年后回落），2017 年一季度周开机率整体低于往年（见图 4-2）。收视率下降反映了社会需求的变化，也促使新闻媒介不断进行探索，调整节目内容，优化编排策略。

当下的媒介环境巨变，移动终端的普及、新闻类 App 的繁荣、"互联网+"的火爆、媒介融合的加速深刻影响着受众的媒介使用行为和满足类型。2017 年一季度收视报告显示，各年龄层观众全面下滑，中老年观众依然是主流观众。青年、中年观众逐年下滑且下滑最多，是最不

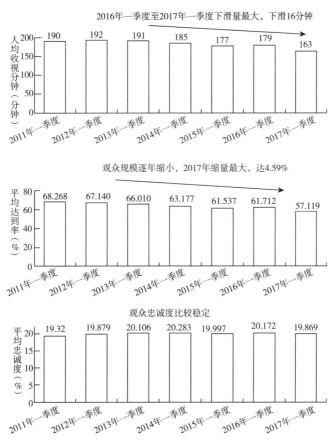

图 4-1　2011 年一季度至 2017 年一季度人均收视分钟、平均到达率、平均忠诚度变化

喜欢看电视的人，这部分人群的媒介消费选择更多，电视媒体面临竞争压力更大（见图 4-3）。相较于 20 世纪 60 年代，处于 21 世纪的受众对电视媒介产生了哪些新的需求？电视媒介需要满足受众哪些使用动机？这些都是亟须通过社会调研搞清楚、弄明白的问题。

受众社会需求的变化会给电视新闻媒介的转型提供一定依据。在移动互联时代，受众对电视新闻媒介需求的变化会在一定程度上指引电视新闻媒介的转型，并有利于提升收视率，加快媒介融合的脚步。

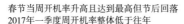

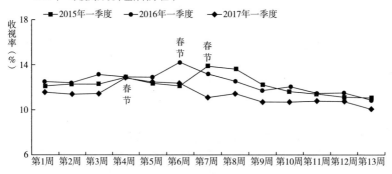

图 4-2 2015 年一季度至 2017 年一季度开机率逐周趋势

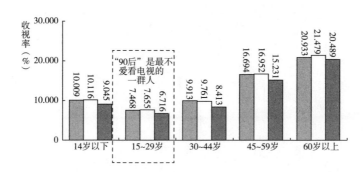

图 4-3 2015 年一季度至 2017 年一季度细分观众群体收视总量变化情况

　　本研究的实践意义在于通过对收视率的统计、分析，不仅可以绘制某一电视新闻媒介收视率的变化曲线，而且可以结合重要的时间节点和重大的新闻事件分析收视率波动的具体原因。根据电视受众的媒介使用情况，为电视新闻媒介的转型提出具体建议，这将有助于缓解收视率之于电视新闻媒介的压力，也有助于探析电视新闻媒介的转型路径，扭转收视率渐趋下降的趋势，抬升收视率，加速媒介转型、融合与发展。

一　理论意义

本研究以"使用与满足"理论为研究及观察问题的视角。"使用与满足"理论的基本研究假设是把受众看作有着特定"需求"的个人，把他们的媒介接触活动看作基于特定的需求动机来"使用"媒介，从而使这些需求得到"满足"的过程，或者说是受众通过使用媒介来寻求自身的满足，主要是满足受众心理方面的需求。

"使用与满足"研究源于 20 世纪 40 年代，但是这一理论的架构相对比较简单。这主要表现在：第一，早期的研究主要是通过实证归纳了"使用"或"满足"的基本类型，在理论上并没有获得进一步的突破；第二，在方法上以访谈记录为主，更多依据受众主观心理感受，缺乏客观的实证研究资料，同时也没有形成较严密的研究设计，所以由此得到结论的基础不够扎实，受到很多后来者的批评。因此，在 20 世纪 50 年代，"使用与满足"研究进入停滞期。直到 20 世纪 60 年代以来，这项研究的价值才重新受到肯定，再次兴盛起来，麦奎尔等人于 1969 年开始采用一套严格的程序对新闻、知识竞赛、家庭连续剧、青年冒险电视剧等六种节目进行了调查[①]，总结出了各类节目之间共通的四种"满足"类型。一是心绪转换效用，电视节目可以提供消遣和娱乐，能够帮助人们"逃避"日常生活的压力和负担，带来情绪上的解放感。二是人际关系效用，这里的人际关系包括两种，一种是"拟态"人际关系，即观众对节目出场人物、主持人等所产生的一种"熟人"或"朋友"的感觉，另一种是现实人际关系，即通过谈论节目内容，可以使家庭关系融洽、建立社交圈子等，麦奎尔认为，"拟态"人际关系同样可以在某种程度上满足人们对社会互动的心理需求。三是自我确认效用，电视

[①] 〔英〕丹尼斯·麦奎尔：《受众分析》，刘燕南、李颖、杨振荣译，中国人民大学出版社，2006；廖圣清等：《媒介的碎片化使用：媒介使用概念与测量的再思考》，《新闻大学》2015 年第 11 期。

节目中的人物、事件、状况、矛盾冲突的解决方法等，可以为观众提供自我评价的参考框架，通过这种比较，观众能够引起对自身行为的反省，并在此基础上协调自己的观念和行为。四是环境监测效用，通过观看电视节目，可以获得与自己的生活直接或间接相关的各种信息，及时把握环境的变化，麦奎尔等人发现，监测环境是人们观看电视新闻节目的主要动机，但其他类型的节目也可以在不同程度上满足人们的这种信息需求，如收看家庭电视剧同样能够使人感受到社会生活的状况及其变化。

在大多数"使用与满足"研究的模式中，都有一个重要的概念叫"期望值"。这个概念指的是人们认为传媒应该具有什么特征以及想从中获得什么样的满足。如果人们根据自己的需要来接触不同的传媒，或者是除了媒体的其他事物，他们总要对自己所选择的东西是否能最符合他们的需要有一定的认识。随着研究者对人们实际获得满足的进一步分析，人们的信念（期待）和估价会影响人们想获得的满足，这又会影响人们对传媒的消费。对传媒的消费又会影响人们对实际获得满足的认识，反过来又会加强或改变个人对某些报纸、节目、节目类型等是否能满足自己需要的认识。比如，如果一个人认为"有关时事的信息"有价值，并认为（预料）电视新闻播放这些信息，人们就会从电视新闻中寻求这些信息，假定人们可以收看到电视新闻，人们就会选择收看电视新闻。如果个人确实得到了他想要的信息，那么这个结果会加深人们一开始的想法。如果人们得到的信息比他预料的少或多，那么人们的看法就会有所改变，人们在从电视新闻中获取信息的动机就会发生变化。

二 研究设计

（一）主要研究内容

第一，系统梳理"使用与满足"理论的发展路径，总结前人关于电视新闻媒介转型之路所遇困难和解决对策，为本研究提供一定的理论基础。

第二，以 CCTV-4《中国新闻》为例，统计该电视新闻栏目 2016 年至 2018 年的收视数据，描绘其每年的收视曲线，观察收视率的变化趋势，并结合重要的时间节点和重大的新闻事件分析其收视率波动的具体原因。

第三，在新的时代背景下，采用问卷调查法，了解受众对电视新闻媒介的使用情况，为电视新闻媒介的转型提供真实而全面的依据。

第四，在收视率数据分析、受众问卷调查的基础上，提出电视新闻媒介转型的具体建议。

（二）研究中可能遇到的问题、困难及解决的办法、措施

第一，调查问卷具体问题的敲定。互联网时代的来临，使电视受众的媒介使用情况调查不仅要参考前人的研究，还要结合日新月异的媒介环境，所以在问卷具体问题的敲定上存在一定的难度。笔者通过大量阅读前人的相关研究，总结其共同之处，并结合当下的媒介融合环境，在问题设置上体现时代性，而不是生搬硬套前人的研究，做到融会贯通、与时俱进。

第二，问卷的发放。本次调研并非仅限于一个群体，涉及人群的年龄跨度极大，如果仅仅依靠单一的方式获取数据，可能导致研究样本的可信度降低。笔者将采取多种方式发放问卷（例如，对老年群体采取发放纸质问卷的形式），尽量做到平衡，提高数据的可信度。

第三，数据分析。本研究大量采用定量研究的方法，不仅要统计央视 CCTV-4《中国新闻》近些年的收视率，还要通过 SPSS 深度解剖新时代电视受众的媒介使用情况，工作量很大，需要从数据录入开始就耐心细致。

（三）研究的特色与新意

第一，本研究在"使用与满足"理论视角下探析电视新闻媒介的转型之路，有相对完整的理论视角，而非大而空地探讨电视新闻媒介转型遇到的困难与应对之策，能最大限度地避免泛泛而谈。

第二，本研究将以 CCTV-4《中国新闻》为例，统计其 2016 年至

2018 年的收视数据，描绘每年的收视曲线，比较每年收视率的高低，并结合重要的时间节点和重大的新闻事件分析其收视率波动的具体原因。

第三，本研究将采用问卷调查法，调查电视受众的媒介使用情况，为电视新闻媒介的转型提供真实而全面的依据，摆脱前人仅依靠观察、思辨提出媒介转型建议的不足。

第四，在收视率数据分析、受众问卷调查的基础上，提出电视新闻媒介转型的具体建议，解决电视新闻媒介在转型之路上遇到的问题，这将对收视率、满意度的提升起到一定的促进作用。

本研究的总体思路设计如图 4-4 所示。

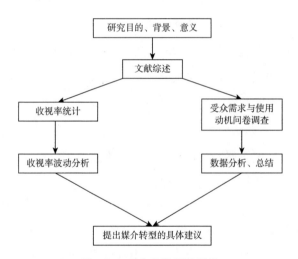

图 4-4　研究总体思路设计

综上所述，以往的研究设计对媒介使用的测量多关注人们使用媒介的时长、频率、形式或内容，而"在哪里""如何使用"往往被大多数研究者忽略。大多数研究仅涉及其中一个或两个方面，多变量的综合性测量相对较少，而且这些"综合"中的不同变量不同指标之间的关系和权重问题也没有得到很好的解决。本研究设计的优势就在于将两者有机结合起来，系统考虑受众的媒介接触和其内在的动机需求之间的内在联系，揭示内在的规律性，为媒介转型提供实证支持。

在目前的电视节目质量评价中，收视率成了唯一的参考指标。在这一不全面的评价导向下，各个电视节目制作和播出单位都把追求收视率作为很重要的目标，笔者在挂职工作中，也确实感受到了收视率这一效果评价指标的影响。各个节目的收视率也是笔者在值班时，布置工作任务时的一个很重要的参考。当然这种倾向也导致了节目从形式以及内容上追求新奇、标新立异，而忽视电视节目内容对于受众的影响，忽视电视节目内容对于受众的导向与引导作用的评价标准，显然不能正确评价节目的优劣，传播学研究中的内容分析法也许可以起到弥补的作用。下面就针对 CCTV-4《中国新闻》，如何利用内容分析方法进行评价开展分析探索。

第二节　《中国新闻》评价的
新方法：框架分析①

通过运用内容分析的方法为电视节目质量评价开辟一条新途径，同时也可以为节目开发和研究提供一种新的手段，比如说某个节目最近收视率下降或某个节目收视率上升，其背后的原因是什么。内容分析可以从内容方面为管理者和开发者提供帮助。电子时代的大众媒介系统是怎样影响被集体分享的世界形象呢？先进的传播技术给该问题以新的维度：同样的符号内容被传给了大量的人；他们的认知水平被无限地扩大了，从而使世界变得更加复杂；媒介组织并不仅仅作为信息的传递者而发挥作用，它们作为内容的生产者甚至创造者至少具有同等的重要性。传媒与社会对我们社会中的每一个人都有着巨大的影响，社会越发展，人类越文明、越进步，对于媒介的依赖性就越强，反过来媒介对人、社

---

① 本节内容来自李永健《电视节目质量评价的新方法》，《山东视听》2006 年第 2 期；李永健《突发事件报道框架下的主流媒体》，《山东视听》2008 年第 6 期；马勇、李永健《从"马航失联"看〈中国新闻〉突发事件报道框架》，《电视研究》2014 年第 6 期。

会的影响也越来越大。每个群体和社会都生活在一个有意义的世界里，其中的某些意义是被传递的，都要依靠传媒。这些意义所涉及的物体、事件和人物超出了直接的经验范围，并且只是在有关他们的知识被其他人传达或媒介传达时才为人知晓。过去以历史的形式继续存在某种口头的传说或书面创造一种集体记忆，这种集体记忆超过了社会的任何个体成员的生命时间，所以，通过内容分析对电视节目内容质量做出评价的意义非常重大。

从研究的对象来看，电视是一种技术性的大众艺术；在媒介表现形式上，它是一种多媒体，既有声音又有图像；单纯从声音的特性来看，既有解说声，又有同期声，还有音乐。所有这些都影响着传播效果，也是我们进行内容分析的客观存在。所以，电视节目的内容分析比报纸的内容分析要复杂得多。

另外，在方法上，内容分析是注重客观、系统和量化的一种科学的研究方法；在范围上，内容分析不仅分析传播内容的信息，而且分析任何具体存在的内容；在价值上，内容分析不仅针对传播内容做叙述性的解说，而且会推论传播内容对于整个传播过程所产生的影响；在分析单位上，内容分析主要在于分析传播内容中的各种语言特性，这个语言特性就包括视听语言的语言特性，比如说具象性表意、意象性表意等所塑造的媒介现实。

一　框架概念及研究现状

美国社会学家欧文·戈夫曼被认为是最早对"框架"进行系统研究的学者，初始框架（primary frameworks）是戈夫曼框架理论的重要概念。它指的是"个人用来诠释事物的首要、本源的视角或解释图式（schemata of interpretation）"，是它们使原本无意义之物变得有意义，令我们"以之分辨、觉察、确认和命令似乎无限多的具体事变"。在戈夫曼看来，框架的使用有助于分类，框架的使用者可以由此快速理解、确认事件，人们通过框架把社会真实和社会存在转化为主观层面的认知，并进行整合与处理，从而做出反应和行动。

托德·吉特林和盖伊·塔奇曼等社会学家将框架理论引进了新闻研究领域。吉特林从框架的概念出发，提出"媒介框架就是关于如何在认知、表达和阐释等问题上进行选择、排除和强调的持续同意的模式"①。塔奇曼认为"每一则新闻都包含有框架，新闻报道就是'选择'客观事实，并主观'重组'这些客观事实的过程，即框架客观现实的过程"②。

在框架的内在结构方面，台湾学者臧国仁认为至少包含了高、中、低三个层次，"高层次指的是事件的抽象意义，或是主旨，通常难以辨识；中层次则由主要事件、历史、先前事件、结果、影响、归因、以及评估等几个环节组成，有些事件包含了所有上述环节，有些则只容纳部分；低层次指的是框架的表现形式，系由语言或符号组成，包括字、词、句，以及由这些基础语言所形成的修辞或比喻"③。

陈阳对臧国仁的三个层次定义从适合大陆学界的角度进行了转化，即从宏观、中观和微观层面区分了框架的内在结构：媒体框架在宏观上主要回答"这是什么"，即有关新闻主题的问题；中观层面包括主要新闻事件的内容，整个新闻事件的进程，新闻事件的结果和影响，对新闻事件的评价和态度；在微观层面上，研究者关注的是新闻报道的语言和修辞，包括用什么字眼来描述人物，用什么语气来叙述事件的过程。④

本次研究中拟选用吉特林关于"媒介框架就是关于如何在认知、表达和阐释等问题上进行选择、排除和强调的持续同意的模式"的定义，

---

① T. Gitlin, *The Whole World Is Watching Mass Media in the Making and（un）Making of the New Left*, Berkely: Unversity of California Press, p. 6.

② G. Tuchman, *Making News: A Study of Social Construction of Realitity*, New York: Free Press.

③ 臧国仁：《新闻媒体与消息来源——媒介框架与真实建构之论述》，三民书局，1999，第33页。

④ 陈阳：《框架分析：一个亟待澄清的理论概念》，《国际新闻界》2007年第4期。

和臧国仁的三层框架理论，结合具体分析对象，对相关报道进行框架分析。

2014年3月8日凌晨，一架自马来西亚吉隆坡飞往中国北京的航班号为MH370的客机与管制中心失去联系。当天北京时间上午8:26，中国新闻社发布一条电文称：马来西亚航空公司表示，一架载有239人（含机组人员）的飞机失去联系。CCTV-4的《中国新闻》栏目立刻在上午9点的新闻播报用大约30秒的时间以头条形式将这一信息发布出来。这次"马航班机失联"事件恰好发生在第十二届全国人民代表大会第二次会议和全国政协十二届二次会议会期，按照传统，"两会"应该是我们报道的重点。突然发生了这一事件，我们的国家领导人反应迅速，在3月8日由CCTV-4直播的王毅外长关于中国外交工作的新闻发布会上，王毅外长一开头就以"我们关注、我们揪心"为题提到了"马航班机失联"的事情，表达了中国政府的态度，而且在新闻发布会没有结束的情况下中断发布会，处理这一紧急事件。得知消息后，国家主席习近平、总理李克强都及时做出批示。《中国新闻》就在新闻发布会直播的同时，利用翻译间歇开设窗口将这一危机事件的最新消息播发出去，同时推拉字幕播报最新消息，由此拉开《中国新闻》"关注失联马航航班特别报道"的序幕。之后，节目继续跟进，在《整点新闻》中用大约13分钟的时间对目前掌握到的有关MH370航班的信息进行了梳理，包括：机上乘客人数、国籍，以及我们最关注的中国乘客人数及飞机最后失去联系的时间；最新的关于发现疑似信号的信息；马来西亚航空提供的公众查询电话；该客机及其所属航空公司的相关背景资料；连线驻吉隆坡记者和驻首都机场记者获得的实时信息。这些新闻汇聚在一起，在很大程度上解决了人们对客机相关信息的需求。媒体作为新闻信息的提供者，在事件还未明朗前，连续性报道是必要的，同时，将各种信息甄别后整合汇总也是必要的。《中国新闻》在突发事件中快速、权威、连续地提供信息，以自身的专业水准做到了这一点。

二　《中国新闻》:"马航失联"事件报道中的社会责任框架

"在任何时代，真实、可信、有操守的新闻都是最有竞争力的产品，而媒体和媒体人的责任感是好新闻的不二源头。"这是《新京报》2013年在创刊10周年之际，在社论《责任感让我们勇往直前》中的一段话。出于所承担的社会责任，媒体必须更快更好地进行公共危机事件的报道。新闻框架是任何媒体在报道新闻时都不能逃离的，公共危机事件有自己独特的新闻框架，只有了解和掌握了该框架，才能更好地进行危机传播。坦克德认为框架是新闻的中心思想。恩特曼认为框架包含了选择和凸显两个作用，新闻事件的报道框架，就是把认为需要的部分挑选出来，在报道中特别处理，以体现意义解释、归因推论、道德评估及处理方式的建议。① 在对新闻框架的形成因素的研究中，伍等人认为，框架是新闻工作人员、消息来源、受众、社会情境之间互动的结果。综上，框架的基本定义似乎可浓缩为"人们或组织（包括新闻媒体）对事件的主观解释与思考结构"②。

所谓社会责任框架，就是该框架将社会责任作为指导方针。报刊的社会责任理论一直为现代媒介所推崇，强调媒介作为社会的守望者，担负着监视环境的重要职责。有学者认为在应对突发事件时，舆论动员是指为了实现迅速解决危机的目标，通过舆论传播的方式，影响、调动、组织大众及其他社会资源参与和行动的过程，而这也是媒体的作用和社会责任所在。

航班失联的消息刚发出不久，中国外交部长王毅就代表中国政府在直播记者会的现场表示了"我们关注、我们揪心"的态度，在现场直播还没结束时就匆匆中断，回到外交部召开了部际联席会商讨研究对

---

① Entman, R. M., "Framing: Towards Clarification of a Fractural Pardigm", *Journal of Communication*, 1993, 43, 4, p.52.

② 转引自陈阳《框架分析：一个亟待澄清的理论概念》，《国际新闻界》2007年第4期。

策，同时习近平主席、李克强总理的指示也发布出来。这些信息通过大众传媒迅速传遍大江南北，"失联客机"事件震动海内外，"失联同胞"牵动着全国人民的心，《中国新闻》在第一时间承担起大众传媒应有的社会责任。

廖卫民认为："在传播的空间结构上，舆论动员首先基本是一个单向的传播。舆论动员所传播的信息，其发送主体是各级政府和承担着公共管理职能的组织，传播者需要在第一时间将必要的信息传达给广大受众。"[1] 例如，在这次事件中，有关的飞机航班情况及我国乘客的信息，完全是由马来西亚航空公司、马来西亚政府、中国外交部等政府部门向公众发布，是单向的信息交流。在危机信息传播中，已有的研究表明，双向交流是提高危机传播效果的最好方式。但在这次"失联"报道中，我们的编辑和记者从满足受众的信息需求的角度出发，以记者连线为主，不仅连线新闻发布会，让记者报道从新闻发布会上获得的信息，同时也连线事件发生地、搜救现场、指挥中心等能给受众带来最新信息的场所，主持人在此次事件的播报中也表现了强烈的社会责任感，提醒受众如何辨别真假信息，这些都极大地弥补了电视传播单向交流的缺陷。

现场直播是电子媒介最具传播优势的报道方式，现场直播与事件进程同步传送，因其时效快、保真度高、可信性强、覆盖面广而备受重视，已经成为报道重大事件的重要方式。电视图像的直观化以及现场性等特点，避免了信息在加工和传递过程中发生信息畸变。现场直播本身具有的规模效应和轰动效应，使流言丧失了生存空间，使得传播效果达到了最大化。

另外，主流媒体社会责任作用的具体体现可以从认知效果来认识：在信息和言论日趋自由和开放的时代，主流媒体如果不能有效地为公众"设置议程"，其议程就可能被公众利用其他渠道所改动，甚至被外国

---

[1] 廖卫民：《论突发事件中的舆论动员》，《新闻记者》2008 年第 4 期。

媒体的"无形之手"重构，阻碍政府功能的正常发挥。"马航失联"的新闻，一时间也被西方各大媒体关注，它们对于该事件的报道有如下三个特征：首先是关于"失联"航班的最新情况的报道；其次是搜救的进展和困难程度；最后就是赞叹中国政府的反应速度以及政府能在很短的时间内投入搜救。虽然也有一些国外媒体质疑我国政府"重两会，轻马航"，但总体来看，国外媒体在这一事件中的报道议题，与我国主流媒体的报道议题高度一致。

在这次危机传播中，国内主流媒体从信息公开程度到信息报道的速度和准确性都上了一个台阶，不再处于一种被动的状态，没有出现那种所谓"出口转内销"的情况。有人说危机信息报道就是和谣言赛跑，因此应该说我们这次比赛的结果是大大领先的，而且谣言在这次危机中也丧失了生存的空间。

福德勒认为在现代社会，当灾难发生的时候，人们更加依靠媒介，而媒介的作用不单单是议题设置的作用，在扩充人们的信仰体系方面也有着重要作用。媒介的社会责任不只是信息传递、普及知识，还有一个更深层次的责任就是利用这一时机，挖掘和引导扩充人们的信仰体系，在这次特大灾难事件的报道当中，我们的主流媒体、记者率先提出了"同手同心、祈福生命"。戴扬和卡茨在 1992 年的一项研究中提出，电视展现的重大社会活动常会引起全世界的关注，这实际上起到了不可多得的社会黏合作用。[①]

但是对于电视上所展现的由于飞机失事带来的人员死亡、建筑物毁坏等画面会给受众造成负面影响，可能会导致受众产生恐惧、紧张、害怕的心理，针对这些负面影响，媒体在后续报道中如何来宣导和抚慰公共情绪也是必须要考虑的问题之一。

---

① 〔法〕丹尼尔·戴扬、伊莱休·卡茨：《媒介事件：历史的现场直播》，麻争旗译，北京广播学院出版社，2000。

三 《中国新闻》:"马航失联"事件报道中的平衡报道策略框架

李普曼这样形容大众传媒的作用:"报刊(媒介)它就像探照灯的光束一样,不停地照来照去,把一件又一件的事从黑暗处带到人们的视域内。"① 被媒介照到的内容也许就进入受众的视野里,而那些没有照到的,可能永远不会被受众关注。这是各种主客观因素综合影响的结果。比如在这次"失联"事件中,针对马航管理当局及马来西亚官方信息流通不畅的问题,虽然飞机上中国乘客人数最多,但"航班失联"事件涉及多个国家,为了不打扰马来西亚的搜救行动,《中国新闻》在组织报道时充分考虑了信息的平衡。一个事故的发生,事故方责任不可推卸,但是如果把焦点过多地集中到这里,就会转移大家关注搜救情况的焦点,对搜救产生不利影响,这种信息平衡策略并不是回避现实,也不是要欺骗受众,而是由危机事件的特性所决定的。"马航失联"事件不但揪着乘客家属及全国人民的心,也在煎熬着媒体、记者,新闻媒体面临着信息来源没有增加,但是受众的信息需求却在增加的情况,大家迫切地想了解为什么动用了这么多力量却一直没有结果。因此,《中国新闻》在继续跟踪动态消息的同时,梳理前期信息报道,邀请专家针对信息披露中的矛盾及焦点,进行深入分析和解读,来满足受众的信息需求,引导社会舆论,承担起作为主流媒体的责任。媒体的报道力度和报道方式是经过其操作者主观筛选的,而"框架"选择的准确性要受到新闻事件本身复杂性的限制以及客观因素的制约。虽然媒体的责任在于将社会上发生的重要事件告诉受众、反映社会现实。但是完全客观真实地反映社会现实是不可能的,信息在传播过程中肯定会发生不同程度的变化,而这种由于媒体从业者主观上刻意或者无意间造成的扭曲,正是我们所说的新闻框架。在危机事件的报道中,要时刻注意策略框架,尤

---

① 〔美〕李普曼:《舆论学》,林珊译,华夏出版社,1989。

其在事件的后续报道中，要把握好报道的信息平衡问题。

四　《中国新闻》："马航失联"事件报道中的人文关怀框架

在公共危机事件中，人员和财产的损失不可避免。此前，我国媒介对于灾难中的损失通常以数据形式呈现，随着时代和社会的进步，公众对冰冷的数字产生了抵触心理，他们更需要有关人员和财产的信息，需要带有人文关怀的文字。中国是一个饱经风霜的国家，1976 年的唐山大地震，2008 年的汶川大地震，2013 年的四川雅安地震，这一系列的灾难使得中国人民的心中产生了危难情绪，新闻报道中渗透的人文关怀，能够起到温暖、慰藉人心的作用。我们应该认识到，新闻报道的作用不仅仅是告知，也有"阐释"、"剖析"和"预警"的作用，应该以理性的事实选择和诠释使新闻报道具有建设性意义。MH370 航班上载有 239 人，其中 154 名中国乘客，有关这架飞机的任何消息都牵动着国人的神经，特别是这 154 名中国公民的亲属，对他们来说，等待的每一分每一秒都是煎熬。媒体不是救援力量，但可以将救援的最新进展情况及时发出；媒体没有强制权力，但可以利用舆论的力量促使政府、相关机构做出表态，及时披露信息；媒体不是飞行领域的专业人士，但可以寻访该领域权威，将专业知识和专家判断迅速告知。电视媒体集声音、画面于一体，电视人将有关 MH370 的航行轨迹做成动态图，再现飞机失联前的情形；电视运用直播画面，将新闻发布会现场的情况实时播报。可以说，在突发事件中，电视媒体、专业电视人的角色不可或缺。《中国新闻》面向全球，在这起事件中，154 名中国公民的生命让这些远在海外的华人迫切地希望了解有关航班和中国政府的最新消息。《中国新闻》以其定位和专业素养满足了大陆和海外华人的需求，事件在发展，他们就将最新信息整合发布，力求直观、具体，务必准确、权威。

五　《中国新闻》："马航失联"事件报道中的政治功能框架

所谓政治功能框架，就是该框架的出发点和宗旨是为政府和政党服务的。在我国，媒介成为政府和政党的一个组成部分，指导思想和行为原则均是按照政府和政党的要求，不会与政府政党形成对立关系。政治功能框架报道内容非常广泛，包括政府应对措施、各界捐助、危机知识宣传等。

西方媒体向来标榜"客观""真实""自由""独立"，事实上，媒体承载政治功能，任何国家概莫能外。在"9·11"后美国发动的阿富汗战争、伊拉克战争等战争中，其媒体表现出的"服务反恐政治"的倾向更为突出。美国经济学家克鲁格曼在伊拉克战争后就发表评论，认为美国媒体的行为举止像是国有的媒体。其意指美国媒体的表现丝毫不亚于国有媒体，承载政治功能的作用十分突出，主动贯彻、配合政府的意志、主张、政策，媒体和政府配合密切。

在"马航失联"的危机报道中，《中国新闻》的政治功能体现在以下两个方面。

一是营造社会舆论氛围，全力配合国际救援行动。在事件发生后，李克强总理在两会总理新闻发布会上的第一个问题就涉及马航事件，并表示："只要有一丝希望，我们就绝不放弃搜救！"我们的军队、政府，始终站在搜救第一线，这些场景都是由新闻画面传达给受众的，营造了只要有一线希望就要尽百倍的努力搜救失联人员的充满人性关怀的舆论氛围。

二是突出共识。在任何重大危机灾难面前，分歧和冲突是不可避免的，但是作为主流媒体要突出共识，这是媒介政治功能框架的一种表现。

《中国新闻》作为央视新闻栏目中的一员，在央视整个电视新闻的版图中具有极为特殊的地位和作用。《中国新闻》是央视开设的一个以世界眼光看中国的窗口，《中国新闻》媒体人素养的高低直接决定了中国媒体的国际传播力和影响力。只有拥有一支高素养的、既有"中国心"又有"国际性"的队伍，才能更好地向国际社会展示中国道路、显示中国自信、塑造中国形象。

六　小结

新闻媒体被称作这个纷繁复杂社会的"雷达"，将周围环境中监测到的信息传递给每一个成员。信息可以减少人们的不确定性，对我们每一个人的生活、工作都至关重要。所以，新闻媒体特别是宏大社会中的主流媒体能否在第一时间提供给人们最及时、最真实的信息，成了衡量新闻媒体专业性的重要标准，也是新闻媒体履行社会责任的重要体现。目前，电视媒体虽然面临各种新媒体信息发布渠道的冲击，但在报道重大突发事件时，其权威性、传播力、可信度使电视新闻仍然在人们心目中占据重要位置。中国社会科学院中国舆情调查实验室和社会科学文献出版社 2014 年 3 月联合发布的《中国舆情指数报告（2013）》中的媒体影响力指数显示，电视媒体得到 83 分，排名最高。作为电视新闻从业者，我们的工作要对得起观众对电视媒体的这份信任。《中国新闻》栏目面向全球，宗旨是传递最新、最快、最权威的新闻信息，其全天候的新闻播报也使其能在最大程度上最快地将最新的权威新闻信息播报出来，满足人们的信息需求。

第三节　智能互联时代《中国新闻》的 发展路径分析[①]

移动互联网技术的普及和社交媒体的发展，使用户的收视习惯发生了深刻的变革，人们不只是坐在电视前收看节目，而是利用移动终端主

[①]　本节内容来自李永健、陈宗海《智能互联时代中文国际频道〈中国新闻〉的发展路径探析》，《东南传播》2019 年第 3 期。

动搜索符合自己"口味"的信息，电视媒体也从原有的各频道"收视率"之争逐渐演变为多屏幕"开机率"之争，传统电视新闻媒体转型发展已成为趋势。

智能互联不仅改变了用户的收视习惯，也对电视新闻媒体造成了冲击。先前，收视率是评价电视新闻传播效果的重要指标；如今，仅仅依靠收视率评价电视新闻已不符合当下的媒介环境，各大卫视纷纷探索，积极追求"二次传播"带来的效果。慎海雄台长强调，"中央广播电视总台认真贯彻落实中央关于推进媒体融合发展的部署要求，坚持'台网并重、先网后台'，推进内容生产供给侧结构性改革，把更多人财物投向互联网，进一步优化用户体验，打造一批让网民'爱不释手'的新媒体内容和产品"。实际上，这一举措也是应对当前挑战、追求二次传播、提高传播效果和效率的方法之一。

一 智能互联时代电视新闻媒体面临的冲击和挑战

（一）权威性、即时性受损，主导地位下降

在 21 世纪初，电视是用户获取信息、了解环境的最重要渠道，具有很强的权威性。随着智能互联时代的到来，用户可以通过多个平台获知新闻、发表观点，电视新闻媒体不再是发布信息内容的唯一渠道，在一定程度上降低了电视传播的主导地位。与此同时，一大批自媒体、微博意见领袖发挥平台优势，通过生产优质内容吸引粉丝，逐步增强话语权和可信度，给电视新闻媒体的权威性带来冲击。

新媒体技术的发展使信息实时传输成为现实，信息在传播和接收之间几乎不存在时间差，而电视新闻媒体主要以单向形式进行信息传播，内容生产需要一定的时间才能完成，无法进行实时互动与反馈。

（二）受众分离严重，收视市场萎缩

当前的传统媒体正通过转型来谋求新的发展，原有的传媒发展逻辑难以为继。事实上，当前的传媒产业正面对着一系列的改变：读者的阅

读方式变了，企业的营销方式变了，内容生产方式变了，传播方式变了，"游戏规则"变了。

先前，电视新闻媒体以其现场感强、画面真实生动、传播覆盖面广等特点，吸引了庞大的受众群体。智能互联时代带来了更全面的信息和更丰富的视听盛宴，降低了观众对电视新闻的依赖。电视新闻媒体自身固有的线性传播、转瞬即逝、无法回看等缺点也日益凸显。这些缺点导致电视受众被新媒体严重分流，收视市场急剧萎缩。第 40 次《中国互联网络发展状况统计报告》显示，我国网民规模达到 7.51 亿，而作为网民主体的青少年和工薪阶层逐渐远离电视，选择可以随时通过网络在线收看的节目视频。《2017 年省级卫视一季度收视汇报》显示，2015 年一季度至 2017 年一季度，开机率曲线均呈下降趋势，2017 年一季度周开机率整体低于往年。

（三）受众主动性增强，传统电视传播模式受到冲击

在电视主导传播的时代，用户只能被动地接受电视传播的新闻信息，没有机会去灵活选择符合自己兴趣爱好的节目，处于相对被动的地位。智能互联时代有效改变了这一状况，信息传播渠道爆炸式增长，受众可以自由选择自己感兴趣的新闻内容，既可以在微信、微博等社交媒体上了解当下的社会时事热点，也可以通过抖音、映客、花椒等手机应用观看直播或短视频，满足个性化需求，还可以使用 VR、AR 等设备增强用户的观看体验。这在一定程度上促进了新媒体与用户之间的沟通与了解，对以传统媒体为中心的信息传播形态产生了直接冲击。

（四）电视媒体与新兴媒体融合深度不足

2018 年 3 月，新华社"媒体大脑"仅用 15 秒就生产并发布了全球首条关于两会内容的 MGC（Machine Generate News，机器生产内容）——视频新闻《2018 两会 MGC 舆情热点》。这意味着传统电视媒体将新闻生产与人工智能技术结合起来。《中国媒体融合发展报告（2017—2018）》显示，2017 年，我国媒体融合发展正在突破瓶颈期，进入深度融合、多元发展、不断升级的新阶段。我国媒体融合发展已经由简单的相加式转型阶段升级到深度相融相生阶段。电视媒体融合发展虽已有所突破，但仍存在融合深度不足等问题，电视媒体如何充分利用人工智能等新技术，加快与新兴媒体优势互补、一体发展，从媒体融合的"相加"迈向"相融"，加快形成新型传播模式至关重要。

二 智能互联时代下《中国新闻》的发展路径

（一）建构中国视角的国际新闻和国际视角的中国新闻的报道框架，传播中国声音

习近平总书记在党的新闻舆论工作座谈会上指出，新闻媒体应"联通中外，沟通世界"。随着互联网向移动化、社交化、视频化发展，国内舆论和国际舆论相互影响、相互作用的程度逐渐加深，《中国新闻》作为对外传播中国声音的重要电视新闻栏目，应承担起"联通中外，沟通世界"的职责和使命，需要建构中国视角的国际新闻和国际视角的中国新闻的报道框架，彰显自己的定位，提高新闻舆论引导力。建构国际视角的中国新闻框架，即要求电视新闻媒体报道中国新闻时要有全球视野、国际视角；建构中国视角的国际新闻框架，即要求电视新闻媒体报道国际新闻时要有中国视角，善于利用中国视角审视复杂的国际问题，彰显大国责任意识。

1. 建构国际视角的中国新闻框架，回应国际社会对国内情况的关注

作为国际传播的重要电视媒体，《中国新闻》的栏目宗旨是向全球传递最新、最快、最权威的新闻资讯。这意味着《中国新闻》想要扩大国际影响力，必须在报道中国新闻时兼具国际视角，深入了解西方新闻报道的思维模式和报道框架，符合国际规范，以满足海外受众的需求。具体来说，《中国新闻》应加强内容生产，创新国内新闻的报道模式，擅用故事化和国际化叙事；同时，巧用新媒体多角度、多层次的呈现方式，向世界传播中国声音。

长期以来，有关我国改革政策、生态环境等重大问题，一直是西方

媒体关注的热点。在这些关键问题上,《中国新闻》应不缺位、不失声,主动设置议题,采用社会责任框架,坚持用事实说话,提供及时、全面的报道,有效回答国际社会对国内情况的密切关注;在突发事件、灾难事件的报道中,采用新闻专业主义框架,以客观、真实、准确的态度去报道事实,以公正、公开、公平为目标取向,关注受害者,充分挖掘事实真相;在报道国内重大政治新闻时,可采用政治功能框架,用清楚而客观的报道营造良好的社会舆论氛围,敢于发出和西方传媒不同的声音,充分体现中国政府立场,突出社会共识,提振中国形象;在报道中国经济形势时,优先采用经济影响框架,在报道经济事实的基础上深度解剖其背后的深义,切实考虑相关新闻所带来的经济影响,避免不利局面。除此之外,《中国新闻》还要善于运用全新的新闻呈现方式,增强观众体验,紧跟国际潮流,分析海内外受众的特征与需求,有针对性地打造优质内容,不断调整传播内容和策略,积极推动电视新闻媒体与新媒体融合发展,提高传播中国新闻的时效性,深入整合信息资源,优化内容生产模式,有效组合音、视、图、文等形式,增强对外传播国内新闻的针对性和影响力。

2. 建构中国视角的国际新闻框架,体现中国立场,展示中国观点

当下,中国的发展前景普遍被国际社会看好,但是国际新闻传播"西强我弱"的格局没有发生根本改变。由于东西方意识形态和价值理念的差异,国际舆论对中国的偏见、疑虑和误解依然存在,要想改变这一现状,提升媒体话语权,电视新闻媒体应建构中国视角的国际新闻框架,用中国视角审视国际问题,进行本土视角的分析和解读,避免议程"被设置",体现中国立场,展示中国观点。

具体而言,《中国新闻》应在全球热点问题上,给予重点报道,做出中国表达,解读其深意所在,传递"大国之声",采用平衡策略框架,做到信息来源的平衡、关注重点的平衡以及事实信息和主观解读的平衡,不能仅仅为了吸引观众眼球而影响两国关系。在涉华争议事件上,可采用责任归属框架,突出报道国际上对这一焦点事件的看法,配

以来自事件相关各方的深度解读，让中国方案得以在世界上表达，增强说服力和影响力。在报道国际政治新闻时，借机重力策划系列报道，采用国际影响框架，全面展开，有理有据，突破西方话语霸权，敢于尝试个性化表达，传递最真实的中国之音。优化国际新闻报道，积极改变在选题上过于重视欧美新闻、拉非等地新闻明显较少这一现象。编辑人员可运用人文关怀框架，适度选择一些可读性强的科技新闻、人物故事类新闻或者适度增加对发展中国家的报道，凸显人文关怀，促进中外交流良性循环，体现中国和平共处、积极融入世界的外交理念。

（二）着力发展移动短视频，拓展传播渠道

1. 妙用社交媒体，形成多平台传播态势

随着信息获取渠道的日益丰富，社交媒体差异化、分众化的特征更大程度地满足了用户多元化、个性化的需求，社交媒体成为人们获取新闻信息的重要平台。传播中国声音，讲好中国故事，不仅要依靠传统的主流媒体，也要依靠社交媒体的补充，进而形成多角度、全方位的讨论与关注。《中国新闻》不仅应重视国内的社交媒体平台（如微博、微信），还可以借助国际成熟社交媒体传播平台（如 Facebook、Instagram），快速融入国际舆论场。为此，中央电视台进行了许多有益的尝试，取得了可喜的成果和长足的进步。截至 2018 年 12 月，央视在 Instagram 的官方账号"CCTV"已发帖 4000 余条，粉丝数量达到 55 万，以英语运营为主，通过图文组合、短视频等多种形式对精品内容进行二次加工和传播，获得了极高的关注度和良好的传播效果。除了社交媒体，《中国新闻》还可以入驻国外火爆的视频网站（如 YouTube），形成多平台传播的良好态势。

2. 转变思维方式，将短视频生产与用户需求、观看场景有机结合

当下，以抖音、快手、梨视频为代表的移动短视频 App 异常火爆，这对以制作长视频为主的电视新闻媒体造成了巨大的冲击，在一定程度上限制了其传播效果的扩大。在智能互联时代，电视新闻媒体如何做好短视频，应对短视频平台爆发式增长，是亟须解决的新课题。

　　综观国内各大电视新闻媒体，生产的短视频大多以延伸型移动短视频为主，是在原有长视频的基础上，对其进行二次加工，通过社交媒体账号发布的电视新闻节目的精华内容。由此可见，长视频是制作延伸型移动短视频的重要素材，只有深耕长视频，才能为生产延伸型短视频打好基础。笔者认为，《中国新闻》应做好长视频，保证高质量的内容产出；与此同时，对原有的视频新闻再次进行编辑，充分利用多样化的传播渠道，扩大传播效果。

　　原中央广播电视总台副台长孙玉胜在"2018中国网络媒体论坛"上指出："媒介发展到视听阶段，视频是传播的最高形态，一百多年来没有改变，未来也不会改变，改变的是渠道、终端和呈现方式，近一年多来短视频井喷式的爆发再次证明了这一点。"在智能互联时代，生产优质的视频新闻始终不变，但呈现方式在变，传播渠道在变，终端设备在变。目前，电视新闻媒体在把握用户需求和移动端运营推广等方面仍存在很大的短板。而这些决定了电视新闻媒体的内容能否进入移动终端，并产生有效的传播力，让生产的短视频真正触达用户。这就要求《中国新闻》编辑部转变思维、创新理念，尤其在短视频制作方面，更要从规律和实践上遵循用户的需求和观看场景。央视新媒体新闻部主任杨继红在一次访谈中表示，"媒体融合带来的一个重要转变，就是把电视观众转变为用户，需要电视媒体在自身植入互联网思维的基因，而互联网思维的一个核心，就是用户思维"[1]。央视新媒体在此方面做过许多有益的尝试，以"央视新闻"微信官方平台为例，"现场视频""独家V观""V观两会"等系列短视频播放量可观。出现这样的成果一方面是由于央视新闻中心打破传统的电视报道模式，在重大活动报道中，积极拓展直播公共信号、手机移动直播、记者回传新闻等视频稿源，要求编辑、记者第一时间提炼亮点，准直播态分段播发精彩视频；另一方面是由于系列短视频在移动端符合了

① 《对话央视新闻中心新媒体新闻部主任杨继红》，《中国新闻出版广电报》2016年11月16日。

人们碎片化时间的观看场景。

3. 合理分类，满足用户信息多样化需求

如今，我们身处信息大爆炸的时代，想要获得自己所需的信息并非易事。与此同时，用户的需求因人而异，电视新闻媒体想要满足用户多样化的需求也非常困难。《中国新闻》在其他平台分发新闻视频时，需要合理规划与分类，而不是简单地将精彩片段堆置在一起，这样能够增强用户体验，方便用户搜寻某类特定的新闻短视频，最大限度满足用户的需求。笔者在观看多期《中国新闻》的基础上，认为《中国新闻》应设置以下五个标签。

①国际观察：主要上传全球范围内各个国家备受关注的新闻短视频；②国内要闻：主要上传中国省、区、市发生的重大事件的短视频；③台湾专讯：主要上传与台湾相关的新闻短视频；④特别报道：主要上传世界范围内聚焦的热点事件的相关视频，如马航失联、G20 杭州峰会、中共十九大、庆祝改革开放 40 周年大会等；⑤天气预报：主要上传天气预报以及与天气相关的新闻短视频。

（三）大数据技术助力，算法推荐满足用户个性化需求

由于现代网络技术的快速发展以及应用，以大数据为基础的个性化推荐服务随之蓬勃兴起，大大满足了人们多元化、个性化的信息需求。通过定制化、智能化的信息传播机制，实现了用户与信息的快速精确匹配，大大降低了信息传播和获取的成本，为生活带来了便利。算法推荐在聚合类新闻 App 中应用广泛，对于电视新闻媒体来说也有很大的借鉴意义。

2004 年 10 月，《连线》杂志主编 Chris Anderson 首次提出"长尾理论"（见图 4-5）。传统商品市场中，在"二八定律"的指导下企业都在努力抓住对其来说很重要的 20% 的那部分市场份额，而这部分市场份额却给企业带来了 80% 的利润。但是，随着互联网经济的发展，通过把创造价值较小的市场份额聚集起来形成的市场依然能够为企业带来巨大的经济价值。

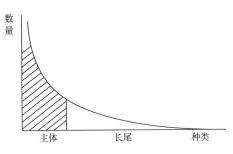

图 4-5　长尾理论模型

　　长尾理论不仅适用于市场营销领域，同样也对新闻的推荐与分发有所启发。对媒体而言，不仅仅是焦点新闻才能获得良好的传播效果，小众新闻如果能精确抵达用户，同样会增强传播效果，扩大媒体的影响力。大数据技术的发展为媒体行业带来了前所未有的机遇，《中国新闻》在对视频进行规划和分类的基础上，充分利用中央电视台多平台、跨平台的传播优势，深入了解观众观看或浏览短视频的踪迹与喜好，利用这些数据，主动向用户推荐他们感兴趣的短视频，追求传播效果最大化和影响力最大化。同时，新技术也可以让电视新闻节目组和观众之间实现即时互动，《中国新闻》根据观众的即时反馈来调整传播方式，制定个性化的内容，传播效果也会更好。

　　大数据技术引导的算法推荐机制并不是毫无缺点，仍存在很多负面效应，在使用过程中应尽量避免其负面效果。后真相时代的到来在某种程度上加剧了算法推荐机制的某些弊端，它无视客观事实，盲目迎合受众的情绪与心理，使用断言、猜测、感觉等表达方式，强化、极化某种特定观点，进一步鼓励标题党，用情绪代替事实，使媒体失去公信力。同时，还会产生"信息茧房"效应，人们的信息领域会习惯性地被自己的兴趣所引导，视野变窄，甚至产生错觉和误判。

　　5G 时代即将来临，当流量不再成为用户观看视频的阻碍，传统的电视新闻媒体又将面临一次巨大的冲击。在媒体边界逐渐消失、短视频日益火爆的当下，有长视频优势积淀的电视新闻媒体应当把握机遇，找准位置，认识到自身的不足，做好发展的规划和路线图。

当今，媒介融合已成为不可逆转的大趋势。在媒介融合的大趋势下，电视新闻媒体应在实践中主动引导舆论，在短视频上率先重点发力，不断与用户、场景、技术进行融合，并在大数据技术的支持下尝试利用算法推荐满足用户多元化、个性化的需求，扬长避短，这样才有可能将原有视频优势转化为移动传播优势，在智能互联时代走出一条新型发展之路。

第四节 《中国舆论场》的诞生及发展背景①

一 新闻评论节目的发展现状

新闻评论节目作为我国电视节目发展史上的一种重要的电视节目类型，兼具认识功能、导向功能、教育功能、舆论监督功能等，是一种由专家、主持人或评论员基于现实形势对新闻事实进行观点表达，从而使受众能够从多个视角去认识和判断某个新闻事件的节目形式。有学者认为新闻评论节目具有评判是非、道德评价的功能，也有学者认为其具有心理暗示、评判、指导的功能。结合时代背景以及现实技术的支持，新闻评论节目的功能在不同学者之间呈现众说纷纭的局面，不同的受众，由于自身情感诉求和价值观不同，也对新闻评论节目的功能有自己的看法。传统的新闻评论节目，主要出现在报纸、杂志、广播、电视等相对传统的媒体上，信息传递方向比较单一。以电视新闻评论节目为例，电视观众在观看节目时，最多只能是辩证地了解新闻事实，感知专家学者的观点，当自己有不同的意见或存在疑惑的时候，往往不能及时反馈到信息源一方，因此受众只能在单一的信息传播方向里充当倾听者。这个

---

① 本节内容来自张弛《媒介融合背景下电视新闻评论节目的困境与发展路径探析》，硕士学位论文，中国青年政治学院，2017。

时候，如何能让观众也成为信息的传递者，如何让信息在传递的过程中实现双向互动，让新闻评论节目的功能得到最大化发挥，甚至在原有的基础上发现新闻评论节目新的功能，就显得尤为重要。

随着互联网传播的高速发展以及移动互联网技术的不断进步，越来越多的新媒介形式开始出现，诞生于不同年代的新旧媒体之间，呈现日渐融合的趋势。根据第39次《中国互联网络发展状况统计报告》提供的数据，截至2016年12月，中国网民规模达6.95亿，较2015年底增加7550万。网民中使用手机上网人群占比由2015年的90.1%提升至95.1%，增长率连续3年超过10%。数据显示，我国手机上网人群，已经成了整个互联网使用人群的重要构成，手机用户所使用的社交媒体，与传统的报纸、杂志、电视、广播等媒体具有明显的差别，这种新的媒介形态正在越来越深地融入人们的日常生活之中，成为人们获取、传递信息、交流感情的重要媒介之一。人们可以通过移动网络，对传统媒体所报道的信息内容进行浏览、评论、点赞等即时性的互动，也能给报道信息的媒体进行及时有效的反馈。现在的互联网网络新闻并不局限和满足于在自身平台的发展，开始逐步向多形式、多平台化发展，同样地，传统媒介形式下的电视节目也在不断寻求与其他平台的结合，以提高自身的收视率、广告曝光率等。在这种背景下，探索电视新闻评论节目在媒介融合环境下面临的困境以及未来的发展路径，是兼具现实和理论意义的。

有学者认为如今的传统媒体面临着三个困境，即渠道失效、内容失效、注意力失效。[1] 在这种背景下，不同的媒介之间开始交流学习，并出现了媒介形态相互融合的现象。有的融合了几种媒介的特点，形成了新的媒介形态，比如电子邮件（互联网+邮箱）、数字电视（互联网+电视）、手机电视（手机+互联网+电视）等，由此可见，新的媒介形态的出现往往是媒介技术发展或整合的结果。而当今的媒介融合，大多数基

---

[1]　喻国明：《解决渠道失灵是传统媒体的当务之急》，《青年记者》2015年第8期。

于"互联网+"这一模式，在这种情况下，报纸、杂志、广播、电视等传统媒体（这里忽略政策扶持和公益性的机构，主要指的是经济市场中的传统媒体）在节目形式单一、受众局限性、媒体生存和广告利益等各个方面都受到了巨大的挑战。新媒介的出现虽然不会使传统媒体消亡，但是不可避免地会给传统媒体带来冲击。传统媒体要想保住自己的权威媒体地位，保持自身的生命力，就必须迎合媒介环境做出改变，以获取更大的发展空间和生存机会。网络时代下，各种新媒体的出现，不仅给传统媒体的生存带来了挑战，也给传统媒体的发展提供了新的路径。如何在节目中融入新媒体元素，实现优势互补，让自己在新媒体市场中受到更多的关注，是传统媒体转型所要面临的最重要命题。

越来越多的传统电视节目关注到媒介融合这一现实问题，在节目播出的过程中，开始尝试新的节目形式的融合与探索，如《中央电视台春节联欢晚会》上的"摇一摇"红包互动，《中国诗词大会》上的实时答题互动等，无不与当前移动互联网和即时通信工具的发展息息相关。在电视新闻节目的创新探索中，微信成为重要工具之一。微信英文名为WeChat，是腾讯公司于2011年1月21日推出的一个为智能终端提供即时通信服务的免费应用程序，是一种以手机号、QQ号为基础，可进行包括语音、文字、视频交流的即时通信工具，是互联网和传统的电话、网络视频的结合，用户基础广泛。传统的电视节目，通过接入微信平台的互动，不仅让自身的内容更丰富、更具趣味性和互动性，也向受众开放了互动的渠道和平台，受众不再是单一地接受节目信息，而是更多地参与到节目过程中来。

移动互联网技术的进步，也极大地推动了设备智能化和场景多元化的发展。互联网用户的工作场景、消费场景向多元化发展，线上线下的互动越来越多，模式不断融合，推动不同使用场景细化，同时推动服务范围向更深更广的层面扩散。移动互联网技术运用于电视节目中，可以使受众通过移动互联网技术，实现节目的线下线上互动，并以更多元的形式，在不同的场景和平台上接收到更多的节目信息。

电视新闻评论节目的发展,同绝大多数传统的电视节目一样,受限于电视媒体信息传播的单向性以及创新性和互动性的缺乏。在当前媒介融合的时代背景下,如果不能及时弥补自身的短板,无疑会被时代所抛弃。面对不断涌现的来自新媒体的挑战,电视新闻评论节目如何才能克服自身缺点,继续保持生命力,已经成为当今电视新闻评论节目制作者必须面对的问题。要解决这个问题,还是要从自身出发。传统意义上的电视新闻评论节目,和网络时代的其他节目相比,缺乏互动性、时效性、创新性。俗话说"解铃还需系铃人",要弥补这三个缺点,还得从如何学习互联网媒体的优势,如何与互联网媒体相融合做起。只有发挥互联网时代下新兴媒体的特长,来弥补自身不足,才能让电视新闻评论类节目焕发新的生机。以《中国舆论场》为例,相较于传统的电视新闻评论节目,这档节目融入了网络视频、微博、微信等多种媒体,受众群体从传统的军事迷到年轻一代的军事爱好者,嘉宾和网络观众能进行评论和视频的实时互动,节目还会通过"口令红包"的形式发放现金红包和电子礼品福利,从而吸引更多的观众。这个节目的出现,是互联网媒体和传统媒体进行有机融合的产物,是具有时代性意义的。

二 电视新闻评论节目相关研究

电视新闻评论节目作为我国电视节目的一个重要类型,在引导舆论、明辨是非上起到了重要的作用,因此,针对电视新闻评论节目的研究也有许多,且覆盖面比较广泛。对于电视新闻评论节目的研究主要集中在以下三个方面。

一是电视新闻评论节目的形态、特征的分析研究。早期对于电视新闻评论节目的研究还集中于电视新闻评论节目的选题和制作方面,直至1999 年,学者应天常发表了《我国电视新闻评论节目形态的流变》一文,他将注意力放在电视新闻评论节目的形态以及其发展变化上。[1]

---

[1] 应天常:《我国电视新闻评论节目形态的流变》,《新闻界》1999 年第 4 期。

2008 年，于松明发表《电视新闻评论节目形态探析——以央视和凤凰卫视部分新闻评论节目为例》，在文中作者对电视新闻评论节目下了定义，并对电视新闻评论节目的两种形态进行了分析，将电视新闻评论节目划分为新闻述评和谈话节目两种。这种划分较为宽泛，但对当时的新闻评论节目的形态和特征做出了较为细致的总结。作者认为：在电视新闻评论节目的实际操作中，一些节目形态常常是相互交叉混杂的，无论是新闻述评、谈话节目还是其他形式的新闻评论节目，在传播技术高速发展的今天，均是作为事实和观点的聚集地，体现着电视的意识形态。[1] 在这一类文章中，作者分析了电视新闻评论节目的形态与特征，但个案研究多集中于《新闻 1+1》和《东方时空》等节目，研究案例较为单一。

二是电视新闻评论的社会影响的研究。当电视新闻评论节目在中国电视节目类型中占据了一席之地后，中国的电视从业者和学者开始探讨电视新闻评论节目在中国电视节目中的地位和作用。许勇在《试论电视新闻评论节目的地位与功能》一文中，将电视新闻评论节目的功能总结为直接发言功能、信息提供功能、舆论监督功能和社会整合功能。[2] 有的学者针对电视新闻评论节目的舆论引导功能进行探究，如杨正义在《电视新闻评论要在"澄清谬误、明辨是非"上发挥主导作用》一文中，针对当时比较有影响力的电视新闻评论节目进行分析，在电视新闻评论节目如何更好地进行舆论引导方面提出了自己的看法。[3]

三是媒介生态环境对电视新闻评论的影响的研究。随着媒介环境的不断变化，曾经广受受众欢迎的电视新闻评论节目开始逐渐丧失话语权和关注度，节目发展也遭遇了困境和挑战。面对这种情况，专家和学者开始探讨媒介生态环境对电视新闻评论节目的影响，为该类型节目的发

---

[1] 于松明：《电视新闻评论节目形态探析——以央视和凤凰卫视部分新闻评论节目为例》，《中国电视》2008 年第 11 期。

[2] 许勇：《试论电视新闻评论节目的地位与功能》，《当代电视》2011 年第 7 期。

[3] 杨正义：《电视新闻评论要在"澄清谬误、明辨是非"上发挥主导作用》，《电视研究》2016 年第 9 期。

展探寻出路，因此，出现了部分关于该类型节目的创新探究。其中比较有代表性的为赵雪和丁晓晓发表的《互动性电视新闻评论节目的情景语境——以互动性电视新闻评论节目〈新闻深一度〉为例》，提出了以电视媒体与新媒体相结合的方式，创造大众传播语境和人际传播语境。①我国内地的电视新闻评论节目相对于其他形态的电视节目，数量颇为有限，影响力大的电视新闻评论节目更是屈指可数，这使得学界研究的对象集中在《东方时空》和《新闻1+1》等有限的几个节目上，对于其他同类型节目的研究较少。

三 电视新闻评论节目的发展困境

在互联网技术飞速发展、各种媒介融合成为大趋势的今天，传统的电视新闻评论节目从节目形式、受众数量乃至广告曝光量等方面看受到极大的冲击。如果没有政策支持或者大型赞助商的资助，绝大部分的电视新闻评论节目都很难在市场经济下立足，这是一个极为严峻的、值得深思的问题。大部分电视新闻评论节目在创办之初，曾凭借独特的形式和深刻的内容受到广泛欢迎。近年来，电视新闻评论节目遭遇发展瓶颈期，部分节目甚至开始淡出人们的视野。

困境一：话语权不再垄断，传统媒体的权威性受到挑战

微博、微信等自媒体的快速发展，让每个使用者都有了独立的话语权，能够对新闻事件进行评论分析，也能对传统的电视节目做出及时的反馈和回应，也就成为新的信息源。在这种形势下，对于新闻评论的意见表达就变得多元化，传统媒体就不再拥有话语权的垄断，权威性也受到了来自新媒体、自媒体的挑战。

在互联网出现以前，话语权被传统媒体垄断，表现为受众只能从电视节目中获取信息，单方面接受节目里所传达的新闻评论观点，受众缺

① 赵雪、丁晓晓：《互动性电视新闻评论节目的情景语境——以互动性电视新闻评论节目〈新闻深一度〉为例》，《现代传播（中国传媒大学学报）》2013年第1期。

乏自我表达的机会和渠道。论坛、博客、微博以及微信的出现，一改传统媒体对舆论的主导地位，民间舆论场开始获得发声权，高度集中的一对多的大众宣传体系逐渐失灵，取而代之的是分散的、互动的沟通传播体系。我们能够发现，新媒体的声音在社会热点事件中的作用日渐突出，"人肉搜索""社会舆论压力"就是典型现象。新闻事件发生后，网民们可以借助新的技术平台来各抒己见，时效性、创新性往往先于传统媒体，不少观点还经常被传统媒体转载。电视新闻评论节目所面临的挑战，除了广大网民外，还很容易受到热衷于网络的文化精英、意见领袖的冲击，舆论的风向不再是完全掌控于传统媒体自己的手里。在这种情况下，电视新闻评论的观点一旦出现片面或者不到位的情况，就很容易受到广大网民的口诛笔伐，节目的舆论风评就很容易往不健康的方向发展。国内有学者称，在移动互联网和新媒体不断发展的背景下，电视节目的忠实受众日渐流失，网络媒体取代电视媒体成为第一媒体，也许只是时间上的问题。在这种媒介环境下，电视新闻评论节目的话语空间逐渐被微博、微信公众平台等挤占，造成话语权垄断地位的丧失，这是电视新闻评论节目目前所面临的主要困境之一。

困境二：时效性落后，受众关注度降低

传统的电视新闻评论节目，需要进行选题、立案、选嘉宾、提前录制、送审、排期等多个环节，导致节目内容的时效性大打折扣。即使绝大多数的电视台采用扁平化管理，实行特殊节目特殊排期等应对紧急事件的举措，也很难做到在第一时间向广大受众传递自己的观点。对于热点新闻事件，网民可以通过自媒体进行点赞、跟帖、评论和转载。

当前新媒体迅速发展，电脑、手机极大普及，微博、微信等社交平台极其火热，使得"全民记者"时代的到来成为可能。几乎是在新闻事件发生的同时，网民就可以通过手机向外发布信息，事件的发生与信息的发出越来越趋向于"零时差"。传统的电视新闻评论节目由于受到节目时段和选材的限制，无法对热点事件做出实时跟进，经常会错过很多热点事件的热度顶峰。尤其是在互联网技术高度发达的今天，网络曝光的新鲜事件层出不穷，热点信息瞬息万变，电视新闻评论节目传统的播出形式，在各种新媒体的冲击下，关注度也开始下降。

困境三：节目形式单一，内容同质化严重

综观传统的电视新闻评论节目，在内容上，选题多集中于对社会事件的评论，立意偏向于揭露、曝光，然后做出自身的评价，如《新闻1+1》《时事开讲》《锵锵三人行》《新闻会客厅》等节目。节目的基本形式是由主持人串场，嘉宾评论员对新闻进行解读，采用一对一点评的方式，逐个浏览新闻然后做出评论，在一定程度上，嘉宾和主持人的观点就代表了节目的观点。电视新闻评论节目的变换元素，通常包括节目的场景、事件内容、嘉宾，整体的节目形式并不会发生太大改变。

新媒体集文字、图片、视频、音频、动画等传播方式于一身，表现形式多样，吸引更多的受众逐步将关注的重点转向新媒体，使得传统媒体流失了大量受众。在这种背景下，电视节目纷纷谋求改变，努力通过创造新的优质节目内容或通过媒介融合不断创新节目形式，以求在新媒体的强烈冲击中站稳脚跟。电视新闻评论节目作为电视媒体中的重要组成部分，在这次变革中却显得有些滞后，虽然已有电视新闻评论节目开始尝试改变原有的节目形式，增加新的内容，但是仍然无法脱离"新闻背景片+主持人提问+嘉宾解答"这种模式。在受众口味日益挑剔的今天，这种形式无法消除节目与观众之间的距离感，造成节目与受众之间的疏离，无法有效提升节目的收视率。

困境四：专业评论人才的缺乏

一个好的评论员和主持人拥有良好的现场把控能力、敏锐的思维和高超、理性的评论分析素养，是一档节目的品牌和象征，拥有广泛的社会影响力。新闻评论节目收视率的高低以及节目的影响力，在相当的大程度上取决于新闻评论员的表现。专业的新闻评论包括认知的专业性和表达的专业性两个方面，这就使评论员应对大众传播、对受众接受规律的把握、对语言的使用能力具有极高的要求。社交媒体不断发展，人人都有发言权，在这种环境下，权威性和公信力成了电视新闻评论节目非常重要的竞争力所在。这不仅要求电视新闻评论节目的评论员需要具备高超的专业素养，主持人也需要具备渊博的专业知识和强大的现场应变能力。

当前，自媒体的受众使用率已经远远高于电视、广播等传统媒体。广大受众在接受一个新闻事实的同时，也需要通过某个途径去表达自己对于该事件的看法，对于其他观点赞同或否定的态度，对于新闻来源渠道的认同或批判等。如果传统的电视新闻评论节目一直采用传统的"新闻+评论"的简单模式，必然无法与微博、微信等新媒体竞争。节目本身不采取改进措施或者不融入新媒体元素，受众就不会再对传统新闻评论节目所传达的观点进行接受。

目前，电视新闻评论节目的困境之一，就是专业评论人才的缺乏。这种缺乏体现在专业素养上，电视台所培养的电视新闻评论员，无法适应媒介环境的变化，不能在节目进行过程中，以受众更易于接受的方式对新闻事件进行评论。观众缺乏与嘉宾平等对话的机会，容易造成节目受众的流失。

困境五：互动性差，受众参与度低

互联网时代下，受众接收信息的来源更加广泛，选择的自主性也就不断提高。电视节目如果无法满足受众的多元需求，就必然会被广大受众抛弃，被时代淘汰。在节目的形式上，传统的电视新闻评论节目往往缺乏亲和力，节目形式过于严肃和沉重，节目与受众之间存在距离感。这种感觉的产生，是荧屏内外、线上线下的距离所导致的，与节目质量本身无关，但这也是互联网时代下电视新闻评论节目不得不考虑的问题。如何解决这个问题，能否弥补电视媒体与观众交流和互动的短板，是决定传统新闻评论节目是否能经得住互联网大潮考验的关键所在。

如何能让观众参与到节目中，参与节目提问或者观点讨论；如何提起观众的兴趣，让更多的观众去关注节目本身，关注嘉宾评论员对于新闻的解读。这两大问题是解决传统的电视新闻评论节目互动性不足的关键。媒介融合环境下的受众，不再局限于接收信息，如果能够增加跨屏互动的渠道，利用跨平台的互动增强受众黏性，成功让受众完成从"旁观者"到"参与者"的角色转换，让他们感受到自己也是节目不可或缺的一员，必将大大提升节目的受众参与度，从而让节目更贴合新环境下广大受众的胃口。

近年来，许多电视新闻评论节目已经开始有意识地在互动性方面做出积极的探索，如凤凰资讯台的《时事辩论会》，从选题到节目播出的全部过程，除了专家学者、社会名流一起讨论之外，还邀请观众参与其中，主持人起到充当观众"传声筒"的作用。

第五节 《中国舆论场》节目形态介绍

以 2016 年 3 月 27 日《中国舆论场》文案设计为例介绍其节目形态

【开场】摇臂开场；主持人进场。

【主持人1】最新舆情，最热话题。

【主持人2】明辨是非，凝聚共识。

【主持人1】各位观众，大家好，欢迎收看中央电视台全新推出的融媒体节目《中国舆论场》。

【主持人2】梳理最新舆情指数，每分每秒互动不停。您可以通过线上线下与我们互动，随时随地向嘉宾提问，发表您的立场观点。

【主持人1】大家看到，在我身后就是在线观众席，这里有您的一席之地。简单几个步骤，您就能领取到在线观众席入场券。同时大家的精彩留言和观点还会在大屏幕上显示。下面，通过一个小片了解一下参加互动的方式。

【小片】介绍"摇一摇"领取入场券的步骤

【主持人2】节目过程中，我们还设置了输口令、抢红包的环节。具体参与方式，请关注屏幕下方的提示。

【飞字幕】抢红包规则、互动话题预告

【主持人 2 介绍新媒体工作区】此外我们还专门在演播室设置了新媒体平台，您在参与节目时互动的信息，都将通过这个平台进行汇总。我也会在现场和大家进行互动交流，并挑选精彩观点推送给现场嘉宾，快让我们听到您的声音吧。

第一段落：看舆情抢座位（25 分钟）

第一版块：最新舆情发布

【宣传片】"中国舆论场指数"宣传片

【主持人 2】又到了"中国舆论场指数"的发布时间了，来看我们最新出炉的舆情榜单（见表 4-1）。

表 4-1 议题与舆情热度

序号	事件	属地	舆情热度
1	洪秀柱得票数过半 当选中国国民党主席	港澳台	3347.76
2	食药监总局：中国疫苗管理体系符合国际标准	全国	2690.77
3	房子压力下的年轻人：夫妻犹豫一晚房价涨 10 万元	深圳	1638.29
4	中国 "90 后" "断崖式减少"	全国	1828.76
5	律师法庭陈述　遭区人大代表打骂	陕西	1442.32
6	人社部：引导城乡居民多缴养老保险费	全国	1144.71
7	民政部：将首次摸清留守儿童底数 实现精准帮扶	全国	682.93
8	中国全面放开二孩 北方精子库供不应求	全国	595.37
9	史上最脏女生宿舍	全国	496.71
10	42 所高校 50 个学位授权点被评为 "不合格" 将面临撤销	全国	320.49

资料来源：《中国舆论》节目微信公众号。

【主持人 2】今日舆情有哪些值得分享的，来看我们的今日速览。

小片：【今日速览】

【主持人 2】从周一到周日，每天，我们都会在《中国舆论场》的微信、微博中发布"中国舆论场指数"。本周，上榜次数最多、在《中国舆论场》公众平台讨论热度最高的有哪些事件呢？来看一下我们的近期热词。

　　第二版块：一周热词

（小窗给新媒体区和三号嘉宾电脑屏）

关键词：航母

小片标题：国产航母下水进入倒计时？

快评标题：外媒　中国国产航母战斗力更强

【包装】词云地球：关键词　航母+题图　航母

【主持人 2】看到这个关键词，军迷们一定很激动，我们先睹为快，看一段视频。

　　┌─────────────────────────────┐
　　│ 【小片】国产航母下水进入倒计时？ │
　　└─────────────────────────────┘

【正文】近日，美国媒体报道，最新曝光的照片显示，中国首艘国产航母已开始铺设飞行甲板。这艘新航母，将比辽宁舰搭载更多舰载机，拥有更强的战斗力。本月有网友拍到，该舰机库、舰舯、舰艉等主要部分的分段均已安装上舰，其主舰体部分可能已经接近完工。

关键词：惊爆黑幕

小片标题：韩国某餐馆　过期海鲜只接待中国人

快评标题：海外跟团游 一定擦亮眼睛

【包装】词云地球：关键词　惊爆黑幕+题图　惊爆黑幕

视频点击量 359,040 次；新浪微博相关话题阅读量 5,732,000 次。

【主持人 2】本周，有一段视频点击量达 359,040 次；新浪微博相关话题阅读量 5,732,000 次，来看一段韩国"A 频道"电视台近日曝光的惊人内幕。

　　┌─────────────────────────────┐
　　│ 【小片】韩国某餐馆：过期海鲜只接待中国人 │
　　└─────────────────────────────┘

【正文】这家接待中国游客的餐厅禁止韩国人入内。节目组在其中一家店暗访发现，猪肉、蘑菇等食材颜色异常，店家声称使用韩国白菜制作的泡菜实际上是中国白菜。在另一家餐厅，节目组发现海鲜火锅中的螃蟹不新鲜，向服务员提出质疑，却发现店家拿出的海鲜包装上写着

"生产日期 2013 年"。为什么这样的餐厅禁止韩国人进入？原来是因为这些餐厅里的食物安全不能保证，如果韩国当地人发现肯定会告发餐厅，但中国跟团的游客由于人生地不熟，无法有效维权！如果你遭遇这样的韩国游，还能愉快玩耍吗？

【主持人 1】各位嘉宾对此怎么看？

【嘉宾举牌环节】（我要评！）

【嘉宾快评】（一位嘉宾点评，谁举得快谁说）

第二段落：嘉宾访谈（30 分钟）

【主持人 1】欢迎各位回来，这里是正在直播的融媒体节目《中国舆论场》，还没入场的朋友和我一起来抢票，请技术老师把我的手机切到大屏幕上，（操作过程）我抢到一张票了，抢到票的观众，会根据技术排序出现在我们的虚拟观众席上。快来加入我们的互动吧！（包装：手机上大屏）

【主话题 1】新安保法实施 日本意欲何为？（15 分钟）

大标题：新安保法实施 日本意欲何为？

小标题：

日潜艇赴菲苏比克湾为哪般？

日菲军事"互动"频繁目的何在？

小片 1 标题：新安保法实施在即　日本动作频频

小片 2 标题：实施新安保法　日本踏上险途

【主持人 1】本周最热话题，我们首先来关注周边安全。两天后，日本新安保法将正式实施。2016 年也将成为日本实施新安保法的第一年。网友普遍担心，日本防卫政策发生重大转变后，是否会威胁到亚太地区的和平与稳定。我们先通过一个短片，了解一下日本正在做些什么。

〔**【小片 1】新安保法实施在即 日本动作频频**〕

【正文】据日媒报道，日本防卫省和自卫队将与南海周边国家强化安保合作。

在菲律宾苏比克湾，日本一艘"亲潮"级潜艇和两艘护卫舰正在与菲律宾举行年度公海演习。这次演习将持续到 4 月 27 日。这是自 2001 年以来，日本潜艇首次停靠在菲律宾领海。与潜水艇同行的两艘日本护卫舰还将首次停靠在越南南部的金兰湾。金兰湾位于中国南沙群岛附近，目的在于显示出日本自卫队在该地区的存在感。此外，日本海上自卫队 4 月还将参加由印度尼西亚主办的多国联合演习"科莫多"，与美国及东南亚各国的海军深化合作关系。日本防卫省表示，将派出最先进的攻击潜艇参加下月在澳大利亚举行的日澳联合军事演习。分析认为，日本想利用此次军演机会，向澳方展示"苍龙"级潜艇的优越性，争取澳方总计高达 370 亿美元的潜艇订单。日本在亚太频繁展现军事力量，跟新安保法的生效有什么关系？接下来，日本还将有什么举动呢？

【问题 1】新安保法实施后，今年日本还会有哪些大的动作？

【嘉宾访谈】

【主持人 2 展示网友留言】（虚拟观众席）

@洪：日本强推新安保法为了什么？肯定不会是为了日本安全、亚洲安全、国际安全。

@平淡：日本实施新安保法是在走军国主义的老路，有可能把日本再次推向战争！

@鹏程万里：我们应该保持高度警惕，我们做好应该做的事就是了。

@森林铁矿：福岛核事件，对全球海洋都有影响，日本推新安保法，有一石二鸟、三鸟之意，慎防啊。

【主持人 1】新安保法生效后，从法律上讲，只要美军提出要求，即可由日本防卫相判断，是否出动自卫队对美军给予防护。日本真的会成为美国的打手，在全球作战吗？

【小片 2】实施新安保法 日本踏上险途

【正文】新安保法的主要动机和直接效应之一，就是强化了美日军事同盟。

美国太平洋司令部司令哈里斯上将不久前提议重启一个由美国、日本、澳大利亚和印度海军组成的非正式战略联盟。分析认为，虽然目前四国还没有以同盟的形式进行安全合作，但是上述几个国家以双边或三边形式出现的合作已经形成，而且合作的步伐最近几年在加快。新安保法正式实施后，日本自卫队无疑拥有了更大的行动自由。根据2015年4月修改的《日美防卫合作指南》，日美合作已经不再局限于"周边有事"，日本自卫队未来将可能参与美军全球的军事行动，获得类似英国、法国、加拿大等传统盟友的政治地位。随着新安保法正式实施，自卫队今后的扩张将由幕后走向台前，海外活动范围扩大，卷入他国战争的风险也随之增大。

【问题2】美日同盟将走向何方？

【嘉宾访谈】

【嘉宾往大屏幕推送问题】

【嘉宾】有位网友提了个问题，我来回答一下。

【屏幕包装】网友@少年壮士：（@嘉宾）现在美日军事互助是不争的事实，美国纵容日本实施新安保法，是不是"养虎为患"呢？

【主持人2】宣布红包口令：互动不停

【主持人1】好，各位观众，虽然我们的节目接近尾声了，但是我们的新媒体平台上互动仍在持续。请继续关注《中国舆论场》的微信、微博账号，并积极参与周一到周六的抢票。

【主持人2】是的，也请大家继续在接下来的每一天关注我们"中国舆论场指数"的最新发布，获取最新舆情信息。

【主持人1】感谢在场的各位嘉宾，以及各位观众的收看，下期节目再见。

【拉尾字幕】：30秒。

第六节　《中国舆论场》内容
和形式层面的创新发展①

为了适应媒介融合时代媒介环境的变化，应对电视新闻评论节目的困境，CCTV-4 于 2016 年 3 月 20 日推出国内首档"媒介融合"新闻评论节目《中国舆论场》，于每周日晚黄金时段面向全球直播。该节目结合大数据分析来自不同平台的舆情数据，在节目中采用多种形式吸引观众参与话题讨论。《中国舆论场》将电视、网络、移动新媒体进行深度结合，这种媒介融合的形式，实现了即时的传播和互动，在增强了节目新鲜感和趣味性的同时，也让新闻评论节目具有受众接近性。

从图 4-6 中我们可以看到，2016 年《中国舆论场》节目的平均收视率整体呈现上升趋势，这与其节目的优质内容以及新颖的节目形式密不可分。通过对《中国舆论场》2016 年全年节目视频及微信公众号文章进行编码和统计，其中包括 39 期节目视频，总时长 2340 分钟。记录和统计内容包括节目进行过程中互动总人次的变化、嘉宾点赞数的增长，以及不同互动形式所出现的次数。另外，统计了 39 期节目中讨论的 316 个议题，其中包括视频点击量、视频评论量、话题阅读量和媒体报道量等节目前期相关数据，以及"中国舆论场舆情榜单"的议题数据。此外，还对《中国舆论场》节目微信公众号进行了统计分析，包括议题名称、阅读量及点赞数等相关数据。通过对大量数据进行分析，并与《中国舆论场》节目收视率进行对比，分析该节目的媒介融合形式对节目收视率的影响。

---

① 本节内容来自张弛《媒介融合背景下电视新闻评论节目的困境与发展路径探析》，硕士学位论文，中国青年政治学院，2017；李永健、张弛《融媒体时代多元化场景建构〈中国舆论场〉——电视新闻评论节的创新探索》，《电视研究》2017 年第 10 期。

图 4-6 《中国舆论场》2016 年度平均收视率

一 《中国舆论场》内容和形式层面的创新

《中国舆论场》将大数据作为基础,结合舆情热点设置节目内容,丰富节目互动类型,从形式和内容两个层面对节目进行了创新探索。

首先在形式上,节目从互动性、即时性以及奖励机制三个方面入手,使节目在兼具可看性的同时增强了受众黏性。

(一)加强与新媒体结合,增强互动性,提高节目的收视率

传统的电视新闻评论节目主要由主持人或嘉宾负责评说,节目形式较为单一,受众只能被动地单向接受主持人和嘉宾传递的信息。媒介融合时代,受众群体扩大,受众的年龄结构、职业分布、性别比例等都发生了变化,这种单一的制作方式不能满足不同受众的需求。媒介融合时代受众的选择是丰富多样的,如果节目想要吸引受众,就必须在形式上有所突破和创新。

《中国舆论场》创造性地在节目中引入了"在线观众席"的概念,受众不仅可以观看,还可以通过微信客户端实时加入在线观众席,成为当期节目的现场参与者,可在节目过程中和大家分享自己的观点,向嘉

宾进行提问等，全程参与节目的互动。在节目中观众可以通过微信公众平台的实时互动页面对自己喜爱的嘉宾点赞，参与节目互动的总人次与点赞的数据会出现在电视屏幕上。

研究假设 1：增强互动性可以提高节目的收视率。

在本项研究中，《中国舆论场》展现的互动性可以从节目互动的总人数、对节目的总点赞人数以及互动总次数三个方面来体现，因此对于假设 1 的研究就变成了对以下三个假设的验证。

假设 1.1：节目收视率与节目的互动总人数相关。

假设 1.2：节目收视率与节目的总点赞人数相关。

假设 1.3：节目收视率与节目的互动总次数相关。

本研究对 39 期节目进行统计，对 39 期节目的平均收视率与节目互动总人数、总点赞人数以及互动总次数进行相关分析，其中平均收视率是由当期节目播出时段内，每分钟收视率平均值计算得出，结果如表 4-2 所示。

表 4-2　《中国舆论场》平均收视率与互动总人数相关性统计

描述性统计量

	均值	标准差	N
平均收视率	.9637348998	.25583838974	39
互动总人数	4062192.44	1519169.191	39

相关性

		平均收视率	互动总人数
平均收视率	Pearson 相关性	1	.492**
	显著性（双侧）		.001
	N	39	39
互动总人数	Pearson 相关性	.492**	1
	显著性（双侧）	.001	
	N	39	39

注：** 表示在 .01 水平（双侧）上显著相关。

上述相关分析数据中，《中国舆论场》节目平均收视率与节目互动总人数之间的 Pearson 相关系数为 0.492，证明二者之间存在不完全相关且为正相关。二者之间不相关的双侧显著性 P 值为 0.001，小于 0.005，证明在此显著性水平上肯定了二者相关的假设。由此可以得出结论：该节目的平均收视率与互动总人数存在显著的相关性。因此，假设 1.1 得到了验证。

相关分析数据中，《中国舆论场》节目平均收视率与节目总点赞人数之间的 Peason 相关系数为 0.636，证明二者之间存在不完全相关且为正相关（见表 4-3）。二者之间不相关的双侧显著性 P 值为 0.000，小于 0.005，证明在此显著性水平上肯定了二者相关的假设。由此可以得出结论：该节目的平均收视率与总点赞人数之间存在显著的相关性。因此，假设 1.2 得到了验证。

表 4-3 《中国舆论场》平均收视率与总点赞人数相关性统计

		平均收视率	总点赞人数
平均收视率	Pearson 相关性	1	.636**
	显著性（双侧）		.000
	N	39	38
总点赞人数	Pearson 相关性	.636**	1
	显著性（双侧）	.000	
	N	38	38

注：** 表示在 .01 水平（双侧）上显著相关。

相关分析数据中，《中国舆论场》节目平均收视率与节目互动总次数之间的 Pearson 相关系数为 0.443，证明二者之间存在不完全相关且为正相关（见表 4-4）。二者之间不相关的双侧显著性 P 值为 0.005，证明在此显著性水平上肯定了二者相关的假设。因此，可以得出结论：该节目的平均收视率与互动总次数之间存在显著的相关性。假设 1.3 得到了验证。

表 4-4　《中国舆论场》平均收视率与互动总次数相关性统计

		收视率	互动总次数
收视率	Pearson 相关性	1	.443**
	显著性（双侧）		.005
	N	39	39
互动总次数	Pearson 相关性	.443**	1
	显著性（双侧）	.005	
	N	39	39

注：** 表示在 .01 水平（双侧）上显著相关。

为了进一步证明节目中的互动对节目收视率的影响程度，本研究以"总点赞人数"和"互动总次数"为预测变量，以"平均收视率"作为因变量进行了回归分析，得出的结果如表 4-5 所示。

表 4-5　《中国舆论场》平均收视率与互动总次数、总点赞人数模型汇总

模型	R	R 方	调整 R 方	标准估计的误差	D-W 统计量
1	.793a	.629	.608	.14773626493	1.430

注：a. 预测变量（常量）：互动总次数，总点赞人数；b. 因变量：平均收视率。

表 4-5 显示该模型的 R 方为 0.629、调整 R 方为 0.608，该模型的 D-W 统计量为 1.430，说明该节目的互动程度可以对该节目的收视率进行一定程度的预测。

表 4-6 中，显示 Sig 值为 0.000，小于 0.005，因此，我们可以推断，在"总点赞人数"与"互动总次数"两个预测变量中，至少有一个预测变量能够对因变量"平均收视率"产生显著影响。

表 4-6　《中国舆论场》平均收视率与互动总次数、总点赞人数方差分析

模型		平方和	df	均方	F	Sig.
1	回归	1.295	2	.647	29.657	.000a
	残差	.764	35	.022		
	总计	2.059	37			

注：a. 预测变量（常量）：互动总次数，总点赞人数；b. 因变量：平均收视率。

表 4-7 可以看出，"总点赞人数"这一预测变量所对应的 t 值为 5.474，Sig 值为 0.000，小于 0.05，证明"总点赞人数"可以显著地对"平均收视率"进行预测。而共线性统计量中，VIF 值为 1.020，小于 10，也通过了共线性检测；"互动总次数"这一预测变量所对应的 t 值为 4.602，Sig 值为 0.000，小于 0.005，证明"互动总次数"可以显著地对"平均收视率"进行预测，相关公式为：$Y = 7.975X_1 + 0.024 X_2 + 10.076$。而共线性统计量中，VIF 值为 1.020，小于 10，也通过了共线性检测。这一结果进一步验证了假设 1.2 和假设 1.3。

表 4-7　《中国舆论场》平均收视率与互动总次数、总点赞人数回归分析

模型		非标准化系数		标准系数	t	Sig.	共线性统计量	
		B	标准误差	试用版			容差	VIF
1	（常量）	-.097	.163		-.595	.556		
	总点赞人数	7.975	.000	.569	5.474	.000	.981	1.020
	互动总次数	.024	.005	.479	4.602	.000	.981	1.020

注：因变量：平均收视率。

由此可以看出，《中国舆论场》采取的媒介融合互动形式，可以实现电视受众与网络受众的相互转化。在电视直播过程中，邀请观众参与互动，受众成为节目的一员，可以有效增加节目的收视率。同时，电视观众想要参与节目互动也必须关注该节目的官方微信公众号，这种媒介融合形式也会将电视观众转变为微信粉丝，而在下一期节目播出前，官方微信公众号会向粉丝推送节目内容预告，如果受众对某个话题感兴趣，也会激发其关注节目的兴趣，实现微信粉丝与节目收视率的相互转化。

（二）采用直播形式，增强节目的即时性

新媒体技术让非职业传播者加入新闻的生产中来，新闻的"时效性"被不断重新定义。传统的电视新闻评论节目大多采用录播模式，当节目信息被受众接收的时候，往往已经失去了时效性。因此，增强电视

新闻评论节目的时效性是保证其良性发展的一个重要因素。近年来，电视新闻评论节目也在时效性上做出了诸多有益的尝试和探索，如中央电视台新闻频道的《新闻 1+1》就大胆地采用了直播模式，对当天最新、最热、最快的新闻话题进行分析和评论，取得了不错的效果。众所周知，在电视节目中，直播节目的时效性无疑是最强的，多种传播符号直接进入观众视听。在新闻评论节目中，采用直播的方式，观众的现场感会更强，更容易产生共鸣。直播方式也能够使节目安排更加灵活多变，如有重大事件发生，节目制作团队就可以打破已有的节目安排，加入最新的内容，使得节目的时效性得到保障。

在传统的电视新闻评论节目中，录播的形式决定了观众只能被动接收信息，这种播出形式很容易让观众产生疲倦感。媒介融合时代，与网络媒介相结合的直播形式更加遵循传播学原理，网络受众能够参与到直播过程中，能够突出体现信息的双向流动性，也更加强调信息双向的对等关系——话语权。网友在围观的同时，他们的观点也是直播内容，可以体现极强的现场感和交互性，诠释给受众一种新的交流模式，即充分尊重受众的话语权。

《中国舆论场》中存在多种互动形式，如滚动评论互动、文字评论互动、预置视频互动、实时视频互动、红包互动等。大多数的互动形式都需要配合电视直播才能有效实现。在直播过程中，不管是电视里的主持人、嘉宾还是电视机前的观众，对于即将发生的事情都是未知的，直播会使观众产生与事件或讨论进展的同步感，使直播节目更具有吸引力。在媒介融合时代，电视直播可以成为媒介融合的平台，在直播状态下，来自不同媒体的信息流能够同时在直播窗口呈现，观众既能同步感知事件的进程，等待事件的结果，也能成为用户，利用社交媒体参与、推动直播过程，同时直播内容也可以利用网络实现多平台的二次分发。

（三）通过奖励机制，增强受众黏性

近年来，随着电视节目收视率的下滑，电视受众逐步被分流，电视台开始寻求新的出路，"微信摇电视"应运而生，多屏互动的创新模式开始广泛应用。就接触率而言，目前电视在传统媒体中仍属最高。随着移动互联网的发展，微信已成了移动互联网的第一接口。传统媒体开始意识到"发红包"是一种直接有效的方式，能够将观众转化为用户甚至是"粉丝"，因为"抢红包"的第一步就是要关注电视台或相关节目指定的官方微信公众号。在新的媒介形式不断出现，媒介相互融合的背景下，电视节目的最终目的实际上就是争取观众的时间，观众关注节目的时间长度即该节目的受众黏性，通过"微信摇电视"参与"抢红包"，可以实现两种媒介的优势互补。

在《中国舆论场》中，红包并不是定时发送的，观众必须一直关注节目，通过输入节目中主持人或嘉宾发布的"红包口令"，才能在第一时间抢到红包，这无疑大大提高了观众对节目的关注度，从而使电视台的收视率有所提升。在《中国舆论场》中，有三轮"抢红包"的环节设置，分别在节目开头、中间和结尾，"红包口令"也与所讨论的内容息息相关。如讨论过人工智能是否会战胜人类的议题之后，节目的"红包口令"就为"人机大战"，紧扣节目主题，也能增加受众对议题的印象。通过微信"抢红包"的形式，有助于打破电视节目和观众分离的状态，在提升观众参与感的同时，也通过奖励机制增强了用户黏性，吸引观众持续关注。目前，年轻人的电视接触率比较低，而现在，年轻受众有机会通过移动互联网参与电视节目的互动评论，这是吸引年轻受众的有力手段。

利用奖励机制来刺激受众关注也从侧面印证了美国社会学家霍曼斯所提出的"社会交换理论"。霍曼斯提出社会互动过程中的社会行为是一种交换行为，不仅包括物质商品的交换，还包括赞许、荣誉或声望等非物质的交换。在奖励机制的刺激下，受众获得了一种满足感和认同感，虽然受众了解这是电视节目的一种营销手段，但其在收获物质奖励的同时，也更乐于主动接受这种营销方式。

（四）内容层面创新

无论是何种新颖的节目形式，都不能脱离丰富和优质的内容这一基础。电视媒介尤其是电视新闻评论节目，更应该立足自身优势，将优质内容呈现给广大观众。在内容上，《中国舆论场》节目专注于对节目的时效性、选题多元化、评论专业化进行提升，试图打破传统新闻评论节目在媒介融合时代所面临的困境。

（五）充分利用新媒体渠道对热点事件实时评论

在传统的电视新闻评论节目中，节目中所讨论的议题是由节目前期策划人员选定的，再经过逐级申报讨论、节目制作等各项环节，当最终呈现在电视荧屏上时，议题往往已经没有了原来的热度。当今时代，互联网飞速发展，信息传播方式多种多样，受众对新闻的接收速度越来越快，参与评论的意识和欲望也越来越强烈，传统的新闻评论节目已经无法满足广大受众的需求。

《中国舆论场》结合大数据，分析各个媒体平台中当周最热门的舆论话题，与央视网联合推出"中国舆论场指数"。该指数显示为实时全网新闻热点舆情，节目中将盘点每周最热门的舆情话题。针对这些话题，每期节目将会邀请相关领域专家就该话题进行现场专业分析和理性解读。如微博上热议的"和颐酒店女生遇袭事件"，在事件发酵至最热的时间段内，《中国舆论场》就对其进行了报道和讨论，克服了时效性不足的问题，缩短了受众与新闻事件之间的时间距离，在正确引导舆论的同时，更能够吸引受众积极参与讨论。

研究假设2：网络关注度的提高可以提高节目的收视率

在本项研究中，《中国舆论场》的网络关注度可以从官方微信的阅读量、微信点赞数和中国舆论场指数占比三个方面来体现。因此对于假设2的研究，就变成了对以下三个假设的验证。

假设2.1：微信阅读量会对节目收视率产生影响。

假设2.2：微信点赞数与节目收视率相关。

假设2.3：中国舆论场指数占比会对节目收视率产生影响。

为验证网络舆论热点是否与节目议题的收视率存在相关关系，本研究对《中国舆论场》2016 年的 39 期节目中的 316 个议题进行了统计，计算该议题时间段内的平均收视率，得到 316 个平均收视率数据；同时，对官方微信公众号推送的 213 篇微信文章进行统计，得到 213 个微信阅读量及点赞数数据，并统计电视节目与官方微信公众号共同涉及的议题，首先对"议题平均收视率"与"微信文章阅读量"进行相关分析，得出如下结果（见表 4-8）。

表 4-8　《中国舆论场》议题平均收视率与微信阅读量描述性、相关性统计

描述性统计量

	均值	标准差	N
议题平均收视率	.9540461451	.29494905574	316
微信阅读量	44767.53	33781.023	85

相关性

		议题平均收视率	微信阅读量
议题平均收视率	Pearson 相关性	1	.448 **
	显著性（双侧）		.000
	N	316	85
微信阅读量	Pearson 相关性	.448 **	1
	显著性（双侧）	.000	
	N	85	85

注：** 表示在 .01 水平（双侧）上显著相关。

上述相关分析输出结果表示，在《中国舆论场》节目中，每个议题的平均收视率与微信阅读量之间的 Pearson 相关系数为 0.448，证明二者之间存在不完全相关且为正相关。二者之间不相关的双侧显著性 P 值为 0.000，小于 0.005，证明在此显著性水平上肯定了二者相关的假设。因此，可以得出结论：该节目的议题平均收视率与微信阅读量之间存在显著的相关性。因此，假设 2.1 和假设 2.2 得到了验证。

为了进一步证实网络用户关注度是否会对节目的收视率产生影响，

能否通过网络关注度对节目的收视率进行一定程度上的预测，本研究以"微信阅读量"为预测变量，以"议题平均收视率"为因变量进行了回归分析，得出的结果如表4-9所示。

表4-9　《中国舆论场》议题平均收视率与微信阅读量回归模型汇总

模型	R	R 方	调整 R 方	标估计的误差	D-W 统计量
1	.448a	.201	.191	.27263124692	1.322

注：a. 预测变量（常量）：微信阅读量；b. 因变量：议题平均收视率。

表4-9显示该模型的 R 方为 0.201、调整 R 方为 0.191，该模型的 D-W 统计量为 1.322。说明该节目的网络关注度，可以对该节目的收视率进行一定程度的预测。

在表4-10中，显示 Sig 值为 0.000，小于 0.05，因此，我们可以推断，预测变量"微信阅读量"能够对因变量"议题平均收视率"产生显著影响。

表4-10　《中国舆论场》议题平均收视率与微信阅读量回归方差分析

模型		平方和	df	均方	F	Sig.
1	回归	1.550	1	1.550	20.858	.000a
	残差	6.169	83	.074		
	总计	7.719	84			

注：a. 预测变量（常量）：微信阅读量；b. 因变量：议题平均收视率。

由表4-11可以看出，"微信阅读量"这一预测变量所对应的 t 值为 4.567，Sig 值为 0.000，小于 0.05，证明"微信阅读量"可以显著地对"议题平均收视率"进行预测，回归公式为：$Y = 4.022X + 4.567$，再一次对假设 2.1 进行了验证。

表 4-11 《中国舆论场》议题平均收视率与微信阅读量回归系数

模型		非标准化系数		标准系数	t	Sig.	共线性统计量	
		B	标准误差	试用版			容差	VIF
1	（常量）	.912	.049		18.510	.000		
	微信阅读量	4.022	.000	.448	4.567	.000	1.000	1.000

注：因变量：议题平均收视率。

《中国舆论场》节目选题的另一来源为"中国舆论场指数"榜单。每期节目中，主持人会选取榜单中的若干话题，与嘉宾和网友进行讨论和互动，本研究中统计了 39 期节目中的榜单数据，共 316 个议题，计算榜单中议题在节目中所占比例得出 39 期数据，并与节目收视率进行相关分析，得出结果如表 4-12 所示。

表 4-12 《中国舆论场》平均收视率与中国舆论场指数议题占比描述性统计

描述性统计量

	均值	标准差	N
平均收视率	.9637348998	.25583838974	39
中国舆论场指数议题占比	.3396150146	.16166043273	39

相关性

		平均收视率	中国舆论场指数议题占比
平均收视率	Pearson 相关性	1	.779 **
	显著性（双侧）		.000
	N	39	39
中国舆论场指数议题占比	Pearson 相关性	.779 **	1
	显著性（双侧）	.000	
	N	39	39

注：** 表示在 .01 水平（双侧）上显著相关。

上述相关分析输出结果表示，在《中国舆论场》节目中，节目平均收视率与中国舆论指数议题占比的 Pearson 相关系数为 0.779，证明二者之间存在不完全相关且为正相关。二者之间不相关的双侧显著性 P 值为 0.000，小于 0.005，证明在此显著性水平上肯定了二者相关的假设。因此，可以得出结论：该节目的中国舆论场指数议题占比与节目的收视率之间存在显著的相关性。因此，假设 2.3 得到了验证。

由此可以看出，《中国舆论场》的网络关注度和电视节目的收视率之间存在一定的相关性，体现了该节目作为一档媒介融合节目的优势所在，由网络上最受关注的议题来确定节目的选题，具有一定的参考依据。

（六）选题多元化，满足受众需求

新闻评论节目若想突出重围，走出困境，得到广大观众的认可与喜爱，牢牢吸引受众的眼球，做好选题十分必要。传统的新闻评论节目，选题多集中于重大新闻事件，更多倾向于显著性与重要性，而忽视了接近性和趣味性，因此无法满足互联网时代观众的多元需求，更无法吸引年轻的受众。

《中国舆论场》的选题来自网络热点事件，是网络舆论最关注的问题，站在普通受众的立场，从受众的角度出发，根据实时热点来进行选题。从南海问题到行车安全，从炫富大案到高考改革，《中国舆论场》的议题覆盖了政治和生活的方方面面，正是因为有了贴近受众的选题，才能吸引受众，令其在节目中倾注更多的感情。在避免选题单一化的同时，也增加了观众参与的积极性。

本研究对节目中讨论的 316 个议题进行编码，从节目的议题类型、涉及国家地区、议题关注重点等各个方面进行了统计。在 316 个议题中，政治议题 221 个、社会议题 93 个、经济议题 2 个，如图 4-7 所示，分别占比 69.94%、29.43% 和 0.63%。占比最高的政治议题平均收视率也最高，约达到 0.998（见表 4-13），这种议题选择方式不仅可以获得更好的收视率，也更加符合中央电视台中文国际频道的定位。

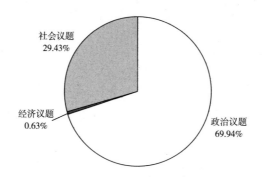

图 4-7 《中国舆论场》议题类型占比

表 4-13 《中国舆论场》议题平均收视率

议题类型	均值	N	标准差
政治议题	.9984488127	221	.28995810423
经济议题	.8869750000	2	.48079725587
社会议题	.8499725187	93	.28020866866
总计	.9540461451	316	.29494905574

在政治议题方面，《中国舆论场》的节目议题主要集中国务活动议题、军事活动议题、国际政治议题等几个方面。其中国务活动议题 2 个，占比 0.90%；军事活动议题 133 个，占比 60.18%；国际政治议题 85 个，占比 38.46%；其他类政治议题 1 个，占比 0.45%（见表 4-14）。议题讨论次数更多的军事活动议题和国际政治议题的收视率均值标准差相对国务活动议题来说更高。

表 4-14 《中国舆论场》政治子议题平均收视率

政治子议题	均值	N	标准差
国务活动议题	1.1533857145	2	.26702372332
军事活动议题	.9765611828	133	.28087448709
国际政治议题	1.0372997254	85	.30284534800
其他	.8052222220	1	.
总计	1.0007470933	221	.28971086599

在社会新闻方面，议题类型又集中在安全议题（39.36%）、科技议题（12.70%）、法制议题（11.70%）、文化议题（10.64%）、卫生议题（9.57%）、环境议题（2.13%）、教育议题（1.06%）以及其他类社会议题（12.77%），议题类型几乎涉及了社会生活的各个方面（见表4-15）。

表4-15 《中国舆论场》社会议题类型统计

单位：%

社会议题类型	安全议题	科技议题	法制议题	文化议题	卫生议题	环境议题	教育议题	其他	合计
百分比	39.36	12.70	11.70	10.64	9.57	2.13	1.06	12.77	99.93

从表4-15中的数据我们可以看出，在节目中讨论次数较多的议题类型，如安全议题和科技议题，在网络中也是相对讨论较多的话题。此次统计中，文化议题中涉及"中国女排3∶1战胜塞尔维亚，时隔12年奥运再登顶"这一议题，由于该议题的特殊性质，视频评论量达到了832,457,920次，造成了文化类议题评论量均值较高的现象。

虽然电视新闻评论节目为了满足受众的需要，在选题类型上进行了多元化的安排，电视节目制作的过程中"把关人"依然存在，尽管电视节目制作程序和作用在不断变化，但"受众的把关"日渐重要。《中国舆论场》以多平台的大数据为参考，保证选题的多元性，同时也兼顾频道定位和节目自身定位，对新闻进行筛选。

（七）培养专业新闻评论队伍，寻求最佳传播效果

在中国，电视新闻评论节目已经经过了30多年的发展历程，作为被观众熟知和认可的电视节目类型，已在受众心中建立起了可信赖的形象，能够为受众提供权威的信息和专业的观点。随着新技术的不断发展和运用，媒介融合进程的加快，电视新闻评论不再是人们的唯一信源和评判是非的最终标准，人们实现了自我赋权和相互赋权，得以质疑甚至反驳电视所提供的信息。在人人都有发言权的时代里，权威性和公信力成了电视新闻评论节目非常重要的竞争力所在。电视新闻评论节目的主持人和评论员都需要具备较高的专业素养，除了需要掌握专业性知识以外，现场的应变能力也十分重要。

《中国舆论场》依托中央电视台这一平台，相较于国内其他地方电视台，具有得天独厚的优势。中央电视台拥有大量先进的技术设施和技术人才，更有雄厚的经济基础和政策支持，在新闻的权威性上有着其他电视媒体无法企及的优势，在其 60 多年的发展历程中，吸引了大量的、具有专业性的政府工作人员、专家学者、社会精英参与到其录制的节目中，这些都为《中国舆论场》的专业性和权威性提供了保障。

在被本研究纳入分析范围的 39 期节目中，《中国舆论场》共邀请了包括 5 名央视特约评论员在内的 17 位相关领域的专家和学者（见表4-16）。由于节目的播出平台和节目自身定位的需要，邀请的嘉宾主要集中于军事领域，但同时也兼顾其他领域的专业性。如在受众关心的婚假产假政策的落实是否能够得到保障的问题中，节目组就邀请了国家卫生计生委科学技术研究所人口与健康研究部主任茅倬彦来为受众对该政策进行解读。

表 4-16 《中国舆论场》专家类型统计

专业领域	军事	国际关系	社会学	卫生	文化	总计
嘉宾人数	11	3	1	1	1	17

通过对 39 期节目中嘉宾的点赞数进行统计，对每位嘉宾出席的频率和平均点赞数进行计算和排列，得出数据如图 4-8 所示。

由图 4-8 我们可以看出，在《中国舆论场》的 39 期嘉宾中，出席次数较多的宋忠平、房兵和杜文龙收到的观众点赞平均值也相对较高。嘉宾点赞数与节目收视率呈现显著相关性，因此邀请更受观众喜爱的评论员是提高节目关注度的有效途径。对于出席次数不多却拥有较高点赞率的嘉宾，如李莉、尹卓等，在后续的节目中，节目制作方可以相应提高其出席的频率。电视新闻评论节目，若想展现节目特色，提高节目的

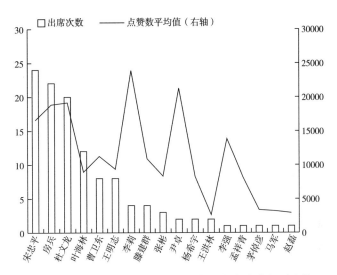

图4-8　《中国舆论场》专家平均点赞数与出席次数对比情况

关注度，不仅需要评论员坚持个性化、风格化的评论特点，更需要培养一支专业权威的新闻评论队伍。

综上所述，《中国舆论场》节目在媒介融合的时代背景下，为了突破电视新闻节目发展中的困境，做出了积极的尝试，从内容和形式两个方面进行了创新，依托媒介融合技术，提高节目的互动性，填补了电视新闻评论节目在媒介融合大环境中的缺位，虽然在节目探索中也存在一定问题，但也可以为同类型节目提供参考和借鉴。

二　电视新闻评论节目的发展路径

（一）加强对受众的研究，针对受众习惯调整节目形态

英国传播学家丹尼斯·麦奎尔认为：受众既是社会环境的产物，也是特定媒介供应模式的产物。媒介融合时代，电视新闻评论节目在更大程度上承担了信息收集者和信息集成者的角色，包括电视节目观众在内的广大受众的地位不断提升，而且更加积极地参与到节目制作的进程中

和节目规则的制定中。在过去，新闻评论节目服务的受众可以说是"想象中的受众"，节目的制作团队在不断想象受众需要怎样的信息。而如今的受众虽然远在千里之外，却能够通过技术手段来到节目生产者的身边，电视节目的生产者与受众之间的互动越来越频繁，节目的制作过程也越来越透明，怎样服务好受众，为他们提供更加优质和受众需要的信息就成了电视节目生产者所面临的首要问题。

对于受众的研究，南京大学新闻传播学院教授张红军在《试论全媒体时代电视剧的跨屏传播》一文中对受众的变化做出了阐释，他认为："除传统的电视剧受众群之外，具有新的结构特征、接受心理与接收习惯的一代年轻受众，伴随着新媒体时代的到来而迅速崛起，这也使得电视剧接受群体日益分化，形成'观众''反馈者''对话者'多元共存的现实状态。"这种新的变化同样适用于包括电视新闻评论节目在内的其他电视节目形态。正如张红军所说，"对话型用户"可以通过即时反馈和互动参与创作，同时通过这种方式进行消费，因此如何实现电视受众从"观众"到"对话者"的转变，是电视新闻评论节目在今后发展过程中的重要着力点。①

若要实现这一转变，就必须对受众进行研究，并遵循"受众本位"的原则。如今，电视节目越来越重视与新媒体平台的结合，而每个新媒体平台的用户并非简单的电视节目信息接收者，其背后关联着庞大的数据体系。以《中国舆论场》为例，节目在播出中，受众想要参与节目就必须关注节目的官方微信公众号。节目制作者可以通过这种方式，了解受众的地域、年龄、性别，在互动过程中，制作者还能了解到受众的兴趣领域、互动习惯等信息。这些信息经过处理和分析，都会为电视节目的制作者提供有力的参考，不仅能够实现新闻线索的征集和信息的精准推送，也能够为今后节目的内容重点和节目形态调整提供依据。

---

① 张红军：《试论全媒体时代电视剧的跨屏传播》，《现代传播（中国传媒大学学报）》2014年第1期。

（二）善于利用新技术，探索媒介融合新模式

未来学家雷·库兹韦尔曾预言，任何技术一旦与信息相联结，那么它将呈指数级发展。① 媒介融合离不开技术支持，电视新闻评论节目若要在媒介融合的浪潮中不断前进，就无法忽视新技术的力量。

过去几年，人工智能技术（Artificial Intelligence，AI）、虚拟现实技术（Virtual Reality，VR）、增强现实技术（Augmented Reality，AR）等新的科学技术进入大众的视野。这些技术对于电视节目来说是良好的机遇，二者相互碰撞和补充会给受众带来全新的、沉浸度更高的体验。电视为新技术生产内容，新技术为电视节目提供新的传播方式，两者相互依存、共同发展。南京电视台新闻综合频道副主任周长城也断言："只要学会运用互联网思维，电视直播必将成为多种内容产品、多种媒体手段、多种传播理念的集成。"②

在这一点上，电视娱乐类节目就走在了行业的前列，取得的成效也有目共睹。2016年，湖南卫视《我是歌手》节目引入了VR科技，通过使用VR，远程观众也可以直接感受歌手的现场表演，并能通过VR参与节目互动，弥补不能亲临节目现场的遗憾。这种观看形式被称为"浸没式观看"。无独有偶，江苏卫视全新改版的《一站到底》也采用了全新的技术——AI，"人机大战"的话题吸引了众多关注，也为节目带来了良好的收视效果。

这些节目的有益探索都为电视新闻评论节目提供了借鉴，新的技术、优质的社交媒体平台都是电视节目内容和形式上的极大补充，打破了原有单一的观看体验，同时也能给受众带来新鲜感，成为吸引受众的重要方式。

（三）专注优质内容，扎实节目基础

电视节目发展的历史告诉我们，再新颖的传播形式和观看体验，如

---

① 褚波：《库兹韦奇点》，《光明日报》2015年2月1日，第6版。
② 周长城：《互联网思维下的电视问政节目设计》，《视听界》2014年第6期。

果脱离了优质内容这一基础，也无法真正留住用户。若想增强受众黏性，将受众转化成长久的用户，除了通过先进的技术手段丰富受众的观看体验外，关键还是要从内容设置上着手，即内容应更注重实用性，要提供受众真正关心的内容。

电视新闻评论节目承载着认识功能、导向功能、教育功能和舆论监督功能，内容是这类节目的核心价值所在。有些电视新闻评论节目，虽然在形式上制作得越来越精细，但是主持人和嘉宾现场评论的深度不够、对热点事件的解读过于肤浅，导致新闻内容所占时长远远超出嘉宾和主持人评论的时长。这种形式大于内容的节目，不仅不能起到新闻评论的引导作用，也会在观众逐渐丧失对节目的新鲜感后被抛弃。因此，在电视新闻评论节目的发展历程中，"内容为王"这一原则应该是电视工作者始终坚持的基本原则。

（四）树立品牌意识，开发商业价值

在媒介融合的背景下，电视的受众正逐渐被新媒体分流，电视台为了吸引受众注意力，实现利益最大化，纷纷增加娱乐节目和电视剧的时长和数量，作为电视台旗帜的电视新闻评论节目却逐渐被边缘化。不仅如此，相较于电视剧和娱乐节目的宣传策略和力度，电视新闻评论节目从节目前期宣传、后期反馈，到主持人嘉宾的包装都远远落后。在电视节目纷繁复杂的今天，节目的宣传和包装显得尤为重要。以娱乐类节目为参考，在前期宣传中，传统媒体和以微信、微博为代表的新媒体多管齐下，在节目播出之前就已打出响亮的名号；在节目播出后，根据受众讨论最多的部分，策划话题并在后期的节目中不断强化被受众关注的这一热点。这种各平台联动的宣传播出方式，能够使节目得到最大限度的关注，形成品牌效应，使节目收益获得保障。

下 篇

媒介融合时代广电传媒
人才核心素养研究

第五章　行业转型发展对广电
传媒人才的新要求

第一节　未来广电传媒发展趋势：
媒介深度融合①

在"中央厨房"主导的内容生产与分发模式下，精通于生产与分发环节中任意一环的"专、精"人才尤为重要。就像在真正的后厨里，有人专门负责切菜、备菜，有人专门负责摆盘装饰。同时，基于大数据技术和移动互联平台的信息推送，新闻传播生态发生变化，越来越需要一些全能记者：既懂采编、制作，又精于传播、渠道分发。上述的"专于一项"与"全面精通"并不相悖，它们最终都指向所呈现的节目究竟是否专业，是否好看。如何判定一个节目是否好看，最关键的一点还是要看它是否满足了受众的需求：能否满足受众在不做选择的情况下就可以直接进行被动的文化消遣。传统电视媒体到底应该走什么样的路，笔者根据未来社会需求及广播电视学专业发展路径来预估未来电视媒体发展趋势。

---

① 本节内容来自荣文雅《融媒体语境下广播电视学专业学生胜任力模型研究》，硕士学位论文，中国社会科学院大学，2018。

一　善于利用新技术，探索媒介融合新模式

媒介融合离不开技术支持，过去几年，人工智能技术、虚拟现实技术、增强现实技术等新的科学技术进入大众的视野。这些技术对于电视节目来说是良好的机遇，二者相互碰撞和补充会给受众带来全新的、沉浸度更高的体验。电视为新技术生产内容，新技术为电视节目提供新的传播方式，两者相互依存、共同发展。新的技术、优质的社交媒体平台都是电视节目内容和形式上的极大补充，打破原有单一的观看体验，同时也能给受众带来新鲜感，成为吸引受众的重要方式。当下已经有很多广播电台纷纷加入微博、微信等社交媒体的运营中，许多广播电台的节目也在网络广播平台上线，凭借其专业且丰富的内容吸引了众多忠实听众（见图5-1）。

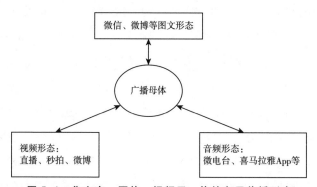

图5-1　集文字、图片、视频于一体的多元传播形态

二　强化受众分析，针对受众习惯调整节目形态

英国传播学家丹尼斯·麦奎尔认为："受众既是社会环境的产物，也是特定媒介供应模式的产物。"[①] 媒介融合时代，广播电视节目不再

[①] 〔英〕丹尼斯·麦奎尔：《受众分析》，刘燕南等译，中国人民大学出版社，2001。

是受众的全部信息收集者和集成者，曾经的"信息供应霸主地位"被逐渐瓦解。要想提升广播电视节目在受众心目中的地位，就需要在节目制作的全流程和节目规则的制定中充分考虑受众需求。电视节目的生产者与受众之间的互动越来越频繁，节目的制作过程也越来越透明，怎样服务好受众，为他们提供更加优质和受众需要的信息就成了电视节目生产者所面临的首要问题。

对于受众的研究，南京大学新闻传播学院教授张红军在《试论全媒体时代电视剧的跨屏传播》一文中对受众的变化做出了阐释，他认为："除传统的电视剧受众群之外，具有新的结构特征、接受心理与接收习惯的一代年轻受众，伴随着新媒体时代的到来而迅速崛起，这也使得电视剧接受群体日益分化，形成'观众'、'反馈者'、'对话者'多元共存的现实状态。"① 若要实现这一转变，就必须对受众进行研究，并遵循"受众本位"的原则。如今，电视节目越来越重视与新媒体平台的结合，而每个新媒体平台的用户并非简单的电视节目信息接收者，其背后关联着庞大的数据体系。

互动不仅仅体现在用户和节目之间，同一节目的用户和用户之间也可以进行互动沟通。湖南卫视推出过一款手机应用"呼啦"，观众可以使用手机下载软件并通过软件与其他观众进行聊天，共同讨论剧情和电视节目，参与投票选出自己最想看到的电视剧结局或节目主持人，制片人则会根据观众呼声对剧情和节目内容进行适当调整。

综上所述，受众从被动的接受地位逐渐向电视内容生产者的身份转变，在交互体验过程中，促使受众分享并彼此交流电视内容，也会实现收视率和新媒体的双赢。这种交互行为还体现在受众可以直通电视内容生产内部，反映自身需求，帮助内容生产者理解受众和用户的需求。传媒生产者在顺应媒介融合的基础上还要对新媒体（微博、微信、客户端）有充分的认识，并了解不同平台之间用户的细微区别，细分用户差

① 张红军：《试论全媒体时代电视剧的跨屏传播》，《现代传播（中国传媒大学学报）》2014 年第 1 期。

异并区分发布信息，做到传统媒体与新媒体之间的相互交融、资源共享。

三　树立品牌意识，走精品路线

品牌代表着媒体的影响力和竞争力，一些电视节目可以娱乐类节目和电视剧为参考，着力打造精品节目，并以此为起点，精准定位目标受众，了解受众需求，在受众心中打造节目专属品牌。整合资源，充分利用新媒体的优势，增强节目影响力和核心竞争力，培养媒介融合环境下的版权意识，开发节目的商业价值，适应媒介融合时代下对电视节目的新要求，在电视节目的激烈竞争中占据一席之地。

走精品路线，意味着要秉承宁缺毋滥的原则，从内容、形式、品牌等多个方面均要实施精品路线。这就要求电视传媒的管理者具有整合管理电视资源配置的能力：内容上，精心设计的电视传媒可以帮助受众在短时间内接收最有效的信息；形式上，利用更先进的摄录设备、专业制作团队打造视听视效。在视效层面与新媒体较单纯的文字、语音区分开。这就需要相关从业者具备良好的技术整合能力、对视听语言的把控和操作能力。

四　创立符合国情，具有中国特色的原创电视节目

当前，电视唱衰论此起彼伏，娱乐至死风气甚嚣尘上。整个电视行业仍处于抄袭之风弥漫、原创节目匮乏的尴尬局面，市场在鱼龙混杂、比拼争先的大潮下艰难前行，但先后出现的"爆款级"电视节目《中国诗词大会》《朗读者》赢得了收视和观众口碑的双丰收。电视内容不是无药可救，而是缺乏让受众眼前一亮的有深度的电视内容。优秀的原创电视节目要求从业者具备相当的创作与设计能力，能够随着形势发展对党的新闻舆论工作创新理念、内容、题材、形式、方式方法等方面具

有充分认识，这里就需要政治素养、思想道德素养品质较高及科学文化素养高的人才。

第二节　广电传媒转型发展对行业及人才标准的影响[①]

随着媒介融合程度的加深、广播电视学学科的发展，高校课程要满足社会对人才的需求，培养出适用的人才，就必须进行改革。媒介融合的趋势一方面要求广播电视新闻工作者应该具备良好的跨平台协作能力，另一方面又要求他们能够胜任整合营销管理者的角色。这里的整合营销指的是传播者既需要熟悉新闻的采编发流程和媒体工作基本内容，又需要了解与行业息息相关的新兴技术并懂得如何利用各大媒体平台发挥新闻价值的魅力。

为探索媒介融合对传统媒体——广播电视台及其用人标准的影响，研究人员 2016 年 7 月、2017 年 10 月先后前往中央电视台国际新闻中心、青岛广播电视台、福建省广播影视集团以及厦门卫视进行调研，听取集团内专家及行业一线从业人员在工作中遇到的新变化与产生的新思考，并探讨企业的用人标准。

一　媒介融合对广播电视台的影响

"时代发展太快，以至于我们还来不及反应。前些年，纸媒受到冲击的时候，我们这些电视人还觉得电视台是我们的自留地，可以精耕细作。但渐渐地你会发现，电视台这块地儿现在也快要把握不住了。"我们在青岛电视台新闻中心调研的时候，王文科主任的一段话，让我们感受到了一线从业者正面临的压力和挑战。

---

① 本节内容来自荣文雅《融媒体语境下广播电视学专业学生胜任力模型研究》，硕士学位论文，中国社会科学院大学，2018。

如今，广播电视台在中国面临的窘境并不是个别现象，广播、电视的式微状态在全球都有所体现。广播、电视不再是年轻群体的首选，这类观众每年的电视消费时长都在逐渐下降，在远离传统电视的同时，网络平台、新媒体在年轻观众群中的影响力不断扩大。"当年爱奇艺在北京开办奇艺网时邀请我们卫视入驻，结果第二年我们再去北京开会的时候它们就开始自制网络剧了，你看现在各大网站的自制剧风头甚至盖过了电视剧。"海峡卫视台海部主任徐红蔚看到这两年网站的发展不禁感慨："和我们这些'70、80后'的网络难民和网络移民相比，'90后''00后'作为新媒体的原住民，他们与新媒体的成长相伴而生，相当于他们根本不需要再进行系统的学习就已经可以熟练使用新媒体技术和技能了。年轻人做一个短视频既快又直接，行业内老兵看这些短片可能会觉得有些粗制滥造，但从传播效果来看，这些短视频的传播速度和体量都非常可观。"

福建省广播影视集团将台里的广播电视节目收视率与创作者绩效挂钩，工资评级不再"一锅端"采取统一标准，而是"能者多赚"，这种变化提升了广播电视节目创作者的积极性和节目质量。创作者打破以往的工作模式，不再等新闻产品加工出来以后再去思考传播渠道和传播效果，而是配合不同的传播渠道调整节目传播方式与策略，以求达到最优效果。

二 媒介融合对广播电视台用人标准的影响

在面对"最想招聘到具备哪些能力素养的员工"这样的问题时，青岛广播电视台新闻中心主任王文科坦言，这也是他一直在思考的问题。"最初，大家都说要招具有互联网思维的人，这个互联网思维翻译过来是什么？那究竟是一批具备什么素养的人？我们说不准。大家通常说的专业角度、适应受众需求、具备渠道意识的具体表现是什么？学界对于上述名词是否有一个更为通俗的解读呢？"在访谈过程中，研究人员感觉被访者对应该优先招聘什么样的员工这一问题，并没有明确的想法。但是受访的一线从业人员多次提到希望招到一些具备多元学术背景的人，而不单单是新闻与传播学专业出身的人。

厦门卫视节目部编导李燕在访谈中提到，"如果只学一个专门的媒介，面确实太狭窄了。但跳出框架试图从传播学角度去看，就不会太局限。别把自己当成一个记者，也不要把自己当成一个电视编辑，好好地研究一下传播者、渠道和受众这几个概念，梳理出各自特点和需求再结合具体工作就会好很多"。

此外，踏实肯干、学习能力强、具有创新意识以及对行业具备浓厚的兴趣也是被访者经常提到的能力。"广播电视学的核心要求是上手快，这个能力应该在学校就已经具备了。现在常说你把狗爪子搭在摄像机上，它也能干活，所以在肯干的基础上人还要动脑。"福建省广播影视集团《两岸新新闻》制片人温智量认为踏实肯干的同时还要勤于思考。厦门卫视节目部制作人江帆认为对于传统媒体的这份热情不可或缺，"到 2018 年就是我进入这一行业的第十个年头了，一直坚守在这里还是因为我对这行有无限的热爱。但是这股子劲我现在很难在实习生身上看到了，我也能理解从学校到进入电视台工作这一过程中，学生会产生巨大的落差感，书本上学到的那一套在实际工作中很难应用。尤其是经常听到或是看到报纸在消亡、电视媒体招人越来越少这样的消息，以及看到曾经的榜样人物一个个从传统媒体离开，会让孩子们的热情消减，甚至逐渐丧失信心。但即便是处于传统媒体行业中，我们的眼光也需要一直随着时代进步"。

第三节　融媒体时代广播电视学专业人才需求调查①

现在各大高校的新闻专业都流传着这样的一句话："对不起，我

---

① 本节内容来自李永健、荣文雅《融媒体时代广播电视学专业人才需求分析》，《东南传播》2018 年第 2 期。

只过 1% 的生活，剩下的 99% 都在转行。"社会上的各大新闻机构刊登出来的招聘信息也明确标出"欢迎有经济、法律、体育等相关专业背景的人报名"。这种现状，究竟是新闻行业的门槛太低、含金量不高还是新闻专业的学生具备的素质不达标。面对这种现状，如何提升广播电视学专业学生的专业素质，广播电视学高校毕业生应该是一名"杂"家还是专家，广播电视学课程教育的王牌是什么，至今没有一个明确的答案。

一 面对当今融媒体时代的发展，想要存活就得改革

现实生活中，广播电视台的"死亡名单"正在逐渐增加。以 2014 年为分水岭，地方台出现广告收入大幅下降和成本刚性增长的发展危机。当年，广电行业广告收入整体出现下滑，多数地方台广告收入明显下降；2015 年，互联网媒体广告收入首超电视、报纸、电台和杂志四类传统媒体广告收入之和。[①] 部分地方台开始入不敷出，年度预算出现赤字；2016 年，多数地方台广告收入已难覆盖成本，靠财政性资金弥补预算缺口，少数台出现拖欠工资和员工维权事件。

面对互联网迅猛的信息传播势头，多数地方台加快转型，力图在改革求生的最后窗口期求新求变。在新的发展时期，他们对于人才的需要又有了一些什么样的要求和思考呢？带着问题，中国社会科学院大学李永健教授带领研究生走进青岛市广播电视台新闻中心，与两位新闻中心主任及六位一线广电从业人员共同探讨融媒体时代下广播电视人才的能力需求及媒体融合发展现状。

青岛市广播电视台（以下简称"青岛台"）现开办 6 个广播频率、7 个电视频道，基本形成以广播、电视为主，以报纸、网站、移动电视、网络电视、手机电视、可视广播等为重要组成部分的"多平台、广

---

① 中国社会科学院新闻与传播研究所：《新媒体蓝皮书：中国新媒体发展报告 No. 7 (2016)》，社会科学文献出版社，2015。

覆盖"的全媒体格局。

据青岛台新闻中心王文科主任介绍，青岛台于即将开始启动本台"中央厨房"的建设，目前，台内已经完成组织架构的调整，调整后的新闻中心共有 11 个部门。

新型新闻中心既包括原电视台一套的新闻中心，又包括广播新闻频率及新媒体渠道——蓝睛新闻客户端和全媒体实验室，以上三者共同融合，互为补充，协同运作。其中蓝睛新闻客户端作为"中央厨房"的集合点，调动了原电视和广播部门的全部记者。记者出动协作采集社会新闻，并将新闻线索整合归纳呈现在蓝睛新闻客户端中，各广播、电视编辑再根据各自需求从客户端采纳新闻进一步整编呈现在不同的平台上。而全媒体实验室则包含即播类及适应当下环境的电视和广播类节目，更像是一个节目孵化器。

美国新闻学会媒介研究所的亨利·詹金斯明确指出，媒介融合包括了至少五个层面的内容，即技术融合、经济融合、社会或机构融合、文化融合和全球融合。[①]"媒介融合"这一概念于 2006 年传入我国，是指印刷的、音频的、视频的、互动性数字媒体组织之间形成的战略的、操作的、文化的联盟，表现为内容资源整合、机构和体制的融合、管理理念与方式的融合、媒介文化及其环境的融合。"对于任何国家而言，媒介融合时代的来临已经成为一个不争的事实。在网络媒体巨大的冲击面前，信息的无限丰富性、广泛性、高时效性、互动性、兼容性等方面的优势得以获得最大限度的发展，新媒体时代的媒介形式改变，媒介融合应运而生。以报纸、杂志等传统媒介与互联网媒体通过网络平台实现连接为开端，网络技术逐渐被各传统媒体充分利用。而后又随着移动互联技术、卫星技术、数字化技术的进步，媒介融合趋势不断深化发展。新的科学技术在移动通信、广播电视和互联网等平台得到广泛应用。"[②]媒介融合的大趋势一方面需要更多具有良好跨媒体能力的广播电视新闻

① Jenkins, H., "Convergence? I Diverge!" *Technology Review*, June, 2001, p. 93.

② 蔡文：《媒介融合趋势下新闻编辑业务的变革》，《媒体时代》2010 年第 8 期。

工作者，能够运用多种技术工具的全能型记者编辑；另一方面则需要能够在媒介集团中进行整合营销的管理者，他们既需要熟悉新闻流程和媒体工作，又需要了解新兴技术并懂得如何利用媒体平台最大限度发挥新闻内容的魅力。传媒市场的日趋细化，也促使广播电视新闻人才功能的细分，更对人才培养提出了新的要求。

二　不知道应该招什么样的人，但知道不想招什么样的人

业界人员不知道在当下这个阶段，应该优先招聘什么样的员工，但是大家多次提到希望招一些多元学科背景的学生，而不只是新闻与传播学专业的学生。当天参与访谈的八位青岛台领导中只有副主任李黎本科是新闻传播学专业的，其他人的专业背景分别是中文、哲学、国际政治及海洋地质等。副主任江瑾曾在青岛大学任教，进入电视台之后，她发起了青岛台与青岛高校间的人才输送培养计划，高校可以推送优秀学生到台里进行实践学习。她说："其实，也就是近两年开设了这个大学生实践基地课程以后，我们才开始大规模招聘新闻与传播学专业的学生。我之前负责招聘编辑和主持人工作的时候，同事都希望能招到，比如学法律的、经济的、文史哲的。学这种专业的同学，我们总觉得你还具备一门所长。比如，台里每天会生产大量的社会新闻，涉及方方面面的法律知识，我们不能确保每一个事件都去找律师咨询，但若有一个懂得基本法的学生在，一些基础的工作就可以得到解决，效率也会提升；再就是学经济的，发展经济是中国的一大要务，经济新闻比重很大，你很难希望一个单纯学新闻传播学的学生能做出深入的经济报道。"王文科主任也十分认同江主任的看法，他介绍道："台里目前除了主持人一定要招学过新闻传播中播音主持专业的，其他的岗位我都希望招跨行业的跨专业人才。毕竟行业发展也在倒逼我们，我们用人讲究的是用人所长，希望能招到与他所采访领域对口的人才。你要读法律，你就把法律吃透，房产经济报道你把经济学好，体育大学毕业的我们也很欢迎。我觉

得，纯学新闻人更适合做一个冷静客观的旁观研究者。"青岛市广播电视台新闻中心新媒体实验室副主任李黎也提到了自己的用人需求，"我们缺人，很缺人，但是我们并不知道招聘什么样的人。一方面是因为我们还没有想好到底往哪个方向走。其次，我们现在缺头脑而不缺手脚。我遇到的很多名校新闻传播学毕业的学生，他们很老实、很乖，但是创意性的东西很少。反而是在社会上的人可以给到我很有价值、实践意义极高的创意。对于我们创新组而言，学校推送过来的人才和我们本身需要的人才差距太大了。现在的媒体情况跟学生课本上讲的东西差距太大了。所以我们招人很迷茫，在高校里招？还是跳出体制到市场上去找？我们当然不能全盘否定所有高校中的新闻传播学专业学生，具体招聘还要看学生的个人学习能力和积极性，由于新技术的推动，我国的传媒产业不论是业态，还是产业规模都发生了巨大的变化，教育行业确实滞后于传媒产业的发展，差距在哪里？是理念的差异还是知识方法的差异，这些都需要我们认真思考"。

三　教育与市场需求脱节，这个"锅"谁背

1. 新闻不等于传媒

在对中央电视台和青岛台进行调研时，不论是担当领导职位的主任们，还是在一线的责任编辑们都不约而同提到了高校教育与当下中国媒体环境脱节的情况。在多数学生的社会实践过程中，都会出现这样一种情况：学生很难接地气。学生对于一线工作的理解是教科书式的，他们想象中的工作像书中普利策新闻奖得主一样深处前线或者十分关键的位置，做大事件的报道，天天提倡新闻的真实性。但实际上中国的媒体和西方媒体区别极大，在我国的媒体环境中，最先需要具备的一定是党性和政治性。

王文科主任也在访谈中几次强调"新闻不等于传媒"。新闻是新闻，传媒是传媒。中国有很多人正在从事的是传媒的工作，传媒是有属

性的，中央一级传媒有中央属性，地方一级传媒有地方属性。这种传媒的属性要求在报道和宣传过程中也要有相应的属性。王文科主任还提到："很多事情从新闻角度来看，具有新闻价值需要报道，但从传媒属性来看，却不能发声。"

2. 除了新闻理论，高校最应该教给学生什么？

青岛市广播电视台新闻中心采访部记者杨有宗，毕业于山东大学国际政治专业，多年的带队经验告诉他，"具有适应能力、学习与变通能力、小团队作战与协调能力"的人才才是他们所需要的。"我们需要通才，而不是专才，要求他们遇到什么事情都能够处理。"青岛市广播电视台新闻中心蓝睛运营部副主任吕芙蓉，中文系出身，也强调"当下部门里编排采写人员的储备十分充足，部门反而需要一些'不务正业的人'，这些人懂美编、会技术、可以做运营。他们或许可以帮我们打破各个平台之间的壁垒，掌握媒体的规律，抓住本质"。

我们还可以通过江主任的一段经历来思考学生身上所欠缺的素质。"有一年，商场电梯频发事件，我（江主任）给一个在校生布置了一项任务：去实地调查看看青岛各大商场的电梯是否有安全保障措施，再问周边的老人和小孩的搭乘体验。可能被安排任务的小姑娘是第一次出去采访，不知道该怎么做，着急地哭了。就感觉现在的孩子遇到问题首先内心不够强大，其次自主性不高，遇到问题不是先想着解决而是先哭等着别人来帮你做。后来我就跟她说，你可以再叫上其他三个实习生一块去采访……我们一般的记者在分到任务之后，都先做好充分的前期调查工作，把可能性的问题列出来，到了现场之后再灵活变通，去发掘可能存在的新情况、新问题。我拿到这三个同学做的东西，我让他们问什么，就原封不动地问好了，而且三个同学得到的东西都处在一个层面上，没有深入。显然他们的分析研究很不到位，前期准备工作也十分一般。后来我分派了一个老记者带着孩子们去采访，让他们在现场去观摩学习老记者的采访思路，然后分别去写稿件再由老记者改。但是效果也十分不理想。"

四　"道"和"术"的关系是人才培养的关键

在对中央电视台中文国际频道新闻部副主任包君昊的访谈中，包副主任谈到了"道"和"术"的关系，对于我们解决未来广播电视人才培养也许有点启发。所谓"道"即学生的思想政治道德和文化素养，"术"即新媒体使用技术和视听语言的呈现技术，包副主任更倾向于对前者的培养。

"其实，当下最火的新媒体及新媒体技能本身并不是一个复杂的东西，甚至它的复杂程度比不上开车，开车还需要专门的训练学习还要考证，而新媒体不需要，归根到底新媒体技能就是一个操作和使用，它本身的技术门槛不复杂，像央视的新媒体课程也就只有一两课，上完课就可以出去实践了。更多的像使用家用电器，你只需要熟练操作，所以技术上讲并没有什么难点。而且，因为每一个台的技术、设备不同，你所学的东西和单位实际的东西还不一定能相匹配，所以所谓的新媒体技能不是从学校出来就必需的。"包副主任从他所负责的新闻类电视节目角度出发认为最重要的一点是应该对当下新闻理论、新闻价值观的培养做出一些调整。他在北大新闻学院做过一次题为"回头再学新闻学"的分享。他从自身出发，作为一名新闻学专业毕业且在新闻工作岗位上工作数十年的媒体人，他认为该专业最重要的是思想认识水平及价值观建设。"很多学校出来的学生感到最迷茫的一点是：在学校学到的理论出来经过实践以后回头再看，发现事实和理论完全不同。学生在学校中所了解的新闻真实性、什么是新闻在实践过程中往往被颠覆。理论上总强调的新闻社会性功能及新闻的意识形态，是需要放在特定的时空维度里面去看的，而不是完全受西方的新闻理论影响而不考虑中国国情。很多到这来的应届生最缺乏世界观和价值观的思维，但是这些东西学校老师也并不重视。"

在谈到对现在及未来行业发展情况的看法时，他表示："现在所说的新媒体融合都是混乱的状态，到底怎么融合，是一种怎样的机制、路径和方向大家都说不清楚，还需要时间和实践来证明。技术的发展无非是让人们的使用更便捷，但手段和技术都是次要的，本源还是从业人员需要提供满足受众的需求，做好一名内容生产者。"

在当下传媒高速发展的时代，用人单位需要的是具有新闻敏感和政治敏感，懂得传播规律，掌握采、写、编、评、拍、制作技能，具有全媒体传播能力的广播电视新闻类专门人才。直接到传统媒体（报社、广播电台、电视台）工作的人数锐减，而从业于各种传媒企业（包括影视传播公司、网站等）和行政事业单位的人数增长迅速。这说明在新媒体发展的环境下就业市场对高校新闻传播专业培养的传媒人才的需求已经发生了改变，一方面是广电专业毕业的学生在广播电视媒体就业艰难，另一方面是新媒体行业大量的岗位却无人胜任，原因之一就是媒介融合后，学生所学的知识尚未更新。面对这样的矛盾，担负培养任务的高等院校必须思考面对市场需要培养什么样的人才和怎样培养人才的问题。

面对当今融媒体时代的发展，广播电视学学科要发展，要满足社会对人才的新要求，必须进行改革。媒介融合的大趋势一方面需要更多具有良好跨媒体能力的广播电视新闻工作者，能够运用多种技术工具的全能型记者、编辑；另一方面则需要能够在媒介集团中进行整合营销的管理者，他们既需要熟悉新闻流程和媒体工作，又需要了解新兴技术并懂得如何利用媒体平台最大限度发挥新闻内容的魅力。"道"和"术"的关系，对于我们解决未来广播电视人才培养也许有点启发。所谓"道"即学生的思想政治道德和文化素养，"术"即新媒体使用技术和视听语言的呈现技术，"道"是人才培养的核心和关键。

新时代需要新的视角来分析认识人才培养，新文科建设思路为我们培养能满足社会需要，推动我国广电传媒转型创新发展的人才需求提供了新的视角。

第四节　新文科建设：人才培养的新视角①

一　新文科在我国产生的背景

2017 年，美国希拉姆学院首次提出了"新文科"这一概念，主要是指对传统文科进行重组，通过文理科的交叉，将新技术融入哲学、文学等相关领域。② 2018 年 10 月 18 日，教育部等 6 个部门联合发布《关于实施基础学科拔尖学生培养计划 2.0 的意见》，该意见在原有数学、物理学、化学、生物科学等的基础上，增加了心理学、哲学、经济学、历史学等人文学科。2019 年 4 月 29 日，教育部等 13 个部门正式联合启动"'六卓越一拔尖'人才培养计划 2.0 版"，全面推进新工科、新医科、新农科、新文科建设，而"人才培养计划 2.0 版"就包括卓越新闻传播人才教育培养计划，这体现了国家对新闻传播人才教育培养的重视。③ 目前，我国"新文科"建设仍在理论生成和实践探索的关键时期。我国的"新文科"建设不是希拉姆学院"新文科"概念的全盘照收，而是在新工科等一系列学科变革的思路下应运而生的，在学科基础、学科特色、学科使命方面与其具有根本性区别。④ 我国新文科建设的宗旨是根据当前社会变革和需要，推动哲学社会科学与新一轮科技革命和产业变革交叉融合，及时改变传统文科长期以来边缘化、学科影响力式微的状况，形成哲学社会科学的中国学派。

1. 科技涌入文学学科的实践和研究

由于科技迅速发展，互联网、大数据、人工智能等进入各个学科，

---

① 本节内容由李永健、杨苏丽共同完成。

② 陈龙涛：《变革与重塑："新文科"视域下青年编辑实践路径选择》，《河南大学学报》2020 年第 9 期。

③ 孔令顺、王晓冬：《新文科背景下的传媒教育转型》，《教育传媒研究》2020 年第 2 期。

④ 王永：《新文科建设的三个理论前提》，《现代传播（中国传媒大学学报）》2020 年第 5 期。

人文学科也深受其影响。在传统的学术研究中，实际考证、资料积累等是学者进行学术研究的重要方式，而互联网、大数据改变了这种状态。目前，大部分研究资料已被数据化，电子书籍、文献检索系统等从根本上改变了研究者的工作方式和条件。就人才培养而言，传统的人文学科讲究人才的传承性，在互联网时代，创新能力成为人才培养和用人单位越来越强调的技能，时代的变化使得人文学科改革势在必行。新文科更加强调新技术，邓绍根教授指出："新科技革命和产业变革的时代浪潮奔腾而至，将极大地改变人类的生产方式、生活模式、价值理念。文科教育面临全方位的深刻变革需求，新文科建设势在必行。新技术使得文科不得不打上新时代的烙印，迫使文科迎接新技术的挑战。"①

2. 新需求要求人文学科在人才培养上做出创新

随着时代的发展，人文学科的人才需求和供给结构也发生了巨大的变化：一是社会对传统文科所培养的人才需求大量减少，二是社会对创新型文科人才需求量大，而供给严重不足。很多传统的劳动让位于人工智能，一部分劳动岗位被机器人、大数据等高科技取代，对各个学科的人才就业造成了巨大的冲击，人文学科也没能例外。当前社会减少了对劳动密集型人才的需求，增加了对知识密集型、知识综合型、知识创新型人才的需求。从供给侧的角度来看，目前，人文学科领域的人才供需存在偏差，高校迫切需要在人文学科人才培养上做出创新，为经济发展和社会进步贡献力量。

3. 新国情需要人文学科具备中国特色

党的十九大报告提出，我国已进入中国特色社会主义新时代。进入新时代后，我国面对的国内外环境发生了巨大变化。作为国家文化软实力的重要支撑，人文学科的发展状态对我国在国际舞台上传递中国声音、传播中华文化的强度和效力具有决定性作用。在国内，人文学科是社会先进文化的重要载体。2016 年 5 月 17 日，习近平总书记在哲学社

---

① 李永杰：《推进新时代文科建设》，《中国社会科学报》2019 年 6 月 3 日，第 1 版。

会科学工作座谈会上，发出了构建中国特色哲学社会科学的号召，一个
人文社会科学的"中国化"时代正式开启。面对世界范围内各种思想
文化交流交锋的新形势，加快建设社会主义文化强国，增强文化软实
力，提高我国在国际上的话语权，迫切需要人文学科具备中国特色，更
好地发挥作用。在进入新时代以后，促进人文学科的"中国化"，提高
中国特色社会主义道路自信、理论自信、制度自信和文化自信，也是人
文学科亟须面对和解决的问题。培养具备中国特色的、高水平的，能够
在国际范围内传播中国思想、中国制度、中国学派的哲学社会科学家，
与培养高水平的自然科学家同样重要。

二　新文科"新"在哪里？

1. 问题意识

新文科需要探索和回答人文学科在长期发展过程中积累起来的问题，
并根据时代变革完成学科自新，增强学科建设与时代发展之间的契合度。
因此，在新文科建设过程中，需要强化自身的问题意识，就人文学科的
根本性问题展开探讨，以满足学科发展和创新的更高要求。

2. 学科融合

新文科强调文科之间的组合重建和文理科之间的互动组合。学科的交
叉融合，并不是最近才出现的现象，在人文学科的学术研究中，学科交叉
越来越明显，文理科之间的交融也越来越有必要性。比如，在传播学研究
中，可能涉及心理学、社会学、法律、哲学、统计学等多方面知识。

3. 科技的工具属性

新文科之新，尽管涉及诸多维度，但直接的激发动因还是人文学科
的边缘化、萎缩化，以及与之存在共时关系的新技术的飞跃发展和新产
业的急剧变革。① 在数字信息和人工智能高度发达的时代，一些人文学

---

① 王永：《新文科建设的三个理论前提》，《现代传播（中国传媒大学学报）》2020 年
第 5 期。

科的发展土壤逐渐贫瘠，过度追求研究分支的细化，可能会导致学科研究逐渐走向狭隘，学科间的分界愈加矛盾、混乱。高校人文学科的师资力量、课程体系、教学内容已难以完全适应在数字媒体时代成长起来的、视野更加宽阔的新一代学子，更难以完全满足社会对文科人才的需求。因此，新文科承认并接纳科技在人文学科发展中的作用。新文科建设，应该为新产业人才需求做好准备，做好通才式、跨界式的人才培养，以应对各个领域需求的不断迭代。不可忽视的是，在自然科学的快速发展，不断突破其工具属性，衍生出"智能化""情感化"工具的当下，人文学科在与自然学科的博弈中虽然处于相对劣势状态，但这并不意味着人文学科能够被自然科学替代。在剧烈变化的时代，科学技术相对于人文学科的存在感更加明显。这在一定程度上是由学科特点决定的。但基于反思的立场，人文学科应该以更积极的态度面对被科学技术改变的世界，关心变化的中国与世界。[①] 在新文科建设中，人文学科应在坚守学科本位的前提下，尊重科学技术的工具属性，为自身发展求得更大空间和更多可能。

三　新文科建设背景下广电传媒人才培养的特点

1. 课程结构与新兴技术相融合

在国家大力推进媒体融合发展的总体背景下，传统媒体与新兴媒体从"相斥"走向"相加"，由"相加"走向"相融"，实现了内容、渠道、平台、机制等方面的深度融合。[②] 媒介融合背后的有效推动因素，就是新兴技术。无人机航拍，VR、AR 等技术的应用，丰富了视听语言的展现方式，沉浸式体验让人"眼前一亮"。在传播平台方面，打破了报纸、广播、电视泾渭分明的局面，数字化传播、市场化运营直接带来

①　王博：《新文科"新"在哪儿?》，《光明日报》2019 年 7 月 23 日，第 8 版。
②　顾洁：《新文科视域下新闻传播教育的实践与创新》，《中国新闻传播研究》2019 年第 4 期。

了媒体传播和经营形态的变革；在传播观念层面，传统媒体垄断传播的信息单向流通局面早已被打破，满足不同受众的需求成为媒介生产的必备能力。传媒行业日新月异，传统的传媒人才培养体系早已无法适应当前的行业需求。在如此巨大的发展和变化中，传媒教育应主动观察业界动态，调整课程结构，改变传统纯理论教学的模式，将新兴技术引入传媒教育中来。

2. 学科本位与跨学科教育相适应

学科融合的认识最早可以追溯到杜威在《学校与社会·明日之学校》中的论述。他认为，事实是全息的，而知识是片面的。在认知发展的过程中，这些被人为分离的知识需要重新融合。① 传媒教育相关课程具有很强的综合性，也具有多学科的知识来源。例如，《乡土中国》《乌合之众》等人类学、社会学经典著作，也是新闻传播专业学生必读的经典书目。多学科的知识来源奠定了传媒教育跨学科的基础，而在新技术革命下，科技涌入传媒行业，更需要将计算机、人工智能、大数据、统计学等知识体系与传媒教育有机结合，进一步完善传媒教育理论结构。

华中科技大学新闻学院秉承了"文工交叉、应用见长"的培养理念，探索出"能力融合—内容融合—平台融合"的人才培养之路。目前，人们对媒体信息的获取由被动转向主动，知识观正在经历从"普遍性的知识到境域性的知识，分科化知识到综合化知识"的转变。这意味着学科知识理论的建设不仅是"积累的、理性的、分科的"，还是"批判的、整体的、综合的"②。中国人民大学新闻学院与法学院、国际关系学院开展学院合作，开设"新闻学—法学""新闻学—国际政治"实验班，探索多学科联合培养。复旦大学新闻学院改革"2+2"教育培养

---

① 〔美〕约翰·杜威：《学校与社会·明日之学校》，赵祥麟等译，人民教育出版社，2005。

② 李华君：《多元、交叉与协同：学科融合背景下对新闻传播人才培养的思考——以华中科技大学新闻与信息传播学院为例》，《新闻与写作》2020年第7期。

模式，大学前两年需进行通识教育，在经济学、社会学、法学等方向完成专业学习后，再进入新闻学院学习新闻专业知识。日本最早开设新闻类专业的上智大学也对课程设置进行改革，强调学生知识获取的综合性。学校要求新闻学系的新生在一年级都以学习基础课程以及通识课程为主，在二年级以后，学生要同时学习必修课程和选修课程。这些课程除了包括基础的专业课程还涉及国内外时事问题、科技新闻、政治新闻等内容，同时学生还需要选修其他学院的课程以达到毕业的要求。

3. 学校培养与媒体平台相融合

传媒教育极强的实践性使得高校越来越重视学界与业界联系平台的搭建。2019 年，中国传媒大学新媒体研究院与北京联通 5G 联合创新实验室正式签约，复旦大学新闻学院 5G 媒介融合实验室也正式揭牌。宁夏大学在 2020 年创办"卓越新闻人才班"，以学生自主报名和学院考核选拔的方式，确定实训班成员，利用暑期，在业界和学院老师共同带领下，以小组形式深入基层，自主采写新闻报道并在媒体发表。这种高校与媒体合作教育的方式，一方面在实践中锻炼了学生的新闻采写能力和新闻敏感，另一方面能够使学生及时了解业界前沿动态，避免高校教育与业界发展脱节。此外，高校也能与传媒从业者进行直接交流，保证能够动态化、更及时地完善传媒人才培养体系。

4. 构建融合型师资，创新传媒教育路径

提高新闻教学质量、培养高素养的传媒人才，高校师资队伍建设也应有所体现。多年来，华中科技大学一直坚持"多学科背景、融合型师资"的传统，拥有新闻传播学、管理学、政治学、社会学、人工智能等学科背景的教师，为融合型传媒人才的培养不断注入新鲜血液。

新文科建设应是动态变化、不断完善的过程，在问题意识、科技力量和学科自新的过程中，打破学科自身发展的壁垒，改善人文学科在社会建设中的"尴尬"处境，建成具有中国特色的新文科体系。目前，将新文科发展战略引入传媒教育，仍处于初步探索和实践阶段，培养与时代需要相契合的传媒人才，是新文科建设在新闻传播领域的重要标志。新文科是相对于传统文科而言的，是以全球新科技革命、新经济发展、中国特色社会主义进入新时代为背景，突破传统文科的思维模式，以继承与创新、交叉与融合、协同与共享为主要途径，促进多学科交叉与深度融合，推动传统文科的更新升级，从学科导向转为以需求为导向，从专业分割转为交叉融合，从适应服务转向支撑引领。①

根据《教育部 中共中央宣传部关于提高高校新闻传播人才培养能力实施卓越新闻传播人才教育培养计划 2.0 的意见》，要培养造就一大批具有家国情怀、国际视野的高素养全媒化复合型专家型新闻传播后备人才。② 可以看出，家国情怀排在首位，立德树人为根本任务。由此，新闻传播人才的培养应以人文主义为导向，培养学生具备扎实的人文基础。尤其是在当今新文科建设背景下，跨学科的融合并非摒弃传统人文思想，而是让其在新形势下焕发新光彩。新闻传播人才无论是学术研究者还是从业者，都需要爱国精神、人文关怀，既需要温度，也需要高度和深度。特别是面临技术主义思潮、民粹主义思潮等多元意识形态的冲击，以及算法、人工智能等新技术带来的伦理问题，都亟须新闻工作者在其中明辨是非、把握好价值导向，从而引领社会思潮。由此，新闻学科的教育应加强学生的人文教育，加强马克思主义新闻观教育，特别要警惕避免出现唯技术导向的学科培养，在这一点上新闻学院要设立合理的、包含人文教育相关的课程包且在学分上有明确要求，避免学生在功利主义或急于求成的心理作用下只选择与技术相关的课程。关于选课，虽然要结合学生兴趣，但老师还有加强对学术的指引与教育，引导学生以长远的眼光看问题，帮助学生在人文

---

① 王铭玉、张涛：《高校"新文科"建设：概念与行动》，中国社会科学网，2019 年 3 月 21 日，http://ex.cssn.cn/zx/bwyc/201903/t20190321_4850785.shtml。

② 《教育部 中共中央宣传部关于提高高校新闻传播人才培养能力实施卓越新闻传播人才教育培养计划 2.0 的意见》，中华人民共和国教育部网站，2018 年 10 月 8 日，http://www.moe.gov.cn/srcsite/A08/s7056/201810/t20181017_351893.html。

与技术之间找到平衡。正如有学者提出"新文科"整体推进为建设导向的传媒教育，不应止步于职业应用型技能的传授，亟须我们挣脱传统传媒教育观念中的工具理性路径依赖，不仅要在理论建设、知识更新等方面走在行业前列，更要培养学生的前瞻性视野、分析及解决问题的能力、可持续发展能力。①

---

① 黄艳：《传媒生态变革中传媒教育的逻辑转向》，《东南传媒》2020 年第 7 期。

第六章　秉持新闻理想：媒介融合时代
广电传媒人才培养的基石

　　媒介融合发展至今，整个媒介生态都发生了颠覆，从最初的纸质媒体到现如今的广播电视台，各媒介组织都在积极调整以应对这一趋势。业界正在进行大张旗鼓的改革的同时，学界对于"媒介融合"的关注也在逐步加深，因为越来越多的现象证明人才战略才是这场调整之战的重中之重。如何打破固有边界，建立起适应业界需求，且维持持续输出匹配人才的活力，并进行相应课程设置的调整，更需要学界重视。

　　追求新闻理想是很多人从事新闻行业的初衷，也是不少资深媒体人坚持耕耘的理由和引以为傲的精神寄托。然而，近几年来，新媒体快速崛起，加之新闻业接连出现各种失范现象，使新闻理想面临严峻的挑战。虽然理想与现实存在一定的错位，但我们依然需要新闻理想。

第一节　困境中的新闻理想①

　　顾名思义，新闻理想是媒体从业者为之奋斗的目标和遵循的基本原则。新闻记者曾是许多人梦寐以求的神圣职业，有多少人怀揣着"铁肩担道义，妙手著文章"的梦想踏入媒体行业并不断耕耘。然而，近几

---

① 本节内容来自李永健、陈宗海《秉持新闻理想：新闻学教育的基石》，《东南传媒》2018 年第 9 期。

年，每每提及新闻理想，总能感到一丝无奈与些许沉重，不少人持悲观态度。探究其原因，主要有以下三个方面。

（一）新媒体崛起，传统媒体式微

2000年，韩国记者吴延浩创办了全球第一家公民新闻网（ohmynews.com），成功地将"每个人都是记者"的口号变成了现实。社交媒体的迅速崛起，改变了传统媒体的垄断地位，新闻传播主体突破原有的职业限制，任何用户都可以生产内容并发布信息，强烈冲击了职业新闻人的功能和价值。事实上，以互联网为核心的新媒体技术的发展，彻底改变了传统的新闻生产模式和传受结构，客观上使职业新闻人面临更加艰难的生存环境。互联网的发展，赋予个人发声的渠道，任何角落任何时间发生的事实都可以被第一时间报道，扩展了新闻的内涵和外延，因为在某种程度上新闻的报道等同于信息的传播。

新媒体的冲击不仅影响着职业新闻人的生存状况，也使传统媒体受到很大的挑战，发行量、广告收入不断下滑，面临着严重的经营危机。《北京新报》《生活新报》《京华时报》《东方早报》等的停刊，引发了传统媒体从业者对自身的重新审视与定位。随之而来的是媒体从业者的辞职潮——《南方都市报》总编辑辞职经商，央视多位"名嘴"辞职离去……究其原因，不外乎新闻理想与现实的冲撞以及媒体生存的巨大压力。

（二）商业利益介入，媒体公信力下降

真实是新闻的生命，记者要以维护新闻的真实性作为自己崇高的责任和义务。每一篇新闻报道都要做到用事实说话，全面、客观、公正、准确地报道新闻，这样媒体才能有公信力。在商业化的浪潮中，利益最大化成为很多媒体竞相追逐的目标，一些新闻人滥用手中的采访权为自己谋私利，于是新闻理想成为"易碎品"。2013年10月，《新快报》记者陈永洲因收受贿赂，涉嫌虚假报道，造成股市波动，被警方拘留；2014年9月，《总有一种力量让我们泪流满面》的作者沈灏因新闻敲诈被警方带走调查……在商业利益的干预下，某些新闻

工作者为了牟取个人利益，不惜以牺牲新闻的真实性为代价，有时搞有偿新闻，有时搞有偿不闻，严重违背新闻报道真实、客观、公正的原则，致使负面状况不断出现，降低了新闻媒体的公信力，腐蚀了崇高的新闻理想。

在新媒体领域，新闻的点击量、浏览量、转发数、评论数、点赞数等客观指标被一些人推崇。在唯点击量、阅读数的商业逻辑下，一些新媒体从业者传播大量碎片化、娱乐化的信息以吸引受众的注意，新闻核实力度微弱，深度报道弱化，新闻理想越发边缘化，甚至变得支离破碎、不堪一击。

（三）西方新闻价值观的冲击

1644 年，英国诗人弥尔顿发表《论出版自由》，论述了"观点的自由市场"和"真理的自我修正"。① 自此，以"新闻自由"为核心的新闻价值观在西方土地上开枝散叶并逐渐影响中国。在西方"新闻自由"的渗透下，越来越多的人开启了对自由的向往，这让很多不了解西方"新闻自由"本质的人误认为只有西方的新闻才是可信的、客观真实的，造成人们对西方新闻价值观的盲目崇拜。当下，中国高校的新闻学教育更多强调西方的新闻理论和思想，对于中国本土文化的挖掘和教育不足，没有将西方新闻价值观与中国实际相结合，造成学生对中国国情认识不足，不能准确把握新闻理想的内涵，极易产生理想与现实的错位，不利于进一步发展自己的职业生涯。

第二节　新闻理想的发展历史与具体内涵②

2017 年 10 月 18 日，习近平总书记在中国共产党第十九次全国代表大会上作了以"不忘初心，牢记使命"为主题的报告。此处的"初心"

---

① 〔英〕弥尔顿：《论出版自由》，吴之椿译，商务印书馆，1989。
② 本节内容来自李永健、陈宗海《秉持新闻理想：新闻学教育的基石》，《东南传媒》2018 年第 9 期。

和"使命"指的是中国共产党人的初心和使命——为中国人民谋幸福，为中华民族谋复兴。而在新闻学视角下，"不忘初心"中的"初心"即新闻理想。

（一）新闻理想的发展历史

19世纪初，外国传教士在向中国传教的过程中，把最早产生于欧洲的近代报刊模式和新闻传播理念带到中国，开启了中国近代新闻事业发展历史的篇章。在中国，最早重视近代报刊的官员是林则徐，之后，早期维新派思想家王韬在香港主编《循环日报》，成为影响最大的国人自办报纸。19世纪90年代中期，中国资产阶级维新派发动的维新运动席卷全国，康有为的《万国公报》、梁启超的《时务报》等发挥了重要作用，推动了维新运动的发展，打破了外报在华的优势，成为中国社会舆论的主要力量。1905年11月，《民报》在日本东京创刊，宣传三民主义的政治纲领，促进当时青年思想进步。到了民国初年，中国的新闻事业有过短暂的"繁荣"，诞生了一批以撰写新闻通讯著称的记者，主要有黄远生、邵飘萍、张季鸾等。1915年，高举民主与科学旗帜的《新青年》创刊，掀起了一场以反对旧道德提倡新道德、反对旧文学提倡新文学为主要内容的新文化运动，并在这场新文化运动中始终作为主要阵地。随着国人对近代报刊的认识与接触，新闻理想在中国大地悄然诞生。

这个时期的新闻理想是一种救亡图存、启蒙民智的新闻理想。随着西方列强对我国的入侵，中国半殖民地半封建社会的程度逐步加深，开明之士敏锐察觉到社会环境的变化，了解百姓的疾苦，希望通过"手中的笔"反对殖民主义，反对压迫，反对剥削。西方列强的入侵，在破坏国家主权、侵犯民族尊严的同时，也使西方自由思想逐步扩散开来，在一定程度上为我国新闻事业的发展注入了推力。大批海外留学生受到西方自由主义思想的熏陶，追求新闻自由，归国后，走上新闻岗位，奔走疾呼，希望通过新闻媒介来唤醒民众日益麻木的内心，以实现启蒙的理想。尽管新闻事业一度遭到封建势力的束缚与打压，不少新闻人也为此付出了宝贵的生命，但是他们仍然秉持新闻理想，前赴后继，不畏死亡，为中国新闻事业的发展添砖加瓦。

1921 年 7 月，中国共产党诞生于中国人民革命和中华民族解放事业的斗争风浪之中。在五四运动的影响下，毛泽东、周恩来等革命家纷纷投入斗争，相继创办革命报刊，开始新闻实践。之后，《向导》《热血日报》《政治周报》相继创刊，宣传反帝反封建的民主革命纲领，组织和发动工人运动。在抗日战争和解放战争时期，中国共产党的新闻思想逐步走向成熟。新中国成立后，新闻事业历经波折，在曲折中进步，在探索中前行。在这一阶段，新闻理想是一种争取民族独立和人民解放，实事求是，与时俱进，为社会主义建设贡献力量的理想。

伴随着不断的改革开放，新闻传播事业也取得了令人瞩目的成绩，新闻自由成为新闻行业发展的主要标准。但这个阶段的新闻自由，主要是比新中国成立初期相对开放的新闻典型报道。除了各大党报外，以《华西都市报》为代表的地方都市报如雨后春笋般纷纷涌现，这给了新闻人发表真知灼见的机会，也给很多准新闻人提供了实现心中新闻理想的平台。

在这个历史阶段，新闻理想被视为纯粹干净的新闻理想，调查报道得到了极大发展，大量披露性的调查报道成为新闻媒体的主要内容。1995 年后，《南方周末》扛起了"监督"的大旗，关注弱势群体，时时不忘底层人民，1998 年的新年献词标题"让无力者有力，让悲观者前行"正说明了这一点。通过对弱势群体的关怀，《南方周末》新闻人坚守了社会责任和媒体良心。随着社会经济的发展以及媒介生态环境的变化，为了适应新时代知识群体为主要读者群的需要，《南方周末》重新审视自身，于 2007 年提出了"在这里，读懂中国"的口号，从由关心弱者转向对宏观大事件的把握。此时的《南方周末》新闻人既不否认社会中存在的问题，又看到国家的积极面，实事求是，淡化自身的观点主张，力求客观公正、不偏不倚。"我们是观察者，我们是记录者，我们执着地寻找真相……我们走在中国的大地上追逐着新闻应有的理想。"

从中可以看出，《南方周末》新闻人始终坚持新闻报道的原则以及社会责任感和使命感。

此阶段，不仅《南方周末》注重调查性报道，其他媒体也纷纷成立深度报道部，一些轰动性的、揭露性的新闻调查报道逐步成为新闻媒体的主要构成部分。很多新闻记者都秉持新闻理想，伸张正义，勇于揭露黑幕，勇于披露事实，将个人职业理想与新闻理想的整体价值观统一结合并被深刻记录下来。

在经济利益的驱动下，记者心中的新闻理想发生摇摆甚至颠覆。在新闻生产过程中存在两套不同性质的规范，一套是新闻规范，另一套是市场规范。在现实生活中，这两套规范总是无法和谐共存，而当这两种规范发生冲突时，后者常常压制前者，并在市场新闻业的视域下诠释极具市场化的特征和表现。传媒原来是国家机关的一个部门，没有自身的利益。随着社会主义市场经济的完善与发展，新闻媒体逐步走上转型的轨道，成为经济利益的单元，开始谋求自我发展。在市场规律的作用下，很多新闻媒体逐步脱离了事业单位编制，成立报业集团。市场机制引发了利益、生存、发展之争，引发了新闻传播业工作人员的多种选择，外部的诱惑越来越多，追求传媒自身利益和从业人员个人利益的动力也越来越大，这使传媒和所担负的社会责任之间发生矛盾和冲突。

媒体为了生存和发展，就不得不把利润放在重要位置，而将新闻规范的重要性降低。在这种情况下，新闻逻辑在经济逻辑前面式微，出现了某些媒体为了片面追求经济利益，抢占市场份额，不惜放弃原则的现象；或者围绕一些"热点事件"大兴煽情炒作之风，追求一时的轰动效应，而不顾长远的社会效益；或者重视娱乐化内容，同质化严重，甚至出现了媚俗化倾向，在很大程度上降低了媒体的社会公信力和影响力。在这样的形势下，一些媒体越争越低俗，越被人诟病，最终陷入恶性循环，不利于自身的可持续发展，并违背了崇高的新闻理想。

（二）新时代的新闻理想

党的十九大报告提出了中国发展新的历史方位——中国特色社会主

义进入了新时代。这是一个重大判断，是党中央从党和国家事业发展的全局视野、从改革开放近 40 年历程和党的十八大以来 5 年取得的历史性成就和历史性变革的方位上做出的科学判断。这个新时代，是承前启后、继往开来、在新的历史条件下继续夺取中国特色社会主义伟大胜利的时代。因此，引导未来的新闻传媒人才树立新时代的新闻理想，是新闻传媒教育创新发展的基石。要阐释新闻理想的内涵，首先需要理解理想。理想，是对未来事物的美好想象和希望，也比喻对某事物臻于最完善境界的观念。是人们在实践过程中形成的、有实现可能性的、对未来社会和自身发展的向往与追求，是人们的世界观、人生观和价值观在奋斗目标上的集中体现。

关于新闻理想，许多学者都有过论述。童兵借《新闻记者》一角，同青年朋友谈心时表示，"具体说，我心目中的新闻理想是：坚持以人民为中心的从业宗旨，以最大程度地满足人民的知情权、表达权、参与权、监督权需求为新闻使命，以客观、真实、公正为职业规范，挑好党的耳目喉舌和人民的耳目喉舌两副重担"①。郑保卫在《理想·理念·理性——兼论新闻工作者的荣辱观》一文中，认为"新闻职业理想，即人们对新闻职业的想象和希望，以及对新闻职业成就的向往和追求。它是人们对新闻职业的一种认知态度和总体评价。新闻职业理想决定和制约着人们对新闻职业的选择意向和选择结果"②。这些论述只是简单地勾勒出新闻理想的大致轮廓，并没有深入挖掘，因此，我们需要论述新闻理想的具体内涵。

职业理想是人们在职业上依据社会要求和个人条件，借想象而确立的奋斗目标，即个人渴望达到的职业境界。新闻理想作为媒体从业者的职业理想，不仅包含职业新闻人的个人理想，还应包含传媒组织的理

---

① 童兵：《理想·理念·规范——寄语新闻传播学专业新同学》，《新闻记者》2014 年第 9 期。
② 郑保卫：《理想·理念·理性——兼论新闻工作者的荣辱观》，《当代传播》2007 年第 1 期。

想。从个体层面来讲，新闻理想是指新闻从业者在新闻采、写、编、评实践中所奉行的职业原则和价值理念。这些职业原则和理念包括及时性原则、客观性原则、真实性原则、公平性原则、独立性原则、全面性原则等。就传媒组织来讲，新闻理想是指传媒组织的自我定位和发展期望，是其对自身担负的社会责任的积极回应，包括确立合理的办报宗旨和工作章程、确立符合自身发展的定位、关注受众评价、勇于刊发调查性报道等。但是个体层面的新闻理想和组织层面的新闻理想并不矛盾，二者是相互补充、相互促进的关系。个人新闻理想作为组织新闻理想的一部分，需要组织新闻理想的影响和指导，反过来，追求个人新闻理想有助于组织新闻理想的坚守和发扬，归根结底，新闻最终要落实到个体层面。

新闻理想并不是凭空产生的，而是受到特定的政治、经济、文化的影响，在一定的历史条件和社会背景下，通过新闻人的实践而形成的，具有时代性、地域性等特征。随着互联网的普及和网络新技术的飞速发展，公民记者和网络新闻层出不穷。新媒体凭借使用的便捷性，新闻生产和传播的快速性，传播内容多元化的优势让用户迅速聚集，传统媒体权威性下降，读者群大量流失。新媒体突破了传统新闻工作的边界，网络新闻分解了新闻报道的专业性，公民记者打破了新闻人的职业权威。在这种媒介环境下，各大新闻机构纷纷推出官方微博、微信公众平台等新媒体产品，汇聚各种平台的优势，促进媒介融合。当下的媒介融合环境较以前传统媒体主导话语权的时代已经发生了翻天覆地的变化，与之相对应，媒介融合环境下的新闻理想也发生了变化，具体内涵应有以下四点。

第一，对于广大新闻工作者来说，增强政治意识、大局意识和责任意识，是必备的基本政治素养。主动学习马克思主义新闻观，自觉运用马克思主义的立场观点方法指导新闻工作，是必备的基本理论修养。媒介融合环境下，仍然要求新闻工作者怀着高度的政治责任感从事新闻工作，在实践中不断增强自己的政治鉴别力。

第二，媒介并不能直接促成问题的解决和危机的消除，但它的重要责任和功能在于告知公众真相，唤起公众对公共问题的关注、对公权力的质疑。媒体只有担负起社会责任，才能在社会上有担当、有作为，成为社会公平公正的平衡器。当今社会正处在一个思想观念大碰撞、文化大交融的多元化时代，人们在瞬息万变的信息大爆炸时代容易无所适从，这需要媒体及时发挥舆论引导功能，积极传播社会主义核心价值观，秉持"正义、良知、爱心、理性"的基本理念报道新闻，以真实、客观、全面的事实为受众提供思考和判断的基础。

第三，在传统媒体向新媒体转型的过程中，新闻工作者需要进行角色转变，在自身职业生涯发展的过程中提高自身对新事物的接受能力，身体力行地探究新媒体转型的趋势以及相关新闻报道的技巧。在转型发展的过程中，新闻工作者应当树立积极的心态，坚定内心的新闻理想，对新媒体新闻报道的技法以及撰稿技巧进行重点研究，将新媒体的技术优势和新兴观念与传统的新闻报道技巧融合在一起，加强对新媒体技术的应用，在媒介融合环境下寻找自身的定位，促进新闻界"过去"与"未来"的结合，增强针对性和实效性，从而适应分众化、差异化的传播趋势。

第四，在媒介融合背景下，作为一个新闻工作者更应该摆脱名与利的诱惑，自觉遵守职业道德，理性地把握自己，努力克服个人主义、利己主义的倾向，防止以权谋私，拒绝有偿新闻，热爱新闻岗位，勤奋、吃苦、笃学，立足现实，脚踏实地，做"自由而负有责任"的新闻。

第三节　广电传媒人才培养的基石
——新闻理想[①]

新闻理想是一种追求，是很多新闻人从事新闻行业的重要基础，脱

---

① 本节内容来自李永健、陈宗海《秉持新闻理想：新闻学教育的基石》，《东南传媒》2018 年第 9 期。

离了新闻理想，新闻人的自尊和荣耀将无从谈起，这点在很多新闻人身上都得到了体现。身为记者的李克勤始终秉持新闻理想，深入基层，观察社会，先后推出震惊社会的《北京出租车业垄断黑幕》《兰州证券黑市狂洗"股民"》《公选"劣迹人"引曝黑幕》《甘肃回收市场黑幕》等一系列揭黑性深度调查，并专注于农村尘肺病患者的报道与救助，坚守了社会责任和媒体良心。

2017 年，笔者一行先后去往厦门广播电视集团和福建省广播影视集团就"媒介融合时代下广播电视学人才培养的新要求"这一主题进行了调研。本次调研采用了深度访谈和问卷调查相结合的方式，24 位一线专家结合自己多年的新闻实践发表了观点和看法，调研的主要观点和提及人次见表 6-1。

表 6-1　调研的主要观点和提及人次统计

主要观点	提及人次（有重复）
新闻学专业的学生应具备过硬的政治素养	11 人次
学生应不忘初心，热爱新闻行业，坚定理想信念，具备吃苦耐劳的专业精神	7 人次
新闻学教育应与实践紧密结合，不能脱节	8 人次
媒介融合时代应鼓励学生接触最新的新闻理念，了解新兴平台的传播特点，跟踪并不断学习最前沿的技术	10 人次
新闻学教育应主动适应媒介环境的巨变，探索在媒介融合环境下如何讲好故事，总结适合新媒体的新闻表达方式	6 人次
新闻学教育应注重培养学生的创新意识、学习能力和自我更新能力，提升学生对新闻事件的判断力	9 人次
新闻学教育应在注重基本功训练的同时培养复合型全能人才	8 人次
学生应具备一定的市场化运营知识，以便提升传播效果	5 人次

从表 6-1 中可以看出，一线记者对"政治素养""热爱、吃苦""适应新媒体传播环境""基本功扎实的复合型人才"这四项提及的次数较多。

福建省广播影视集团网络广播电视台节目部刘主任提到：在招聘过

程中，我们碰到过很多"90后"，他们往往缺乏一种吃苦耐劳的意识：不能上夜班、周末不能加班等。但是做新媒体是一项即时性的任务，如果没有坚定的新闻理想，就连最基本的工作都很难保证完成。厦门卫视《两岸直航》总制片人辛振宇提到当今广播电视学专业学生最应具备的素养时指出"学生的耐糙性和韧性尤为重要，不能吃苦，不能跑新闻的学生，他们大多禁不起大风大浪，干不长久"。同样，厦门卫视新闻部蔡主任也认为：因为学校缺乏相应新闻理想和新闻精神的培训，很多应届学生来到工作岗位一个月就离职的情况频繁发生，"我们花费很多精力招员工到台里工作，结果学生干了两周觉得太辛苦就辞职了。相当于前期投入的人力和培训成本都打了水漂，我想现在的高校应该设置一些课程培养孩子们的新闻专业精神，知道新闻这行不好干，既然来了多多少少都要有那么点信仰"。

　　教育的根本问题是培养人的问题，它关系到知识的更新和文化的传承。那么，新闻学教育应该以培养什么样的人为目标？笔者认为，在媒介融合的环境下，新闻学教育应该培养具有批判精神和新闻理想的年轻传媒人，新闻学教育不能满足于职业技能的养成和专业知识的灌输，当务之急应是"专业之魂"的铸造。新闻学的"专业之魂"内涵丰富，但核心是新闻理想，新闻理想作为一种职业理想，是传媒人区别于其他职业，确保自己权威性和公信力的根本保证。

　　在语言产生之前，人类的祖先经历了漫长的原始传播时代。在这个时代，我们的祖先只能靠动作、表情、吼叫或发出简单的音节来传递信息。随着社会分工的发展，信息传播逐渐从一般的生产活动中脱离出来。进入21世纪，随着网络传播技术的进步和社交媒体的崛起，新闻传播模糊了职业与非职业的界限，每个人都有麦克风和摄像头，可以随时随地发表自己的所见所闻，降低了新闻行业的门槛，因此，有人唱衰新闻业。其实不然，信息的庞杂冗余更需要权威的新闻机构发声，职业新闻人的公信力比过去任何时期都显得重要。在信息大爆炸时代，新闻记者需要始终保持理性的头脑，对自己报道的事件、人物、过程有透彻的理解，秉持新闻理想，遵守道德操守，履行社会责任，做有深度、有温度的新闻。这也就是说在新闻人才培养过程中，重点不在于使新闻人快速掌握新闻技能，而在于强化其内心的理想和信念。这样，年轻的新闻人才能经受住各种"威逼利诱"，逐渐成长为一名充满正义并且值得信赖的人。理想之于人就像指路的明灯，在迷失方向的时候，指出人们前进的道路。一个新闻人的新闻理想无疑会决定他的职业方向，同样最终也会决定他能走多远。一个缺乏新闻理想教育的传媒人，会将新闻理想抛在脑后，无法更新自己的新闻技能，最终将不适应新闻行业的发展节奏。

在树立新闻理想的基础上，要适应未来社会及转型发展的需要，广电传媒人才还必须具备的基本素养和能力，在后续的章节中我们将深入进行分析和研究。

第七章　广电传媒人才素养/
胜任力因素分析

第一节　素养/胜任力与任职
资格理论的差异①

一　素养/胜任力模型的理论内涵

"成就激励理论"的提出者，美国社会心理学家戴维·麦克利兰曾率领团队于哈佛大学实验室对多位全球企业家进行分析，在近 20 年的观察和研究后于 1973 年在《心理学家》杂志上发表论文《测量胜任力而不是智力》。文章指出，"单凭学校成绩不足以预测事业能否成功，即便是一份结构相当清晰全面的调查也不能完全反映一个人的操作性条件反射行为"。进一步说明人们主观上认为的"智力、人格以及价值观等能够决定工作业绩的因素，实际并没有体现出预期的价值"。这篇文章的发表，标志着胜任力研究进入科学研究阶段。

素养/胜任力模型理论研究的深入，在世界范围内掀起了素养/胜任力建模的热潮。外国学者在研究各行业从业人员的胜任力情况时分别按

---

① 本节内容来自荣文雅《融媒体语境下广播电视学专业学生胜任力模型研究》，硕士学位论文，中国社会科学院大学，2018。

照自身对该行业胜任力因素的认识形成多元评价指标，并在不同的评价维度上创建专属的胜任力模型。国内学者对于素养/胜任力模型的研究始于 2000 年前后，并一度集中于探究企业高管的能力素养导向，再结合问卷调查法和访谈法进行统计分析。因各个专家学者研究的方向和侧重不尽相同，该理论内涵的界定还没有一个明确的标准。笔者对中西方不同学者对该定义的界定进行梳理，可以总结出以下特征（见表 7-1）。

表 7-1　对素养/胜任力定义的梳理

研究者	时间	素养/胜任力定义
McClelland	1979 年	胜任力特征包括三个方面：（1）概念胜任特征，包括决策能力、为组织利益寻找机会与创新的能力、分析经济与竞争环境的能力以及如企业家一般的思考能力等；（2）人际胜任特征，包括沟通、领导、谈判、分析及自我成长的态度等；（3）技能胜任特征，包括计划个人事业、掌握自我时间的能力等
Fletcher	1992 年	胜任特征是有能力且愿意运用知识、技巧来执行工作的能力
Spencer	1993 年	胜任力是指与优秀绩效者具有正向相关关系的个体深层次特征，它是个体个性中最深层的部分，可通过它预测其实际反应和绩效表现
Ledford	1995 年	胜任特征包括三个概念：（1）个人特质，即个人独具的特性，包括知识、技能与行为；（2）可验证性的，即个人多表现出来的、可以确认的部分；（3）产生绩效的可能性，即除了现在的绩效表现
Boyatzis	1996 年	胜任力是一系列基本关键特性，这些关键特性能鼓励个人在工作中得到更高工作绩效和成果
Raelin	1996 年	胜任特征要素包括：（1）管理工作；（2）管理人；（3）技术领导；（4）创新/变革；（5）客户关系；（6）道德规范；（7）沟通；（8）团队领导；（9）系统整合；（10）财务管理能力；（11）额外的努力；（12）危机处理；（13）实践指导；（14）质量承诺
Parry	1998 年	胜任特征能够影响个人工作，是一个包括知识、态度、技能等相关因素的集合，可用一个可接受的标准记忆衡量，与工作绩效密切相关
Sandberg	2000 年	工作中的人类胜任特征并不是指所有的知识和技能，而是指那些在工作时人们所使用的知识和技能
王重鸣	2000 年	胜任力是能够带来高绩效的知识、技能、能力以及其他个性、价值观等的一组特征
时勘	2002 年	胜任力能区分高效绩效者和一般绩效者的个体潜在的、持久的行为特点

　　第一，素养/胜任力具有区分性。区分性是胜任力的本质所在，用胜任力概念对员工进行绩效考核是存在区分度的，具体体现在知识架构、业务素养、行为方式以及综合能力等方面体现出来的差异。第二，素养/胜任力的研究具有情景依赖性。上述学者分别从不同行业、不同领域的特定岗位，针对不同工种对概念进行研究，因其研究侧重点不同，得到的影响力因子也不同。第三，素养/胜任力是可被测量的。通过对概念的解读，我们可以通过统计分析方法围绕胜任力做定量研究。素养/胜任力是一个集合性名词，而不是以某种单独因素存在的。根据概念中对其特性的描述可知，它包含外在属性和内在特性两个方面。其中外在属性包括知识掌握程度、技能熟练程度等显性因素，内在特性指的则是成就动机、自我认同和社会角色等潜在因素。本研究认同将素养/胜任力视作一个集合性概念。它包括个体所独有的，为实现自我成就、完成优质绩效成绩而展现的能力以及知识、技能、动机、行动五个方面。

二　素养/胜任力模型建构

　　素养/胜任力模型指的是在任意行业中担任特定人物角色时所显现的外在属性和内在特性的总和，具有特性和针对性，因其可以为特定组织、工作提供成功模型，反映既定岗位中影响个体成功的重要行为、知识和技能，常常被当作工作场所中使用的工具。因此，素养/胜任力可以用作区分不同岗位或职称绩效水平的测量标准。为了更好地发挥其价值，则需要借助模型的形式和技术，将口头约定俗成的评判标准具体落实到文字与实施方案中，这一过程就是素养/胜任力模型建构的过程。

　　早在 20 世纪 70 年代早期，戴维·麦克利兰和麦克伯咨询公司就制定了第一个专业的素养/胜任力模型，该模型在当时用于为美国政府选拔驻外人员。研究小组通过行为事件访谈法创建一些工作情形，并要求受访者叙述处于该情境下的行为反应，主持者通过使用非导向探测策略寻找受访者描述的关键点，对受访者的访谈数据进行处理分析，进而区分出普通绩效者和高绩效者。

另一位美国学者 L. M. 斯潘塞在麦克利兰的研究基础上于 1993 年在其著作《工作中的胜任力：优秀绩效的模型》中提出：个体特性才是引起其在工作环境中取得优秀绩效的重要因素。随后，斯潘塞经过 20 余年对 200 多种管理工作、360 余种管理行为事件的胜任力分析研究后，提出了胜任力辞典，即"才能模式资料库"。胜任力辞典是以行为事件访谈法为基础方法来区分工作上的表现优异者和普通员工的 286 项才能模式资料库，每一项才能模式分为 3~6 个组别，每一组别包含 2~5 个才能要素，并分别赋予每一个才能要素叙述性的定义。辞典的研究对象来自各行各业，包括但不限于一般企业、政府、军队、管理和销售或贸易等行业，得出的资料可以用于测试不同层级的工作。通过对相同工作不同环境的研究，总结出一般性的胜任力模式。斯潘塞在胜任力辞典中提出了 20 项通用型胜任力标度，并对它们进行了聚类，共分为 6 个类群（见表 7-2）。

表 7-2　斯潘塞通用型胜任力标度

- 成就类群：成就导向、品质和秩序意识、主动性
- 服务类群：人际理解能力、客户服务导向
- 影响力类群：组织意识关系营造的能力和影响能力
- 管理类群：指导能力、团队合作意识、开发他人的能力和团队领导能力
- 认识思考/问题解决类群：专业技术、信息搜寻能力、分析性思考能力、概括性思考能力
- 个人效能类群：自我控制/压力对抗能力、自信的品质、组织责任感、适应性/灵活性

此外，斯潘塞根据 20 余年积累的资料和数据提出了胜任力冰山模型和胜任力洋葱模型。如图 7-1 所示，胜任力冰山模型由两个部分组成：第一部分是看得见的水上冰山部分，包括显性的知识和技能，是对专业人才基础素养的要求。这部分能力容易被观察和测量，可以通过培训进行改变，就像水面上的冰山融化、凝结与外界环境和天气情况息息相关，易于改变，这部分通常被称为基准性胜任力。第二部分是不易被观察到的水下冰山部分，包括隐性的自我概念、特质和动

机，这一部分是区分优异者与表现平平者的关键因素，被称为鉴别性胜任力。

胜任力洋葱模型的表面性和核心特性部分的区分也与胜任力冰山模型相似，表层是相对容易培养和改变的部分，可以经过教育、职业性培训得到提升。模型的核心人格特性部分不容易被培养，也难以识别，这些特征需要通过专门的心智、世界观、文化价值和其他特殊观点表现出来，在很大程度上决定了个体在职业情境中的行为表现。其中，知识是指人才在该专业特定领域所掌握的专业相关知识；技能是指完成指派任务时的能力素养；自我概念是指人的态度、三观（世界观、价值观、人生观）以及自我认同感；特质是指个体自身特性以及天然地对某情景或信息的反应；动机是指个体对某一事物所保有的持续渴望度及触发行动的念头。

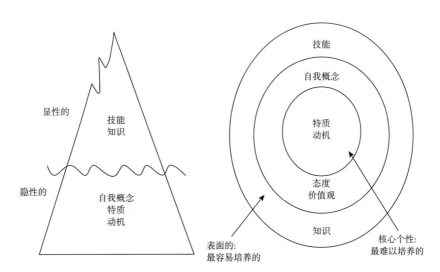

图 7-1　胜任力冰山模型（左）和胜任力洋葱模型

资料来源：张旭《基于胜任力模型的培训需求分析研究》，《山东青年》2017 年第 10 期。

当下，建构职位胜任力模型的步骤日趋标准化。其中比较有代表性的当属麦克利兰提出的工作胜任力测评法模型建构步骤。

步骤一：研究被测评职位的基础素养构成要素，对职位进行全面深入分析；步骤二：在对职位自身研究的基础上，广泛地结合社会需求，将两端需求结合，共同作用形成初步的胜任力模型；步骤三：验证胜任力模型结构，修正模型并使之生效。这一方法的要点是研究对象多为业绩突出者，通过应用访谈法和问卷调查法，将分析结果提炼为用行为性的专门术语描述的一系列胜任力。这种胜任力模型的建构方法在国内外都得到了认同，故本研究将采用工作胜任力测评法来建构媒介融合环境下广播电视学专业学生胜任力模型。

三 任职资格管理理论

（一）任职资格管理的理论内涵

任职资格是指从业人员在扮演某一任职角色时所应表现出的知识、经验、技能、素养与行为总和。它是指在公司内部搭建起的为不同职位人员提供晋升发展渠道的测度标准。人们可依此标准对不同岗位员工的工作能力、行为和素养进行系统化管理。

任职资格管理可以帮助企业实现其战略规划目标，依照企业内部组织结构（包括工作模式、公司内部组织框架和工作流程的要求），对员工任职能力（包括员工所具备的行业知识、以往经验和工作技能要求）和任职行为（包括员工自身行为的合规情况、工作内容和完成质量）进行适时、恰当的系统管理。任职资格管理理论包含一套标准化的评估体系，该体系有四个方面：被测定岗位从业人员所应具备的行业从业资历、行业知识储备情况、从业能力、绩效考核标准。在上述四个方面中，行业从业资历可以为评估提供经验指标、评估背景和参考指标；行业知识储备情况就是指岗位日常工作中涉及的相关知识；从业能力是隐性指标；绩效考核标准则是考核体系中最核心的部分。因此，遵从这一理念，分析不同行业中各岗位类别的胜任力能力尤为重要。本次研究基于任职资格管理理论设计相关问卷，并从用人单位的任职资格管理体系标准的角度探究素养/胜任力模型的建构。

（二）素养/胜任力模型与任职资格管理理论的异同

素养/胜任力模型和任职资格管理理论的研究对象都是某一行业的从业者，研究对象是"人"，也都分别强调区分优秀绩效者和一般绩效者的不同，理论间存在一定的相似之处，容易混淆和被滥用。因本研究会用到这两个概念进行模型的搭建和概念操作化，故应使用素养/胜任力模型和任职资格管理理论，结合"测"和"评"的方式搭建模型。表7-3即将两个概念进行简单对比的情况。

表 7-3　素养/胜任力模型与任职资格管理理论的分析比较

类别	素养/胜任力模型	任职资格管理理论
内涵	是指在任意行业中担任特定人物角色时所展现的外在属性和内在特性的总和，具有特性和针对性，包括知识技能、自我认同价值观、特质动机等部分	1. 是指从业人员在扮演某一任职角色时所应表现出的知识、经验、技能、素养与行为的总和 2. 需从公司层面出发，按照企业标准来设定业绩要求并协助实现员工价值
特点	1. 胜任力洋葱模型中的核心特质部分是隐性的，难以通过后天培养 2. 能力素养没有优劣之分，而是看是否与所从事行业相匹配 3. 借助模型的开发来确认岗位所需素养	1. 将职业行为标准化，用以提高工作绩效 2. 强调对任职者工作成果的认证 3. 通过典型成功案例来分析岗位所需素养
建构方式	素养项目的获取建立在"测"的基础上	资格立在"评"的基础上
实践应用	用以招聘选拔人才	用以发展和培训人才

第二节　广电传媒人才核心素养
要素的理论假设[①]

素养/胜任力理论关注的是被测对象是否具有能够顺利通过优秀绩

---

① 本节内容来自李永健、杨苏丽《媒介融合时代广播电视学专业人才核心素养探究》，《现代传播（中国传媒大学学报）》2020年第5期；本节中"三　测量工具信度效度检验"来自荣文雅《融媒体语境下广播电视学专业学生胜任力模型研究》，硕士学位论文，中国社会科学院大学，2018。

效考核的能力胜任特点。广电传媒人才也是一种人力资源，自然也可以运用素养/胜任力理论框架进行测定，其素养/胜任力框架同样应包括知识、能力和技能几个方面，由隐性的和显性的胜任因素共同组成。

一　研究设计

本研究以核心素养为理论指导，通过分析国内外广播电视学专业的建设发展和教学实践，总结归纳该专业人才的核心素养，进而形成调查评价表和焦点小组访谈提纲。之后回到媒体工作一线进行实证研究，邀请记者、编辑、制片人、新闻中心主任对该专业人才的素养进行评价，收集数据并进行分析验证，从中抽象概括出媒介融合背景下广播电视学专业人才的核心素养及培养目标，研究思路总体设计如图 7-2 所示。

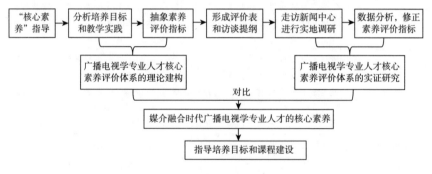

图 7-2　研究思路总体设计

二　新闻传媒人才核心素养的内涵及评价指标

核心素养，又称"关键素养"或"21 世纪素养"，最先出现在欧盟于 2002 年发布的研究报告《知识经济时代的核心素养》。该报告指出："核心素养是适用于特定情境的知识、技能和态度的综合，是所有个体达成自我实现和发展、成为主动的公民、融入社会和成功就业所需要的那些素养。"① 因此，笔者在研究新闻传媒专业人才核心素养时，始终坚持核心素养是"关键素养"，不是"全面素养"；核心素养要反映"个体需求"，更要反映"社会需要"；核心素养是"高级素养"，不是"低级素养"，甚至也不是"基础素养"；核心素养要反映"全球化"的要求，更要体现"本土性"要求这四项原则。② 立足于该类人才的培养目标，力争从其发展沿革的历史进程中去探寻该专业人才的核心素养。

1959 年，北京广播学院（今中国传媒大学）在国内创建了最早的较为系统的广播电视人才培养和科研机构——电视摄影班，开始在新闻学的框架内进行广播电视的教学工作。③ 1998 年，教育部颁布的普通高等学校本科专业目录④将新闻传播学设置为一级学科，其下设有新闻学、广播电视新闻学、广告学和编辑出版学四个专业。到了 2012 年，"广播电视新闻学"正式更名为"广播电视学"，成为相对完整的二级学科，并越发与艺术学、戏剧影视学、社会学、心理学等学科相交融。这不仅突破了传统新闻学的框架，也逐渐与广播电视业界的发展契合。广播电视学的课程范围也进一步得到拓展，涉及文学、艺术、后期制作、摄影摄像、播音主持、出版编辑、新闻策划、广告设计等各个方面。其教育目标调整为"培养具有广播电视新闻学基本理论和宽广的文化科学知识，并能够在广播电视新闻宣传部门从事编辑、采访、节目主持与管理等工作的新闻传播高级专门人才"⑤。目前，国内各大高校的培养方案内容均从"应具有的知识能力素养"、"面向的行业"、"面向

① 张华：《论核心素养的内涵》，《全球教育展望》2016 年第 4 期。
② 褚宏启：《核心素养的概念与本质》，《华东师范大学学报》（教育科学版）2016 年第 1 期。
③ 赵玉明：《谈谈广播电视研究和广播电视学学科建设》，《现代传播（中国传媒大学学报）》2007 年第 4 期。
④ 《教育部关于印发〈普通高等学校本科专业目录（2012 年）〉〈普通高等学校本科专业设置管理规定〉等文件的通知》，中华人民共和国教育部网站，2012 年 9 月 18 日，http://www.moe.gov.cn/A08/moe_1034/S3832/201209/t20120918_143152.html。
⑤ 刘绍芹、冯恩大：《媒介融合时代的办学定位——广播电视新闻学新建本科的培养方案》，《青年记者》2011 年第 9 期。

的工作岗位"，以及"人才层次"四个方面着手①，在课程设置上都把培养"具备良好的政治素养、广博的文化知识、敏锐的社会观察力、宽阔的国际视野和娴熟的专业技能的人才"作为培养目标。据此，笔者对于广播电视学专业人才的核心素养进行了界定。

（1）思想道德素养：广播电视学人才应树立正确的政治理想、政治信念、政治态度和政治立场；明确党和政府对媒体行业的指导和要求，时刻保持政治敏感；了解宪法的大纲，能够建立与社会主义核心价值观相一致的法律理念；能够运用法律思维和法律理论分析、解决问题。

（2）科学文化技术素养：广播电视学人才应掌握一定的人文社会科学和自然科学常识，掌握本专业学科的基本知识、基本理论、基本技能，具有独立获取知识、提出问题、分析问题和解决问题的基本能力以及开拓创新的精神。

（3）专业理论及业务素养：广播电视学人才应掌握广播、电影及电视艺术的基本理论，具有对广播或电视节目的创意与策划能力、全程导演和导播能力。与此同时，还要求广播电视学专业人才能够编剧和撰稿，具备综合运用新媒体的实践能力，精准地把握本行业的发展动向，并对电视节目创作和制作的不同工种和岗位都比较熟悉。

其中，思想道德素养居于首位，解决的是人才政治倾向性、道德水准、敬业精神、团队精神、文明素养等问题；专业理论与业务素养是核心，是专业的基石和载体；科学文化技术素养是业务发展与能力提升的平台，解决的是发展后劲问题。

国外高校对广播电视学专业的叫法不尽相同，将其称为广播与电视、数字社会媒体等，专业多隶属传播与媒介研究系。根据 2017 年 QS 世界大学专业排名，媒介与传播研究排名前 5 位的学校分别为南加州大学、阿姆斯特丹大学、伦敦政治经济学院、斯坦福大学、威斯康星大

---

① 彭爱萍：《中国内地广播电视新闻学专业教育现状调查报告》，《现代传播（中国传媒大学学报）》2011 年第 4 期。

学。南加州大学的培养方案①着重强调了自主学习能力、领悟能力和管理运用能力，希望提升学生的社交、数字媒体和线上社群的管理能力，使其充分掌握该领域的理论和实践技能；阿姆斯特丹大学本科教育设有传播学院②，根据课程内容，该专业对于广播电视相关技能的培训只是课程要求的一个方面，它强调学生对方法的掌握和全面技能的培养；伦敦政治经济学院设有媒体与传播系，致力于培养学界领先的学术研究人员③，为摸清行业发展方向或为政府决策提供依据；在斯坦福大学，相关素养的培养统归传播学专业，主要研究媒介与人类之间的相互作用以及媒介技术是如何发展演进的④；而在威斯康星大学该专业叫作广播与电视，隶属媒体与艺术学院⑤，传播理论贯穿整个大学四年，以培养具备扎实的理论功底和探索社会能力的优秀大学生。除了对国外高校的课程设置和培养目标进行分析，笔者还采访了美国太平洋大学传播系主任董庆文教授，他提到太平洋大学正在打造一个全新的专业"Media X"——将传媒专业与电影、文学、计算机等融合成一个"大广电"专业，旨在培养出兼具"徒手干""会管理""懂分析"的全方位创新人才。

综上所述，虽然国外广播电视学专业的名称不尽相同，但能体现每一所学校的长处：南加州大学侧重于培养学生的学习、运用能力，不是单纯灌输专业课技能；阿姆斯特丹大学则强调大数据处理能力、新媒体使用技能；伦敦政治经济学院侧重于培养未来硕士、博士研究生的研究

---

① 南加州大学（University of Southern California，USC），http：//annenberg. usc. edu. School for Communication and Journalism。

② 阿姆斯特丹大学（University of Amsterdam），http：//www. uva. nl/en/programmes/bachelors/media-and-information/media-and-information. html？origin = 0UW% 2FNlzHRVCfg fmL3cdmVg，Media and Information。

③ 伦敦政治经济学院（The London School of Economics and Political Science，LSE），http：//www. lse. edu/home. aspx，News and media。

④ 斯坦福大学（Stanford University），https：//majors. stanford. edu/communication/comm，Communication。

⑤ 威斯康星大学（University of Wisconsin-Madison），https：//www. admissions. wisc. edu/index. php。

能力；美国太平洋大学则注重培养学生的综合能力。

据此，笔者借鉴国内外该专业的培养目标，根据概念操作化的程序①，抽象出 3 项一级素养、9 项二级素养以及 29 项可观察的三级素养，构建了广播电视学专业人才核心素养的评价指标，如表 7-4 所示。然而，这仅是一种理论上的假设，还需要到实践中去进行评价。

表 7-4　广播电视学专业人才核心素养评价指标及解释说明

一级素养 （3 项）	二级素养 （9 项）	三级素养 （29 项）	解释及说明
思想道德素养	政治素养	基本政治立场	能够掌握中国社会主义进程中各个阶段的重大理论概念及基本原理，并能运用其分析问题、解决问题；树立正确的政治理想、政治信念、政治态度和政治立场；明确党对媒体行业的指导和要求，时刻保持对政治话题的敏感
		政策解读能力	
		政治敏感度	
	法律素养	法律基本知识	了解宪法的大纲，能够建立与社会主义核心价值观相一致的法律理念；坚守新闻理想，明确法律所保障的新闻采访权、报道权和监督权以及与传播活动相关的法律法规及中外传媒立法与司法活动；了解新媒体中的著作权保护相关规范
		行业规范知识	
		版权知识	
	职业素养	职业道德	树立正确的职业道德、专业思维，能够进行正确引导舆论，树立网络道德规范意识；能够正确认识自我，制定符合实际情况的职业目标
		职业文化	
		自我认知能力	
		工作探索能力	
文化科技素养	文化素养	文学素养	具有一定的史学常识、文化涵养及艺术鉴赏能力；具有国际视野及使用广播电视语言对外传播的文化素养和能力
		史学素养	
		艺术素养	
	科学技术素养	科学素养	能够分辨科学信息的真伪并将科学知识转化为通俗易懂的视听语言符号；能够对影响本行业的科学和技术进行评价并做出反应
		技术素养	

① 李永健：《传播研究方法》，浙江大学出版社，2009，第 96~102 页。

续表

一级素养 （3 项）	二级素养 （9 项）	三级素养 （29 项）	解释及说明
专业理论 与技术 素养	视听文化 素养	跨文化传播视听素养	有意识地借助形象及声音综合立体地传递思想观念和信息；能够进行有效的视听交流，包括跨文化的视听素养，以及从受众角度考虑视听形象建构的合理性，并能及时听取受众反馈并与其互动
		视觉传播原理及规律	
		视听思维素养	
		视听交互素养	
	视听传播 能力	视听解读能力	"视听传播能力"应是当代广播电视学专业人才应具备的核心竞争力，它要求拥有"形象"和"抽象"的思维能力，并且还能够综合掌握信息的视听化处理技术
		视听采集呈现能力	
		视听节目编辑能力	
	新媒体 素养	新媒体应用素养	具有运用新媒体平台的技术素养和能力，具备信息消费意识，加强视觉传播能力
		信息消费素养	
	新媒体 能力	新媒体运营能力	具有舆情分析、受众分析、视听交互、新媒体运营的能力，同时还需具备适合全媒体传播的整合写作能力以及数据挖掘和可视化技术等
		数据挖掘可视化能力	
		舆情分析能力	
		交互能力	
		平台协作能力	

三　测量工具信度效度检验

根据相关文献可知，L. M. 斯潘塞曾在胜任力辞典中提出每一素养/胜任力模型的初级类别可以分为 3~6 个组别，每一类群又分别包含 2~5 个才能要素。广播电视学专业人才能力素养项的形成是一个概念操作化的过程，通过对未来行业发展趋势的预估、分析形成各项一级素养，再将形成的一级素养交由专家打分评定，结合专家意见对假设进行修改。在一级素养的基础上再结合行为事件访谈法收集到的反馈意见，建立二级、三级能力素养指标，最终形成专业理论与技术素养、思想道德素养、文化科技素养 3 个一级能力素养维度，并包括 9 项二级能力素养，29 项三级素养因素。

在形成的素养模型基础上，结合专家访谈意见，笔者制作出"广播电视学专业人才素养一线从业人员评价表"（调查问卷）。调查问卷由两部分构成，第一部分用来填写基础资料，包括人口统计学特征指标：所在地区、性别、职业、学历、所学专业及从业时间；第二部分是对量表中各个因素的重要性进行评分，被调查者须按要求对量表中列出的26个条目逐一进行客观打分，在李克特式量表中，1 代表"无关紧要"，2 代表"一般重要"，3 代表"比较重要"，4 表示"相当重要"，5 代表"非常重要"。

本研究通过实地发放、电子邮件和问卷星的形式发放问卷，向中央电视台、青岛电视台、厦门卫视、福建省广播影视集团、河南电视台 4 地 5 家电视台的 217 位一线从业人员发放了"广播电视学专业人才素养一线从业人员评价表"，回收 198 份，回收率 91.24%；其中有效问卷 176 份，有效率为 81.11%。使用 SPSS 23.0 对有效问卷进行分析。

上述 5 家电视台可以有效代表不同层次、不同区域的广播电视台的发展现状。实地调研过程中研究人员采用面对面发放问卷形式，保证了较高的回收率以及评分的真实性。问卷样本达到统计学意义上的大样本数量，调研过程中访谈对象也均为各广播电视台的责编、主任，问卷发放对象为广播电视台中各岗位的一线从业者，保证了问卷数据具有代表性和专业性。

本次研究调查对象中，广播电视专业的男性从业人员共 49 人，女性从业人员 127 人，可以看出该行业女性从业人员人数明显高于男性。学历层次上，拥有学士学位的人员占 86.4%，可见该行业需要经过系统学习并拥有相应知识储备的专业从业人员。

1. 信度分析

问卷信度指的是问卷的可靠程度，该指标能够反映量表避免随机误差的程度，体现使用同一方法对同一个研究对象进行多次重复测量后所得结果的稳定性和一致性程度。信度越高，则量表测量对象的相关程度越高，关系越紧密，一致性程度也就越高。

本研究采用当下社会科学研究时最常使用的信度分析方法克隆巴赫系数（Cronbach's Alpha）测量，利用 SPSS 23.0 统计软件对各变量及其测度项进行信度分析，其公式为：

$$a = \frac{n}{n-1}\left[1 - \frac{\sum s_i^2}{\sum s_t^2}\right]$$

使用 SPSS 23.0 得到的检测结果如表 7-5 所示。表中 N 值 29 指量表中的 29 个素养能力项，根据表中 Cronbach's Alpha 为 0.948，标准化（Cronbach's Alpha Based on Standardized Items）后的值为 0.943，信度在 0.70~0.98 之间，故该问卷具有较高的信度，可以用来进行接续分析。

表 7-5　信度检验

Reliability Statistics		
Cronbach's Alpha	Cronbach's Alpha Based on Standardized Items	N of Items
.948	.943	29

2. 效度分析

效度检验是为了测量调查问卷实际测量出的内容与测量目标之间的相符性。效度检验有三种方法：内容效度检验、结构效度检验和准则效度检验。本研究采用因子分析，对问卷的结构效度进行检验。因为因子分析必须在各题项间相关性较高的前提下进行，所以必须要进行 KMO 检验和 Bartlett 球形检验，以确定是否适合进行因子分析。

KMO 检验统计量是用于比较变量间简单相关系数和偏相关系数的指标。KMO 统计量取值在 0 和 1 之间。当所有变量间的简单相关系数平方和远远大于偏相关系数平方和时，KMO 值接近于 1，意味着变量间的相关性越强，原有变量越适合做因子分析；当所有变量间的简单相关系数平方和接近 0 时，KMO 值越接近于 0，意味着变量间的相关性越弱，原有变量越不适合做因子分析（见表 7-6）。

表 7-6 KMO 统计量的判断原理

KMO 统计量	因子分析适切性	判别说明
.90 及以上	极佳的	极适合进行因子分析
.80 及以上	良好的	适合进行因子分析
.70 及以上	适中的	尚可进行因子分析
.60 及以上	普通的	勉强可进行因子分析
.60 以下	欠佳的	不适合进行因子分析
.50 以下	无法接受的	非常不适合进行因子分析

根据 Kaiser 的观点，当 KMO 的值小于 0.60 时，较不宜进行因子分析，KMO 的值要在 0.60 及以上，才可以进行因子分析。

Bartlett 球形检验的目的在于检验零假设（Null Hypothesis）"相关矩阵是一个单位矩阵"和备择假设"相关矩阵不是一个单位矩阵"何者成立。若检验结果的 Sig. 值小于 0.05，就要拒绝零假设而接受备择假设，表示该相关矩阵不是单位矩阵，代表总体的相关矩阵间有公共因子存在，适合进行因子分析。如检验结果的 Sig. 值大于等于 0.05，就要接受零假设，表示相关矩阵是单位矩阵，数据就不适宜进行因子分析。

根据表 7-7 可知，该问卷的 KMO 值为 0.911，大于 0.9，因子分析适切性极佳，极适合进行因子分析；Bartlett 球形检验 Sig. 值为 0.000，小于 0.01，适合进行因子分析。

表 7-7 KMO 检验和 Bartlett 球形检验

Kaiser-Meyer-Olkin Measure of Sampling Adequacy.		.911
Bartlett's Test of Sphericity	Approx. Chi-Square	3326.393
	df	406
	Sig.	.000

第三节　广电传媒人才六大二级核心素养①

我们通过专业、行业分析以及行为事件访谈法形成初步理论模型假设，并在三大能力素养项目的基础上制定了调查问卷。那么该理论假设与实际情况是否契合，就需要借助因子分析法将操作化指标聚类再与原假设比较其适切性。因子分析是从被测对象内部指标出发，观测指标相关矩阵内部属性，把信息重叠、具有交叉关系的众多变量聚合归结为少数几个独立变量的多元统计分析方法。因子分析的基本思想即根据变量间相关性的程度分组，重新形成的组内间各变量相关性程度高，不同组间的变量相关性极低。组内各变量共同形成一个新的维度——公共因子，代表一个新的基本结构。

研究要通过因子分析中的主成分提取法获得特征值大于或等于 1 的主成分，并将它作为初始因子重新命名，据此对原理论模型进行修正。量表中被测量的 29 个素养项的总方差分解情况如表 7-8 所示。

表 7-8　核心素养项因子分析

因素	初始特征根			被提取的载荷平方和			旋转后的载荷平方和		
	特征根	解释百分比（%）	累计解释百分比（%）	特征根	解释百分比（%）	累计解释百分比（%）	特征根	解释百分比（%）	累计解释百分比（%）
因素 1	11.990	41.345	41.344	11.990	41.344	41.344	3.695	12.741	12.741
因素 2	2.476	8.538	49.882	2.476	8.538	49.882	3.569	12.309	25.050
因素 3	1.950	6.723	56.605	1.950	6.723	56.605	3.267	11.266	36.316
因素 4	1.362	4.696	61.301	1.362	4.696	61.301	3.192	11.006	47.322
因素 5	1.202	4.143	65.445	1.202	4.143	65.445	3.168	10.924	58.245

---

① 本节内容来自荣文雅《融媒体语境下广播电视学专业学生胜任力模型研究》，硕士学位论文，中国社会科学院大学，2018；李永健、杨苏丽《媒介融合时代广播电视学专业人才核心素养探究》，《现代传播（中国传媒大学学报）》2020 年第 5 期。

因素	初始特征根			被提取的载荷平方和			旋转后的载荷平方和		
	特征根	解释百分比（%）	累计解释百分比（%）	特征根	解释百分比（%）	累计解释百分比（%）	特征根	解释百分比（%）	累计解释百分比（%）
因素 6	1.020	3.516	68.960	1.020	3.516	68.960	3.107	10.715	68.960
因素 7	.889	3.065	72.025						
因素 8	.760	2.619	74.644						
因素 9	.671	2.313	76.957						
因素 10	.623	2.148	79.105						
因素 11	.595	2.050	81.155						
因素 12	.501	1.726	82.882						
因素 13	.492	1.695	84.577						
因素 14	.474	1.635	86.212						
因素 15	.435	1.500	87.712						
因素 16	.403	1.390	89.102						
因素 17	.395	1.362	90.464						
因素 18	.351	1.209	91.672						
因素 19	.323	1.113	92.785						
因素 20	.309	1.065	93.850						
因素 21	.276	.953	94.804						
因素 22	.258	.888	95.692						
因素 23	.240	.828	96.520						
因素 24	.217	.747	97.267						
因素 25	.216	.744	98.011						
因素 26	.186	.641	98.652						
因素 27	.151	.521	99.173						
因素 28	.133	.458	99.631						
因素 29	.107	.369	100.000						

　　特征值的解释变异量等于特征值除以变量数目，如因素一特征值的解释变异量为 11.990/29 = 41.345%，以此类推第二个解释变异量为 8.538%，累计解释变异量为 49.882%。表格第三列为旋转后结果（Rotation Sums of Squared Loadings），以第一个因素为例，旋转前特征值为 11.990，旋转后为 3.695。从表 7-9 中抽出特征值大于 1 的共同因素数共 6 项，6 项因素值占比是按照从大到小的顺序进行排列的，第一项共同因素的解释变异量最大。提取前 6 名的因子，6 个因子的解释方差占总方差的 68.960%，即占解释原始 29 个数据变量的 68.960%。继而得到旋转后的成分矩阵结果如表 7-9 所示。

表 7-9　正交旋转后的因子载荷矩阵

	1	2	3	4	5	6
因素 1	.27	.348	-.158	.171	.246	.631
因素 2	.248	.310	-.277	.204	.430	.499
因素 3	.162	.088	.081	.259	.124	.767
因素 4	.039	.000	.217	.126	.022	.768
因素 5	.253	.160	.200	.469	.174	.446
因素 6	.099	.038	.030	.705	.182	.263
因素 7	.087	.162	.201	.785	.026	.148
因素 8	.120	.112	-.025	.787	.125	.078
因素 9	.003	.030	.234	.508	.240	.452
因素 10	.423	.196	.057	.356	.522	.085
因素 11	.145	.096	.185	.289	.739	.288
因素 12	.260	.222	.210	.380	.622	.008
因素 13	.242	.255	.262	.452	.396	.198
因素 14	.799	.085	.143	.145	.232	.160
因素 15	.827	.172	.182	.205	.134	.199
因素 16	.835	.171	.153	.097	.258	.140

	1	2	3	4	5	6
因素 17	.508	-.045	.435	.028	.251	.398
因素 18	.487	.156	.631	.101	.236	.148
因素 19	.355	.203	.592	.063	.335	.299
因素 20	.173	.346	.384	.028	.637	.062
因素 21	.313	.087	.254	-.068	.587	.379
因素 22	.186	.313	.549	.110	.265	.065
因素 23	.186	.423	.681	.182	.047	.030
因素 24	.019	.406	.613	.166	.233	.097
因素 25	-.011	.631	.423	.125	.187	.242
因素 26	.068	.655	.381	.202	.180	.238
因素 27	.437	.646	.135	.152	.171	-.008
因素 28	.176	.758	.307	.075	.124	.122
因素 29	.108	.770	.145	.130	.222	.063

运用主成分分析法对上述 29 个因子进行正交旋转，测量每一因子负载的变量。当因子量绝对值越大时，其对主成分影响越大。根据表 7-10 可知，当因子载荷的绝对值大于 0.4 时可被认为其影响显著，根据载荷表中数据的载荷量将因子重新归类形成新的类目后再重新命名。探索性因子分析结果表明，本次研究中的 29 个项目的因子负荷均大于 0.40，表明项目对模型的贡献较理想。

表 7-10   因子载荷选取指标准则表

因子载荷	因子载荷 2（解释方差）	题项变量状况
0.71	50%	理想
0.63	40%	非常好
0.55	30%	好
0.45	20%	普通
0.32	10%	不好
<0.32	<10%	舍弃

因此，根据载荷选取指标将量表测得的 29 个素养/胜任力因素重新归为表 7-11 中 6 个新的维度。

表 7-11　素养/胜任力维度负荷量

维度	因素	因子负荷
维度一： 政治素养	因素 14：具备良好的政治素养	.799
	因素 15：具有政策解读的能力	.829
	因素 16：政治敏感度	.835
	因素 17：基本法律知识	.508
维度二： 文化科技素养	因素 25：具备艺术鉴赏和视听艺术创作的能力	.631
	因素 26：掌握跨文化传播的视听语言	.655
	因素 27：具备分辨科学信息真伪的能力	.646
	因素 28：使用视听语言呈现科学知识的能力	.758
	因素 29：掌握对本行业产生影响的科技手段	.770
维度三： 专业理论素养	因素 18：了解新闻理想的内涵	.631
	因素 19：掌握与广播电视传播活动相关的行业规范	.592
	因素 22：明确自身是否对广播电视行业有浓厚的兴趣	.549
	因素 23：了解中外新闻传播及广播电视发展历史	.681
	因素 24：创作节目时能够引经据典	.613
维度四： 新媒体素养	因素 5：掌握各种媒介的特点及运行基本规律	.469
	因素 6：有意识地使用网络媒介进行信息生产和消费	.705
	因素 7：新媒体运营及管理的能力	.785
	因素 8：具备数据挖掘和科学解读的能力	.787
	因素 9：能够使用可视化方式准确传播信息的能力	.508
	因素 13：多平台的协调与整合的能力	.452
维度五： 受众互动素养	因素 10：具备舆情分析、应对和引导的能力	.522
	因素 11：对受众需求进行解读和定位的能力	.739
	因素 12：与受众进行互动的能力	.622
	因素 20：新媒体环境下的版权意识	.637
	因素 21：具备良好的职业道德素养	.587

维度	因素	因子负荷
维度六： 视听文化素养	因素 1：具有借助视听符号综合传递信息的意识	.631
	因素 2：具有从受众角度建构视听形象的意识	.499
	因素 3：掌握视觉传播的基本原理及规律	.767
	因素 4：掌握广播、电视节目编辑的方法和技术	.768

根据 6 个维度所含胜任特征要素的内在联系和每一维度内部的相关性和意义，重新将 6 个维度进行命名。

维度一：政治素养，指人们从事社会政治活动所必需的基本条件和基本品质，树立正确的政治理想、政治信念、政治态度和政治立场。明确党对媒体行业的指导和要求，时刻保持对政治话题的敏感度。此维度共包括 4 项因素，分别为：因素 14 "具备良好的政治素养"、因素 15 "具有政策解读的能力"、因素 16 "政治敏感度"、因素 17 "基本法律知识"。这 4 项因素的因子负荷分别为：0.799、0.829、0.835、0.508，前三项的负载荷较高且比较接近。因此结合各个因素的内涵，将此维度命名为"政治素养"。

维度二：文化科技素养，指能够将科学知识转化为通俗易懂的视听语言符号能力，并能够对影响本行业的科学和技术进行评价并做出反应，分别为：因素 25 "具备艺术鉴赏和视听艺术创作的能力"、因素 26 "掌握跨文化传播的视听语言"、因素 27 "具备分辨科学信息真伪的能力"、因素 28 "使用视听语言呈现科学知识的能力"、因素 29 "掌握对本行业产生影响的科技手段"。因子负荷分别为：0.631、0.655、0.646、0.758、0.770。

维度三：专业理论素养，指具有一定的专业理论基础，全面掌握本专业相关的理论和实践知识，分别为：因素 18 "了解新闻理想的内涵"、因素 19 "掌握与广播电视传播活动相关的行业规范"、因素 22 "明确自身是否对广播电视行业有浓厚的兴趣"、因素 23 "了解中外新闻传播及广播电视发展历史"、因素 24 "创作节目时能够引经据典"。

因子负荷分别为：0.631、0.592、0.549、0.681、0.613。

维度四：新媒体素养，指具有媒介融合环境下使用新媒体平台和技术加强视觉传播能力的意识，分别为：因素5"掌握各种媒介的特点及运行基本规律"、因素6"有意识地使用网络媒介进行信息生产和消费"、因素7"新媒体运营及管理的能力"、因素8"具备数据挖掘和科学解读的能力"、因素9"能够使用可视化方式准确传播信息的能力"、因素13"多平台的协调与整合的能力"。上述6项因子负荷分别为：0.469、0.705、0.785、0.787、0.508、0.452，其中因素5、因素9、因素13的解释力较弱，以因素6、因素7、因素8为主，结合因素5、因素9、因素13的内核将该维度提炼为"新媒体素养"。

维度五：受众互动素养，具有受众意识，以及引导及满足受众需求的意识和能力，分别为：因素10"具备舆情分析、应对和引导的能力"、因素11"对受众需求进行解读和定位的能力"、因素12"与受众进行互动的能力"、因素20"新媒体环境下的版权意识"、因素21"具备良好的职业道德素养"。上述5项因子负荷分别为：0.522、0.739、0.622、0.637、0.587。

维度六：视听文化素养，指有意识地借助图画、图形或形象及声音综合立体地传递思想观念和信息，分别为：因素1"具有借助视听符号综合传递信息的意识"、因素2"具有从受众角度建构视听形象的意识"、因素3"掌握视觉传播的基本原理及规律"、因素4"掌握广播、电视节目编辑的方法和技术"。上述4项因子负荷分别为：0.631、0.499、0.767、0.768。

由上述分析可看出，本研究提炼的29项广播电视学专业学生应具备的素养/胜任力因素基本得到了被试者的认可，测量因素具有较好的信度和效度，但在最初拟定的素养/胜任力模型维度的划分上出现了一些变化。模型中二级维度从原来的9项调整为6项，"法律素养"、"职业素养"和"人文素养"被淡化，而其中作为三级能力项的"专业理论素养"地位得到了提升，传播者的"受众意识"载荷量占比也很高。

那么，修正后得到的 6 个新的二级因素之间是否还存在交互关系，它们能否再进一步拟合，形成新的一级能力维度？

第四节 广电传媒人才三大一级
核心素养及其联系[①]

一 三大一级核心素养：政治素养、文化科技素养、新媒体素养

我们在将第一次因子分析重命名的 6 个二级素养进行数据标准化处理之后，得到的 KMO 值为 0.853，Bartlett 球形检验非常显著，适合再次降维。从 6 个二级素养中抽取出 2 个一级素养，其可累计解释原始信息的 76.682%（见表 7-12）。

表 7-12 从二级素养到一级素养的因子负荷

二级素养	一级素养	
	以专业理论为基础的文化科技素养	以视听文化为基础的新媒体素养
文化科技素养	.845	.238
专业理论素养	.891	.247
视听文化素养	.187	.895
新媒体素养	.359	.783
政治素养	.583	.532
受众互动素养	.668	.571

第二次因子分析结果显示，媒介融合时代广播电视学专业人才的核心素养是以专业理论为基础的文化科技素养和以视听文化为基础的新媒体素养。值得注意的是，政治素养和受众互动素养对抽取出来的两个一

---

① 本节内容来自李永健、杨苏丽《媒介融合时代广播电视学专业人才核心素养探究》，《现代传播（中国传媒大学学报）》2020 年第 5 期。

级素养的关联度都达到了显著性标准。可见，一线媒体从业者认为政治素养和受众互动素养应蕴含在以专业理论为基础的文化科技素养和以视听文化为基础的新媒体素养的培育之中，这两项素养起到核心引领作用。

该研究遵循由理论到实践再从实践上升到理论的过程，得到以下三点启示。

第一，经过实证分析形成的广播电视学专业人才核心素养不但在原假设一级素养的划分上由三项变成了两项，而且二级素养也由九项缩减至六项，每一项的内涵也发生了变化。这反映了社会需求的变化，意味着我们在未来的教学实践中需要与时俱进，不断根据社会发展及媒介环境调整教学培养目标和课程设置情况。

第二，经过实证分析形成的广播电视学专业人才核心素养内涵越发具体明确。首先，理论分析得出的思想道德素养一级核心素养包含政治素养、法律素养、职业素养，而调研数据只抽取了"政治素养"，这就要求广播电视学专业人才明确党和政府对媒体行业的指导和要求，了解宪法的大纲，树立法律意识，时刻保持政治敏感度，也要求高等院校高度重视培养广播电视学专业人才的政治素养。其次，新媒体技术带动了传播模式由单向线性到双向互动转变，受众互动素养对于广播电视学专业人才的重要性得以显现。因此，相较于传统媒体人，能够与受众积极互动、深入了解用户的需求是媒介融合时代对媒体从业者提出的全新要求。再次，以专业理论为基础的文化科技素养应夯实专业理论基础，广泛学习相关的科学文化技术知识，扩展视野。最后，明确了理论假设中的"专业理论与技术素养"应落脚在培育以视听文化为基础的新媒体素养之中，即将传统的视听文化与新媒体技术结合起来，这也是未来对广播电视学专业人才的新要求。

第三，经过实证分析形成的广播电视学专业人才核心素养之间的关系逐步明朗。未来广播电视学专业人才的两大核心素养是以专业理论为基础的文化科技素养和以视听文化为基础的新媒体素养，而政治素养和受众互动素养统领这两大核心素养。

二 基于广电传媒专业人才核心素养的培养目标

通过总结归纳国内外各大高校的教学目标和课程设置情况，提炼出广播电视学专业人才核心素养，通过问卷调查和焦点小组访谈对广播电视学专业人才的核心素养进行修正、调整，希望更加精准地了解媒介融合时代对广播电视学专业人才提出的新要求，以期对广播电视学专业制定培养目标提供借鉴。

（一）基于政治素养和受众互动素养的培养目标

1. 基于政治素养的培养目标

从因子分析的结果看，政治素养包括的核心内容，是要具有良好的政治素养、政策解读的能力、政治敏感度和基本法律知识。同对广播电视专业人员道德素养的要求相比，经过一线采编人员的评价，使得这一要求更加具体。新闻工作具有鲜明的政治属性。在我国，新闻事业作为党和人民的喉舌，要坚持为人民服务，为社会主义服务，为党和国家工作大局服务的方向，这是政治上的需要，也是职业上的要求。[1] 将政治属性贯穿新闻教育的始终，是政治素养在新闻实践中的一种具体反应。

2. 基于受众互动素养的培养目标

在传统的目标要求中，对受众互动素养的要求经常被忽略。但在媒介融合时代，新闻实践一线对受众互动素养表现出普遍的重视。通过因子分析，受众互动素养包括五个方面，一是与受众进行互动的能力；二是具备舆情分析应对引导的能力；三是对受众需求进行解读和定位的能力；四是新媒体环境下的版权意识；五是具备良好的职业道德素养。融合进程中衍生的新传播形态颠覆了传播者和受众的地位，如手机通信、微博、微信等传播形态，也让每个受众都能成为信息的传播者。传播者的主体建构发生了从俯视到平视的调整，受传者的主体解读发生了从仰

---

[1] 郑保卫：《要讲政治需要，也要讲新闻规律——对社会主义新闻工作政治属性与专业属性关系的思考》，《新闻与写作》2016 年第 11 期。

视到平视的转变。这是两种态度的转变，一种视角的回归。① 这种转变也对未来广播电视学专业人才的培养目标提出了新的要求。厦门卫视节目部编导李燕在访谈中提到："别把自己当成一个记者，也不要把自己当成一个电视编辑，好好地研究一下受众、渠道和传播者这几个概念，梳理出各自特点和需求再结合具体工作就会好很多。"

（二） 基于以专业理论为基础的文化科技素养和以视听文化为基础的新媒体素养的培养目标

1. 基于以专业理论为基础的文化科技素养的培养目标

从因子分析的结果看，对于专业理论的培养目标包括了解新闻理想的内涵、掌握与广播电视传播活动相关的行业规范、明确自身是否对广播电视行业有浓厚的兴趣、了解中外新闻传播及广播电视发展历史、创作节目时能够引经据典；对于文化科技素养的培养目标包括具备艺术鉴赏视听创作的能力、掌握跨文化传播的视听语言、具备分辨科学信息真伪的能力、使用视听语言呈现科学知识的能力、掌握对本行业产生影响的科技手段等。最终实证分析的结果是把专业理论基础的培养目标和广播电视专业人员应具备的文化科技素养综合起来进行要求。根据调研中访谈和问卷调查的结果，多位一线工作者反映，单位采编人员充足，但是能够同时胜任美编、技术、运营的人稀缺。所以在招聘时，会考虑招聘非专业人才，他们虽然在某一方面擅长，但是新闻专业素养又不足，这使大家很矛盾。面对这种挑战，我国新媒体行业也提出了人才培养的多层次设计，依次为"应用型""高级专门人才""复合型""创新型"。显然，面对日益增多且丰富的传播渠道，一种"高级专门人才"已经不能满足社会需求，而更多地需要复合型和创新型人才。

2. 基于以视听文化为基础的新媒体素养的培养目标

从因子分析的结果看，对于视听文化素养的培养目标包括：具有借

---

① 梅迪：《中国电视传播者与受传者的和谐建构》，《中国广播电视学刊》2009 年第 7 期。

助视听符号综合传递信息的意识、多平台的协调与整合的能力、具有从受众角度建构视听形象的意识、掌握视觉传播的基本原理及规律、掌握广播电视节目编辑的方法和技术；而对于新媒体素养的培养目标包括：掌握各种媒介的特点及运行基本规律、有意识地使用网络媒介进行信息生产和消费、新媒体运营及管理的能力、具备数据挖掘及解读的能力、能够使用可视化方式准确传播信息的能力等。一线从业者调查数据分析的结果显示希望把两者有机结合起来，建构一套以培养视听文化为基础的新媒体素养的目标体系。

（三）政治素养、受众互动素养是广播电视学专业素养的核心

在我国，新闻传媒行业中始终坚持"党性原则"和"群众路线"的新闻宣传理念，党性和人民性从来都是一致的、统一的。[1] 因此，对于广播电视学专业人才以专业理论为基础的文化科技素养和以视听文化为基础的新媒体素养的培养，必须要围绕政治素养和受众互动素养这两个核心进行。

通过两次因子分析的降维，可以看出媒介融合时代广播电视学专业人才的核心素养是一个双轮驱动、两翼齐飞的综合体——双轮是政治素养和受众互动素养，两翼是以专业理论为基础的文化科技素养和以视听文化为基础的新媒体素养，如图 7-3 所示。

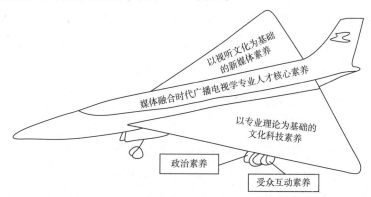

图 7-3　媒介融合时代广播电视学专业人才核心素养示意

---

① 　陈曙光、刘小莉：《坚持党性和人民性的统一》，《前线》2019 年第 6 期。

图 7-3 显示了媒介融合时代对于培育广播电视学专业人才核心素养有了更高、更新的要求，不仅需要提高学生的专业理论水平和新媒体技术素养，更要重视政治素养、受众互动素养的培育。

笔者在厦门广播电视集团和福建省广播影视集团进行调研时，24位一线专家结合自己多年的新闻实践发表了观点和看法。其中"广播电视学专业的学生应具备过硬的政治素养"被一线工作的新闻中心主任、制片人、编辑、记者提及最多；"激励学生了解新兴平台的传播特点并积极与受众互动，不断学习最前沿的技术"次之，有 10 人提及；"学生应不忘初心，热爱新闻行业，坚定理想信念，具备吃苦耐劳的专业精神"也有 7 人提及。[1] 这意味着，一线媒体工作者认为媒介融合时代广播电视学专业人才应具备过硬的政治素养和新闻专业素养，必须不断更新新闻观念，了解受众的需求，运用先进的新媒体视听技术提升传播效果，这些观点与数据结果吻合，也再次印证了分析结果的合理性。

三　小结

通过总结归纳国内外各大高校的教学目标和课程设置情况，提炼出广播电视学专业人才核心素养；通过问卷调查和焦点小组访谈对广播电视学专业人才的核心素养进行修正。因此，媒介融合时代下广播电视学专业人才的核心素养及在此基础上梳理出的培养目标，反映了社会所处的发展阶段对该专业人才的社会需求，本研究将会为我们建立满足社会需求的广播电视学专业人才培养体系带来如下启示。

（一）提出以核心素养为主要培养目标的广播电视学人才培养的新理念

广播电视学本身是一门偏重应用型的学科，不论是国内还是国

---

[1]　李永健、陈宗海：《秉持新闻理想：新闻学教育的基石》，《东南传播》2018 年第 9 期。

外，广播电视学的教学都是以技能培训为主，相较而言，更重"术"而轻"学"，甚至有人认为"新闻无学"。这和当时广播电视学科诞生的背景有关，广播电视的技术性和专业性很强，这使得对广播电视理论的学习未被重视。但是，随着技术的进步和社会的发展，新媒体新技术已经不再是广播电视行业专业性的主要标志了，中央广播电视总台中文国际频道新闻部副主任包君昊认为："当下最火的新媒体本身并不是一个复杂的东西，手段和技术都是次要的，本源还是从业人员需要满足受众需求，做好一名内容生产者。"因此要满足这一需求必须转换思维，改变广播电视学专业的培养理念，以核心素养的培养作为主要目标。

（二）初步确立广播电视学专业人才核心素养的基本内涵为课程设置提供了依据

本研究提出了由政治素养、受众互动素养双轮驱动，以专业理论为基础的文化科技素养和以视听文化为基础的新媒体素养两翼齐飞的核心素养模型，并提出要将政治素养和受众互动素养的培养贯穿广播电视学专业人才培养的始终。

在广播电视学专业人才培养的课程设置中，要使广播电视学专业人才增强政治素养，在新闻实践中避免犯"政治性"错误，仅学习专业知识是远远不够的。还应加强政治性知识的教育和法律知识的普及，开设时事政治、典型案例解读，以及新闻法规相关课程，把对政治素养的培养落到实处。

在广播电视学专业人才的培养课程设置中，应及时调整思路，开阔视野，设立受众分析、舆情观察与引导、版权知识、心理学、统计学等相关课程，重视对于受众互动素养的培养。

广播电视学专业人才核心素养的"两翼"——以专业理论为基础的文化科技素养和以视听文化为基础的新媒体素养的培养中要体现广播电视学实践与理论相结合的特点，应注意将理论教育与新闻实践相结合，将人才培养的专业性与时代性相结合。

从整体上看，当前对于广播电视学专业人才核心素养的培养，并不能有效地契合新闻实践一线的需求。高校应及时调整广播电视学专业人才的培养目标和课程设置，将媒介融合时代广播电视学专业人才核心素养的综合体培养落到实处，减小传媒行业因人才有效供给能力不足导致的"供需矛盾"。

为了解决这一矛盾，中国社会科学院大学新闻传播学院李永健教授针对中国社会科学院大学新闻传播学院学生的实际以及学院的培养目标，提出了以马克思主义新闻思想为核心基石，以理论研究能力培养为中心，以内容生产能力培养、受众分析能力培养为支撑，关注新媒体、媒介融合发展，对外传播等热点领域，构建"新闻+"的新闻传播人才培养的新模式，如图 7-4 所示。

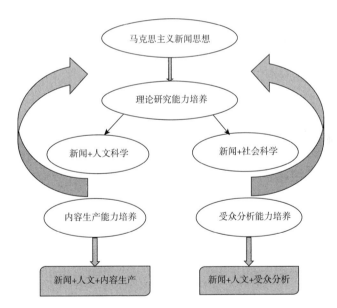

图 7-4　新闻传播人才培养新模式

第八章 立足中国国情的新闻传媒教育

第一节 新文科建设应适应世界
变革、中国发展①

在 2018 年教育部产学合作协同育人项目对接会上，教育部高教司司长吴岩提出，我国要全面推进新工科、新医科、新农科、新文科建设，形成覆盖全部学科门类的具有中国特色、世界水平的一流本科专业群。② 2019 年 4 月 29 日，教育部、中央政法委、科技部等 13 个部门联合启动"六卓越一拔尖"计划 2.0，全面推进新工科、新医科、新农科、新文科建设，提高高校服务经济社会发展能力。③ 作为"四新"学科建设最晚提出的新文科建设，在 2019 年引发国内教育界的激烈讨论，各高校纷纷出台相关改革措施，探索新文科建设路径。有学者认为"新文科建设，为其他学科的建设和发展注入了新元素、新血液，加强新文科建设，是适应世界变革、中国发展、教育改革和国际方位的需要"④。

---

① 本节由李永健、刘静共同完成。
② 《2018 年教育部产学合作协同育人项目对接会在京举行》，中国新闻网，2018 年 5 月 24 日，http：//www.chinanews.com/cj/2018/05-24/8521835.shtml。
③ 《"六卓越一拔尖"计划 2.0 启动大会召开 掀起高教质量革命 助力打造质量中国》，中华人民共和国教育部网站，2019 年 4 月 29 日，http：//www.moe.gov.cn/jyb_xwfb/gzdt_gzdt/moe_1485/201904/t20190429_380009.html。
④ 吴岩：《加强新文科建设 培养新时代新闻传播人才》，《中国编辑》2019 年第 2 期。

2019 年可谓新文科建设的元年。目前学界对新文科建设的研究主要包括两方面：一是从学理上对新文科概念、内涵、特征、发展路径等内容进行构建与探索，这是从宏观大视角、立足于整个新文科建设进行研究；二是具体到某一学科或专业领域的新文科建设发展路径，这是从中观或微观的视角讨论新文科具体的落地实践措施。由此，一场从宏观到微观、从理论到实践的"新文科"探索在中国展开。

首先是立足于整个新文科建设，对其进行内涵解读及理论基础构建，以期为实践做出理论指导。何谓新文科？新文科"新"在哪里？新文科提出的背景、目的及意义是什么？如何推进新文科建设等一系列问题成为研究热点。作为一个具有丰富内涵和外延的新概念，新文科并没有明确统一的定义。有学者认为，新文科是相对于传统文科而言的，是以全球新科技革命、新经济发展、中国特色社会主义进入新时代为背景，突破传统文科的思维模式，以继承与创新、交叉与融合、协同与共享为主要途径，促进多学科交叉与深度融合，推动传统文科的更新升级，从学科导向转向以需求为导向，从专业分割转向交叉融合，从适应服务转向支撑引领。① 那么首先需要明确的便是"新文科"和"旧文科"的差别在哪里？新文科与理工科之间是什么关系？有学者认为新文科建设不是对传统文科建设的否定，而是对文科学科内涵定位及人才培养模式的全新设想。② 石云里提出要将新文科建设作为"第三种文化"，其存在与发展的前提就是传统文科与理工科这两种文化自身的存在与发展。③ 王学典通过回顾中国人文社会学科体系从西方移植的历史，反思"学术中国化"新道路，指出我们现在所追求的新文科则是在一定程度上能反映、呈现和包含中国经验、中国材料、中国数据的文科。所谓"新文科"和"旧文科"之间的差异，则是中国特色学科体系和西方化

---

① 王铭玉、张涛：《高校新文科建设：概念与行动》，中国社会科学网，2019 年 3 月 21 日，http://ex.cssn.cn/zx/bwyc/201903/t20190321_4850785.shtml。
② 安丰存、王铭玉：《新文科建设的本质、地位及体系》，《学术交流》2019 年第 11 期。
③ 石云里：《"第三种文化"视野中的新文科》，《探索与争鸣》2020 年第 1 期。

学科体系之间的差异。①

　　关于新文科提出的背景及原因，有学者从纵向视角以学科发展史的逻辑梳理文科建设历程，从古代文理不分，到工业大革命时期分工明确使得学科细化，再到如今科学技术的发展要求打破学科壁垒，指出从文科到新文科的历史发展过程，表现了人类文科观念从文理原本统一到分类专业化发展，再到文理交叉融合的螺旋性上升的发展过程与逻辑。② 也有学者仅从中国文科植根于西方学科的历史来看，新文科是中国人文社科学科"中国化"的过程，是中国第三次学术大转型。③ 绝大部分学者是从横向视角、多维度探究新文科提出原因，主要包括以下几方面。

　　第一，从全球语境来看，信息科技在全球范围内的快速发展，对各国人才都提出了新的需求和挑战，致力于培养新人才的高等教育"呼之欲出"。人工智能、移动互联网等新技术在改变人类生产生活方式的同时给传统的法律、道德、伦理带来了冲击，给新文科建设和发展提出了新课题。④ 例如，有学者便指出，新文科建设是一场全球性教育改革运动。2017 年，美国希拉姆学院提出了新文科教育理念，在重新修订的培养方案中将新技术融入哲学、文学、语言等课程中，为学生提供综合性的跨学科学习。⑤

　　第二，在中国语境下看，新文科建设更是刻不容缓。一是新时代需要新文科。中国特色社会主义进入新时代，无论是政治、经济，还是文化、科技、民生等都面临新时代的新课题，高等教育同样需要与新时代接轨、为新时代服务。二是国家战略需要新文科。2016 年 5 月 17 日，习近平总书记在哲学社会科学工作座谈会上发表重要讲话："哲学社会科学是人们认识世界、改造世界的重要工具，是推动历史发展和社会进

---

① 王学典：《何谓"新文科"?》，《中华读书报》2020 年 6 月 3 日，第 5 版。
② 郝戎、孙大庆：《关于"新文科"背景下"戏剧与影视学"建设之破题与破局》，《戏剧》（中央戏剧学院学报）2020 年第 3 期。
③ 王学典：《何谓"新文科"?》，《中华读书报》2020 年 6 月 3 日，第 5 版。
④ 李凤林：《加快建设"新文科" 主动引领新时代》，《中国高等教育》2020 年第 1 期。
⑤ 李凤亮：《新文科：定义·定位·定向》，《探索与争鸣》2020 年第 1 期。

步的重要力量，其发展水平反映了一个民族的思维能力、精神品格、文明素质，体现了一个国家的综合国力和国际竞争力。一个国家的发展水平，既取决于自然科学发展水平，也取决于哲学社会科学发展水平。一个没有发达的自然科学的国家不可能走在世界前列，一个没有繁荣的哲学社会科学的国家也不可能走在世界前列。"① 人才强国战略、教育兴国战略、"一带一路"倡议以及"人类命运共同体"的建设，都亟须跨学科人才，尤其是新文科人才，为国家发展战略出谋划策。三是高校教育发展以及构建中国特色社会主义学术话语体系需要新文科。重理轻文、文科边缘化、文科科研动力不足、文科科研成果质量存疑等是目前教育存在的问题。尤其是当前中国特色哲学话语体系还未建成，新闻传播学这种缘起于西方的学科，面临本土化的理论创新欠缺以及中国学术话语在国际上的地位影响力不足等困境。而具有中国特色、中国气派、中国风格的新文科建设，将成为高等教育构建中国特色学科建设的一次契机。正如学者有言"作出立足于中国立场的意义解读，是推进新文科建设的重要前提"②。四是文科谋求自身发展的"自救"以及对接现实需要新文科。新文科是"人文学科危机"的产物③，是对有意无意忽视文科作为重要社会创新生产力要素和"有用"文化资本功用的回击，是突破文科"无用之用"围墙建立"有用"的学科新模式。④ 另外，就是目前文科教育脱离现实，"象牙塔"里的文科教育培养的学生，实践能力、动手能力、创新能力等与社会需求不对接，"毕业即失业"则是每年文科毕业生面临的窘境。

　　由此可见，新文科建设便是基于国内外新形势急剧变化以及学科自

---

① 《习近平：在哲学社会科学工作座谈会上的讲话》，新华网，2016 年 5 月 18 日，http://www.xinhuanet.com/politics/2016-05/18/c_1118891128.htm。

② 张俊宗：《新文科：四个维度的解读》，《西北师大学报》（社会科学版）2019 年第 5 期。

③ 张俊宗：《新文科：四个维度的解读》，《西北师大学报》（社会科学版）2019 年第 5 期。

④ 陈跃红：《新文科：智能时代的人文处境与历史机遇》，《探索与争鸣》2020 年第 1 期。

身发展的需求而提出的。有学者指出其本质是融入新科技、新理念，协同解决时代发展迫切问题的创新之举，其核心任务是卓越人才培养和知识体系创新。① 对于卓越人才的培养，新文科建设强调学科融合、交叉培养学生综合素质能力，其目标是培养卓越的复合型应用人才；对于知识体系的更新，学者提出必须塑造一套新的价值观、世界观、人生观，并且推动实质性学科交叉、真正进行跨界协同的复合型研究，进而创设新的学术领域。在这个意义上也可以认为，新文科的基本特征是问题导向，为了解决问题而进行多学科、跨学科的密切合作以及对未来进行创造性构想。② 也有学者提出新文科建设要从"守城"转向"攻城"，用拓展的方式组织人文学科的知识管理，极大程度地把新知识的探索加载到已经逐渐失效的现有人文学科，让其获得新生。③ 基于此，新文科建设的特征可以概括为以下几点：一是"开放性"，二是"战略性"，三是"融通性"，四是"现实性"。"开放性"即面向全球问题治理、培养国际视野的人才；"战略性"即新文科建设是一个系统工程，须结合国家发展战略，结合时代新形势，从宏观上完成顶层设计，为学科良性发展奠定基础；"融通性"即新文科要融通新技术，融通其他学科，融通理论与实践，融通过去、现在与未来；"现实性"则是以问题为导向，以培养能回答新时代问题的人才为己任。那么便有学者试图提出新文科发展的路径，如打破学科壁垒，培育新型交叉学科；融合新兴技术，推进智能文科建设；服务国家战略，提升文科引领能力等。④

除了从宏观上描绘新文科建设的蓝图，第二个方面的研究取向便是从中观或微观视角上探究具体文科专业在新文科发展背景下的落地措

① 宁琦：《社会需求与新文科建设的核心任务》，《上海交通大学学报》（哲学社会科学版）2020 年第 2 期。
② 季卫东：《新文科的学术范式与集群化》，《上海交通大学学报》（哲学社会科学版）2020 年第 1 期。
③ 吴岩：《"守城"到"攻城"：新文科建设的时代转向》，《探索与争鸣》2020 年第 1 期。
④ 李凤林：《加快建设"新文科"主动引领新时代》，《中国高等教育》2020 年第 1 期。

施。如新文科背景下的"大外语"教育、哲学学科发展路径、影视与戏剧学教育改革以及新闻传播教育的创新与重构等。也有学者对新文科通识教育课程改革的路径进行了探析，例如邓世平等人指出，在新文科建设背景下，通识教育课程体系不仅要包括一般意义上的培养学术技能和自然、人文、社科等学科素养的"全"课程，也应设置顺应国际化的"新"课程，服务于学校新兴交叉学科和学生创新能力发展需要的"尖"课程，以及本土化、校本化的"特"课程。①

第二节　机遇与挑战：新文科视域下 新闻学教育新道路②

　　新闻学是新文科建设中重要的组成部分，在新文科提出的背景下，我国新闻学教育如何转向，以及各高校新闻学专业在培养方案、课程体系等方面如何进行转型同样引发了国内学者的积极思考与探究。如有学者提出培养新文科新闻人才的跨界思维，即跨文化界培养全球视野，跨学科界培养人文素养，跨技术界培养"全媒"素质，跨组织界培养创新精神。③ 要推进卓越新闻传播人才教育培养计划 2.0，要加强马克思主义新闻观教育，推进一流专业建设、加快全媒化复合型新闻传播人才的培养，打造新闻传播专业"金课"，推动"国标"生根落地等新道路。④ 在高校新闻院系建设方面，如 2020 年 7 月 31 日，中国人民大学新闻学院举办国家治理与舆论生态论坛（2020）——暨中国人民大学国家治理与舆论生态研究院成立仪式召开，邀请多位新闻传播领域专家学者共同研讨相关议题。该研究院便是跨学科建设，通过新技术应用与学科交叉，打造中国特色舆论学，服务"双一流"建设、引领新文科

---

① 邓世平、王雪梅：《新文科背景下通识教育课程改革的路径》，《社会科学报》2020 年 2 月 27 日。
② 本节由李永健、刘静共同完成。
③ 唐衍军：《新文科教育 引领新闻人才培养理念创新》，《新闻论坛》2020 年第 2 期。
④ 吴岩：《加强新文科建设 培养新时代新闻传播人才》，《中国编辑》2019 年第 2 期。

建设的跨学科平台。换言之，此类研究院的出现证实了学者所说的"学术集群化"，新文科的发展必须突破既有学科的藩篱，推动文理交叉融合、协同研究，并创建新的研究领域。因此，来自不同学院和学科的研究者为攻克重大问题而在一个多元框架下聚集、组合在一起的卓越集群将成为学术活动的新常态。①

新文科战略的提出，对我国新闻学教育来说既是挑战又是机遇，它成为我国新闻学教育进行反思自身学科体系，探究新媒介新形势下新闻人才培养的一次契机。结合新文科建设的内涵与特征，下面将从五个导向来分析新文科发展背景下新闻学教育的新要求与新道路。

（1）树立崇高的新闻理想。

《教育部 中共中央宣传部关于提高高校新闻传播人才培养能力实施卓越新闻传播人才教育培养计划 2.0 的意见》提出，要培养造就一大批具有家国情怀、国际视野的高素质全媒化复合型专家型新闻传播后备人才。② 可以看出，家国情怀，即崇高的新闻理想排在首位，立德树人为根本任务。由此，新闻传播人才的培养应以人文主义为导向，培养学生具备扎实的人文基础。尤其是在当今新文科建设背景下，跨学科的融合并非摒弃传统人文思想，而是让其在新形势下焕发新光彩。新闻传播人才无论是学术研究者还是从业者，都应有崇高的新闻理想、爱国精神、人文关怀，既需要温度，也需要高度和深度。特别是面临技术主义思潮、民粹主义思潮等多元意识形态的冲击，以及算法、人工智能等新技术带来的伦理问题，都亟须新闻工作者在其中明辨是非、把握好价值导向，从而引领社会思潮。由此，新闻学科的教育应加强学生的人文教育，加强马克思主义新闻观教育，特别要警惕避免出现唯技术导向的学

---

① 季卫东：《新文科的学术范式与集群化》，《上海交通大学学报》（哲学社会科学版）2020 年第 1 期。

② 《教育部 中共中央宣传部关于提高高校新闻传播人才培养能力实施卓越新闻传播人才教育培养计划 2.0 的意见》，中华人民共和国教育部网站，2018 年 10 月 8 日，www. moe. gov. cn/srcsite/A08/s7056/201810/t20181017 _ 351893. html？from = groupmessage& isappinstalled = 0。

科培养。在这一点上新闻学院要设立合理的包含人文教育相关的课程包且在学分上有明确要求，以避免学生在功利主义或急于求成的心理作用下只选择与技术相关的课程。关于选课，虽然要结合学生兴趣，但老师依旧要加强对学术的指引与教育，引导学生以长远的眼光看问题，帮助学生在人文与技术之间找到平衡。正如有学者提出的以新文科整体推进为建设导向的传媒教育，不应止步于职业应用型技能的传授，亟须我们挣脱传统传媒教育观念中的工具理性和路径依赖，不仅要在理论建设、知识更新等方面走在行业前列，更要培养学生的前瞻性视野、分析及解决问题的能力、可持续发展能力。①

（2）满足社会发展需求。

在源于社会需求而提出的新文科建设背景下，新闻学教育亦要面向现实，以培养国家社会所需要的人才为己任。高校新闻院校要不断思考时代所需人才要具备何种品质与能力。2020 年 6 月 30 日，习近平主持召开中央全面深化改革委员会第十四次会议并强调，推动媒体融合向纵深发展，要深化体制机制改革，加大全媒体人才培养力度。同时在会议上，习近平总书记还提出要着力破除唯分数、唯升学、唯文凭、唯论文、唯帽子的顽瘴痼疾，建立科学的、符合时代要求的教育评价制度和机制。② 面对媒体融合发展、智能化发展的大趋势，全媒体人才是社会所需。由此，新闻学教育对学生的培养应立足媒体融合背景，技术导入课程，培养兼具人文精神和科学精神的新闻人才。一是要融通学科教育，培养学生掌握除新闻以外的至少一门学科知识，如新闻+法律、新闻+社会、新闻+计算机等。二是要融通学界和业界，搭建多元化实践平台，形成产学研一体化人才培养模式，避免出现学生唯分数、唯文凭的"死学习"以及高校与业界人才供需不匹配的困境。

---

① 黄艳：《传媒生态变革中传媒教育的逻辑转向》，《传媒》2020 年第 7 期。
② 《习近平主持召开中央全面深化改革委员会第十四次会议强调：依靠改革应对变局开拓新局 扭住关键鼓励探索突出实效》，中国政府网，2020 年 6 月 30 日，http：//www.gov.cn/xinwen/2020-06/30/content_5522993.htm。

（3）科技与人文相互融合。

新文科建设是在当前新形势下社会需求和学科发展反思的前提下提出的，这也决定了其将与时俱进，其学科发展理念与人才培养计划也将不断迭代更新。同样，新闻学科的建设与人才培养亦需要面向未来。尤其是随着人工智能、物联网、大数据等技术的快速发展，作为使用技术的传播者，新闻传播人才则要对技术的发展更敏感，对未来技术的走向有判断，既不被技术牵着鼻子走，又要让技术"为我所用"。纵观我国媒体发展，其都与技术密切相关，从报网融合到"四全"媒体建设，从媒体融合到媒体智能化建设。"媒介即讯息"，媒介的发展史即人类社会的转型发展史，媒介的发展给人类社会带来的更多是认知思维和认知方式的重塑，以及生活方式和社会新场景的重构。那么，未来的新技术场景下的新闻教育又将走向何方，我们不能预判。但在目前的新闻教育中，则应建设开放、包容、多元的学科生态，培养学生创新思维、开放思维，以及面向未来的对多元事物的包容心态。

（4）建立中国的专业理论思想。

一方面新闻舆论工作是治国理政、定国安邦的大事，国家呼唤卓越的新闻人才，越发重视新闻工作；另一方面我国的新闻教育自身却面临累积已久的问题，即学科本身的没落，被其他各学科的繁荣发展如传播学、广告学等遮蔽，如有学者指出新闻学科发展定位不清晰、学科理论的套用照搬、学科方法论的消解等问题。① 而这次借由新文科建设的大环境，新闻学教育再次得到重视，以自身学科问题为导向的学科建设亟须明确新闻学科定位，在坚守新闻学自身特色的同时吸纳多元学科知识。由此，新文科发展下的新闻学科建设，需要从根本上建立学科自信，构建扎实完善的学科底蕴，创造属于新闻学科的学术领地。

（5）立足中国，面向世界。

新文科应立足中国，面向国际，为国家培养具有多学科知识理念的

---

① 黄春平：《中国特色新闻学科建设的历程与问题检视》，《现代传播（中国传媒大学学报）》2020年第2期。

融合型人才。同样，新闻人才的培养也是国际导向。一方面，全球信息革命环境下面对具有政治、经济、科技、文化复杂性与多元性的国际形势，需要我国新闻传播人才能够掌握国际传播话语方式，在辨识复杂国际形势的基础上发出中国声音；另一方面，新闻学科的建设亦须走向国际。目前，我国的人文社科仍然没有摆脱西方话语体系，创办以中国为主体的具有中国特色的学科体系、学术体系、话语体系亦需要在新闻学科上有所突破。由此，要逐渐形成"新闻学人才教育、新闻实践、新闻研究"三位一体的面向国际的新闻学科建设导向。笔者曾与中国人民大学新闻学院杨保军教授就新闻传播人才培养问题交换意见，他提到了中国人民大学概括的"中国经验、世界眼光、人类情怀、理论研究能力培养为核心，追求时代特色、跨越学科、原创精神"。这些简洁且寓意深刻的思想观点对于我们在新文科建设中重新思考新闻传媒人才培养具有非常重要的参考价值。

第三节　通过党史教育强化集体记忆中的中国共产党形象是新文科建设研究的新课题

中国正处在一个新的历史转折点上，即将步入建党百年的中国共产党历史内容非常丰富。科技的发展让中国进入媒体大众化时代，民众对信息的掌握程度大幅提升，特别是对历史的认识，摆脱过去教条式的教育所带来的好处显而易见。但开放式、反体系化、碎片化的信息，也让篡改、抹黑、夸大等不良行为容易摆脱控制，尤其是对中国共产党形象集体记忆的强化带来很多新问题。中国共产党要想领导中国走向民族复兴和全面崛起，背负沉重的历史包袱肯定行不通，必须运用新的策略和方法正确建构中国共产党形象的集体记忆，这样才能更好地把中国人民团结在中国共产党周围，为实现伟大的中国梦而团结向前。

2017 年 11 月，中国共产党与世界政党高层对话会在中国举行，于中国特色社会主义进入新时代之际举办全球政党大会，诠释了中国共产党的自信。中国共产党带领中国从贫穷落后的旧社会走向小康富足的新时代，成就举世瞩目。党的十九大以后，在以习近平同志为核心的党中央领导下，中国人民承前启后、继往开来，以更加开放、自信的心态继续朝着中华民族伟大复兴目标奋勇前进。回顾走过的路，梳理中国共产党在人民群众中的集体记忆与社会民意基础，对于进一步完善中国共产党的执政基础，更好地带领中国走上新征程具有非常重要的意义。

一　集体记忆与党的形象建构

在研究方面，我们对高度互动、无远弗届、互为传授者的互联网环境下集体记忆的生产、传播和消费的过程缺乏深入的研究，无法在理论层面及实践层面提出应对的策略和方法。社会期望在理论及实践操作层面能够产生新的突破，因此有更多的学者对此进行了研究和探索。自进入 2000 年以来，集体记忆研究逐渐成为研究的主流之一，国内核心期刊发表的文章数量逐年上升，近几年一直维持在一个比较高的水平上。人们在探索研究，被媒介化的记忆在我们的生活中起到了什么样的功能；媒介技术在捕捉和获取个体和集体记忆的过程中扮演了什么样的角色；数字化技术是否改变了我们对生活经验的刻写与记忆的路径、方式和内容；运用大数据我们是否可以更为准确地描述特定集体对某些特定事件的记忆；这些集体记忆与媒介生产是如何相互影响的；网络流言是如何传播和成为人们的集体记忆的，它对社会有何影响等问题。再如，在互联网中，不同的人群聚集在不同的网络社区，如微博、微信、BBS、贴吧，这些网民之间存在明显的分层。那么集体记忆的建构方式，在这些网络社区中与传统的建构方式是否存在区别？这些问题都有待研究者回答。国外对集体记忆的研究主要围绕重大历史事件展开，如对总统的记忆、对大屠杀的记忆、对战争的记忆。这些集体记忆在政治和意识形态维度上的工具化以及文化维度上的内化，都增强了集体凝聚力。国内这方面的研究不多，已有的研究大多停留在"沟通记忆"的层面，即将集体记忆作为个人记忆的总和。郑宇用集体记忆的建构与演化对箐口村哈尼族"集体失忆"的现象做出了阐释①，刘亚秋认为从集体记忆到个人记忆事实上是对社会记忆的一个反思②。综观国内外目前的媒介集体记忆研究，总体而言，成果不可谓不丰富。但是，正如一些学者所指出的，现有的媒介与集体记忆研究的理论框架和研究方法都存在一定局限，其成果往往也过于集中于对某个文本个案、某个历史事件的解读。这种对更为宏观的历史观、社会观缺乏全面考虑的研究取向，导致它始终处于主流社会学和历史学理论之外。在研究的路径上，最为常见的一类是运用文化研究的理论对影像、新闻报道等进行个案研究，研究方法多集中于话语分析和文本分析，相对而言，运用定量研究、比较历史学和口述史路径进行研究的较少。这使得很多研究成果在很大程度上只是运用个案验证了现有的记忆理论的成果，创新性不足。

二 集体记忆视角下媒介中中国共产党的形象建构研究设计

中国共产党是我国的执政党。"硬件系统"上经过近百年的发展早已形成了趋于完善的组织架构，"软件系统"上也产出了丰富的适应不同时期的思想精华。在政党形象的建构上亦取得了很大的进步。格雷厄姆·沃拉斯认为政党这个名字，"一听见或一看见就滋生出一个'意象'"③。而政党形象这个概念，使得人民更倾向于建构一个关于政党的"意象"，这个"意象"随着社会和时代的发展会演化成一部分集体记忆。这部分集体记忆良好与否，被人民群众理解的程度深浅，角度正确与否等都是决定政党建设成功与否的重要因素。

哈布瓦赫是记忆社会学的先锋，其在 20 世纪 20 年代提出的"集体

---

① 李兴军：《集体记忆研究文献综述》，《上海教育科研》2009 年第 4 期。
② 刘亚秋：《从集体记忆到个体记忆对社会记忆研究的一个反思》，《中国社会科学》2010 年第 5 期。
③ 〔英〕格雷厄姆·沃拉斯：《政治中的人性》，朱曾汶译，商务印书馆，1996。

记忆"，使之与史学意义上的历史彻底区分开来。他写道：历史世界就像海洋，所有局部历史都汇入其中……必须让过去的事件脱离把他们保留在自己回忆之中的那些群体。只有在这个前提下，才能把这些事件合成一幅唯一的画面。① 他还说我们关于过去的概念，是受我们用来解决现在问题的心智意象影响的，因此，集体记忆在本质上是立足现在而对过去的一种建构，是有社会框架的。大众媒介对国家、民族认同的叙事，连同各种博物馆一起承载了群体记忆再现与恢复的职能，成为当代社会建构集体记忆与国族认同的最主要途径。在建构过程中，媒体通过多种修辞表达框架，联结了历史与记忆，并借由媒体在集体记忆中再现或创造历史，用以建构民族国家的集体认同。在特定或者重要的历史时期，媒体的报道框架对于集体记忆的形成和回忆，显得尤为重要。马克斯韦尔·麦库姆斯则从议程设置的角度指出，"往历史深处走去，大众媒介（包括流行书籍、学校教科书、电影以及新闻媒介）对历史事件的选择性纪念对公众议程影响深远，它不仅凸显了历史事件的显要性，而且也强调了我们记忆中这些事件的特殊面与细节"②。在群体记忆缺失、记忆受阻的现代社会，大众传媒对历史事件的再现和叙事，对公众记忆的议程设置，成为现代民族国家将过去变成合理化权力的资源、塑造国民意识、凝聚共识和维护国家民族身份的最重要途径。因此，本研究的核心问题是中国共产党形象的集体记忆与社会民意，是以框架建构和议程设置理论为视角，探索媒介在社会、受众中如何建构中国共产党形象的集体记忆及社会认同的规律和方法。20 世纪 80 年代，框架范式被有的学者称为"研究媒介与民意关系的新典范"，这也是本项研究的总体框架（见图 8-1）。

　　本项研究的对象是媒介中中国共产党形象的集体记忆及社会、政治认同，实际上也是一种社会民意的体现。从集体记忆到社会、政治认同

---

① 〔法〕哈布瓦赫：《论集体记忆》，毕然等译，上海人民出版社，2002。
② 〔美〕马克斯韦尔·麦库姆斯：《议程设置——大众媒介与舆论》，郭镇之、徐培喜译，北京大学出版社，2008。

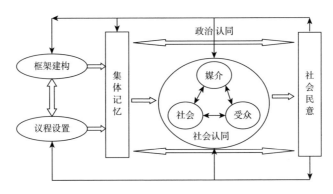

图 8-1　研究的总体框架

的演进过程，一般需要经过三个阶段：一是唤醒与激发，二是定位与规范，三是内化与实践的路径。唤醒符号记忆是形成集体记忆、激发自然认同的初始步骤。因此，本项研究的重点就是要梳理中国共产党形象集体记忆中的典型符号，从形式和意义两个方面来梳理其历史发展，形式与意义构成了符号内容的重要部分。研究的主要目标就是要了解媒介是利用什么样的符号框架来唤醒和激发的；这些符号框架是如何被媒介即社会定位与规范的；符号框架是如何被社会接受并内化实践的。

自开展这项研究以来，我们区分了各种形式的记忆，如个人记忆与集体记忆、文化回议和沟通回忆，区分了有意识的回忆形式和无意识的回忆形式、精神创伤式回忆和日常回忆等。大量的研究结果和在形成理论方面所取得的进步，令人惊异地表明了这样一个事实，就是社会回忆实践的一个核心领域，是极难用科学手段加以把握的：回忆来自何处，人们每天进行的回忆又来自何处。由于它的结构显得如此错综复杂而且又转瞬即逝，所以回忆似乎更易被艺术家和作家而不易被科学家所认识和理解。尽管如此，我们还是知道，我们自己的回忆脱离不了客观给定的社会历史框架。正是这种框架，才使得我们的全部感知和回忆具有了某种形式，所以集体记忆中的框架研究是我们整个研究的基础和核心。

任何政党的内在本质都会通过政党形象外化表现出来，如一个政党最基本的性质、代表阶级、组织方式、基本宗旨和原则甚至执政绩效和未来发展趋势。江泽民同志曾指出政党形象"是党的性质、宗旨、纲领、路线的重要体现，是党的创造力、凝聚力、战斗力的重要内容"①。

政党形象的概念最早出现在 1908 年英国政治学家和教育家格雷厄姆·沃拉斯的政治心理学著作《政治中的人性》中。沃拉斯主要通过观察西方政治选举活动中投票人的行为来界定政党形象。沃拉斯认为，在政治选举中，"投票人需要'某种简单的、较为持久的状物，某种被热爱和信赖的状物，某种在相继的选举中能被认为是过去所热爱和信赖的相同的状物，政党就是这样的状物'。许多证据表明，西方国家的选举变幻正在增长，选民们对特定政党的依恋已经日益减弱，他们的投票行为愈来愈以争论问题和候选人的因素为基础，对政党形象的依恋是促进选民稳定的一种方式，前者的滑坡势必带来后者的滑坡"②。不难发现政党形象在选举过程中对选民的影响程度很大，同时启发我们思考为什么通过塑造一个良好的政党形象可以获得选民的支持。本质上，人民对于政党的情感和倾向是通过政党形象获取的，在这一个"意象"中，人民最直观地感受到自己对于某个政党的好恶。

改革开放以来，我国的经济形势突飞猛进，社会面貌日新月异。中国处在巨大的社会进步与转型时期，中国共产党作为一个大国的执政党，迎来巨大的机遇和挑战，在塑造政党形象方面既取得了有效的成就，也遭遇了困境，而这一切都潜移默化地形成了人民的集体记忆。中国共产党进行政党形象建构首先有经济发展需要的内在动因。在任何国家，经济发展都是政党发展的根基之一，改革开放初期面临国内外的发展困局，中国共产党在邓小平同志的带领下毅然决然地实行改革开放，至今在以习近平同志为核心的党中央的带领下，中国共产党仍然在坚持改革开放，深化改革开放，创新改革开放。这种经济发展的动因刺激了政党形象的形成，同时也在改革开放的 40 多年里留下了中国共产党

① 《江泽民文选》，第 3 卷，人民出版社，2006。
② 〔英〕格雷厄姆·沃拉斯：《政治中的人性》，朱曾汶译，商务印书馆，1996。

"真抓实干""勇于创新"等形象特征。除此之外，民主政治的发展也需要一个良好的政党形象树立执政党的权威。随着各民主党派的蓬勃发展和人民政治觉悟、政治意识的不断加强，人民对于民主的要求越高，对于执政党的要求就越高。一旦执政党缺乏良好的政党形象，必然危及党在人民群众心目中的威信，危及党的生命力和整个国家的社会稳定。良好的政党形象是一个政党的"软实力"和政治资源，中国共产党自改革开放以来通过塑造政党形象，不断强化了人民群众对于中国共产党的认同感，获得了世界人民的承认。其中留下了丰富的内容可供研究，集体记忆则是一个由中国共产党和人民群众共同塑造的"政党形象"记忆，我们分析其政党形象建构的内因、途径、成果和内化成集体记忆的过程，将中国共产党在改革开放以来的政党形象纳入集体记忆的框架研究之中。

三　研究的基本思路

从政党和人民的关系来看，政党形象是连接两者的一道桥梁。一方面，政党为了获得人民的支持，例如吸收新的成员，获得选举成功，执政政策的落实等，需要主动地、积极地建构自己的政党形象；另一方面，人民并不是完全被动地接受着一个既定的政党形象，人民会产生自己的政治诉求，人民会借由对政党的赞美或批评来左右一个政党的形象，故此，政党形象的塑造是由政党和人民两部分主体共同塑造完成的。

集体记忆研究一般遵循两种范式，即建构主义范式和功能主义范式。建构主义范式强调哪些因素决定了特定的社会事件在集体记忆中被选择或是被遗忘，集体记忆如何被建构，以及建构过程的机制问题；而功能主义范式认为集体记忆的主要功能是服务于当前的群体需要，这些需要包括群体的形成、群体认同感、群体凝聚力以及群体连续性。本研究主要遵循建构主义范式，保罗·康纳顿在书中这样写道："我们至少要回忆有关某个行动的两种脉络，才能识别那个行动。我们要把当事人的行为归位到他们的生活史中；再把他们的行为归位到他们所属的那个社会场景下的历史中。"[①] 这段话我们把它理解为包含两个层面的含义，第一，它包含着集体记忆研究中的两个对象，一是受众，二是社会场景；第二，我们认为在其中包含着强调集体记忆研究横向和纵向研究相结合，一个个体可以在不同的社会场景中有不同的回忆，这里个体就是受众，我们把媒介作为社会场景的一个主要因素来考察。以此我们设计一种集体记忆的研究框架（见图 8-2）。

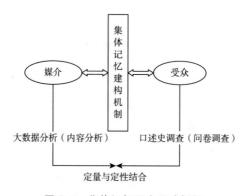

图 8-2　集体记忆研究思路框架

从横向研究来看，我们要研究受众在不同的社会场景中所建构的集体记忆；要了解哪些因素会影响这种建构；要梳理分类中国共产党形象的媒介报道框架；要建立媒介报道框架与集体记忆之间的关系；要从新闻生产、传播内容、传播效果三个方面，从宏观框架、中观框架、微观框架三个层面分析我党形象的建构框架；要认清媒介框架与社会民意之间的交互作用关系。

从纵向研究来看，我们要了解受众青春期的记忆和成年早期的记忆比起人们后来经历中的记忆哪种具有更强烈、更普遍深入的影响；人们是否最有可能借助青春期和成年早期的经历来理解这些后来的记忆；对

---

① 〔美〕保罗·康纳顿：《社会如何记忆》，纳日碧力戈译，上海人民出版社，2000。

亲历事件的自传记忆是否一定要比人们只是读到或听说的事件具有更为深刻的影响力；集体记忆是对过去的一种累积性的建构，还是对过去的一种穿插式的建构等。

四 研究方法

文献研究法。本研究将突出跨学科整合，综合运用社会学、传播学、教育学、心理学等多学科交叉研究的方法，充分开拓学科研究视野，吸收其他学科的理论成果，丰富本课题的理论支撑，为改革开放40年来中国共产党形象的集体记忆与社会民意研究建立完善的理论假设。

口述史调查法。本研究拟采用深度访谈的方法，对历经各个不同历史时期的典型人物进行深入访谈和焦点小组访谈，并通过定性分析，探讨不同人物在不同的历史时期对于中国共产党的集体记忆，从个体角度了解集体记忆与社会民意的关系，了解媒介报道框架与集体记忆的关系，分析其背后的心理学、社会学、传播学意义。

大数据分析法。内容分析可以为量化描述提供依据，将能够分类的内容进行编码，进行统计分析，从宏观、中观、微观三个层面呈现媒介生产框架、内容框架、效果框架。通过大数据分析的方法，掌握新媒体环境下媒介生产、媒介内容、传播效果受互动因素影响的特点和规律，了解新媒体环境下，受众对于中国共产党形象记忆建构的新特点、新趋势。尝试探索人工智能技术与大数据分析方法相结合，研究历史虚无主义在自媒体环境中的传播特点和规律。

问卷及量表调查法。为了更细致、更深入地了解中国共产党形象的集体记忆与社会民意之间的关系，认清媒介报道框架、内容框架对于集体记忆的影响，以及集体记忆与社会民意之间的关系，我们还将制作问卷或量表，具体测量影响的范围和深度。

笔者将此项研究分为三个阶段。

第一个阶段：媒介及受众的调查分析。我们要根据已有的研究思路，以媒介、受众为主要研究对象，以集体记忆作为研究目标，选择恰当的媒介和受众，采用大数据分析及口述史调查的方法开展数据及研究资料的收集工作。

第二个阶段：针对调查来的数据和资料深入分析媒介生产框架、内容框架、效果框架，建构起媒介框架与集体记忆的联系。在此基础上进一步了解集体记忆对社会民意的影响，了解不同时期不同的历史人物所建构的集体记忆与社会民意的吻合程度，掌握媒介建构集体记忆、引导社会民意的规律及方法。

第三个阶段：开展新媒体环境下中国共产党形象建构的大数据收集及分析工作。改革开放 40 年来，新媒体的出现只是近几年的事情，但是，其不但对社会的未来影响巨大，而且开放、互动、自由参与等环境因素，使得它对过去也有影响。以历史虚无主义为代表的对于中国共产党的英雄历史人物的诋毁事件严重损害了中国共产党的形象，所以要重视研究新媒体环境下集体记忆的影响因素以及社会民意的引导策略和方针，跟上时代和历史发展的步伐。

五　预计研究成果概述

回顾 40 年来走过的路，利用媒介框架，从宏观、中观、微观三个层面梳理中国共产党在人民群众中的集体记忆与社会民意基础。这是本项研究在学术思想方面的一个创新，科技的发展让中国进入媒体大众化时代，互联网环境下集体记忆与社会民意的生产、传播和消费的过程，影响的关注，为集体记忆研究提供了更广阔的发展空间。无论在理论、研究方法上，还是在研究内容上，都有望产生新的突破。例如，被媒介化的记忆在我们的生活中起到了什么样的功能，有了大数据分析的方法再结合口述史调查的方法，我们也许会认识得更为清楚。

通过大数据的内容分析，我们可以了解改革开放 40 年来的不同时期，中国共产党形象报道的媒介记忆，并从中抽象出有代表意义的媒介符号框架，找出影响集体记忆的因素；通过对不同时期历史人物的口述史材料的分析，了解社会民意及媒介框架与受众框架的吻合程度；通过大规模的问卷调查，了解在主流媒体集体记忆建构的基础上中国共产党形象建构的社会民意基础，为进一步完善中国共产党的集体记忆，顺应社会民意提供媒介建构的框架策略及方针；通过人工智能技术结合大数据分析，跟踪探寻历史虚无主义性质事件发生的特点和规律，并在操作层面提出应对的策略和方针。

第四节　基于核心素养培养的信息技术与课程整合模式研究

一　技术与课程整合模式研究综述

广电教育应突破固有边界和培养目标和模式，将新兴技术引入传媒教育中，开发出信息技术与课程融合的新模式。我们要建设中国特色社会主义，走中国的民族复兴之路。针对新时代如何重新定位一位广电人才应该具备的核心素养，基于核心素养的人才培养模式会有哪些变革等一系列问题，我国很多高校都进行了各式各样的人才培养模式的改革。

1. 课程结构与新兴技术相融合

短视频适合在各种新媒体平台播放，不但技术融合而且内容融合技能分享、幽默搞怪、时尚潮流、社会热点、街头采访、公益教育、广告创意、商业定制等主题，是广电专业媒介融合的典范。中国传媒大学电视学院将课程结构与新兴技术融合，推出了 21 部 "北京文化地图" 短视频，每部作品介绍一处北京文化胜地，在北京公交、地铁滚动播出，讲述北京的历史、展现北京的风貌，成为顺应移动优先、弘扬城市文化的创新之举。该系列短视频一经推出，便受到全国多个省市的广泛关注，电视学院先后与海南省委宣传部、福建文化和旅游厅开展合作，为其制作"文化地图"系列短视频，作品成果在城市移动平台以及进出三沙永兴岛的航班上展播，助力党和政府的文化旅游建设，彰显新时代的城市文化风采。中国传媒大学的这一尝试不但取得了很好的社会效应，而且也在科教融合以及将新技术、新手段、新载体融入人才培养中开辟了一条新模式。

2. 学科本位与跨学科教育融合

在新技术革命下，科技涌入传媒行业，更需要将计算机、人工智能、大数据、统计学等知识体系与传媒教育有机结合，进一步完善传媒教育理论结构。华中科技大学新闻学院秉承了"文工交叉、应用见长"的培养理念，探索出"能力融合—内容融合—平台融合"的人才培养之路。目前，人们对媒体信息的获取由被动转向主动，知识观正在经历从"普遍性的知识到境域性的知识，分科化知识到综合化知识"的转变。这意味着学科知识理论的建设不仅是"积累的、理性的、分科的"，还是"批判的、整体的、综合的"。中国人民大学新闻学院与法学院、国际关系学院开展学院合作，开设"新闻学—法学""新闻学—国际政治"实验班，探索多学科联合培养。复旦大学新闻学院改革"2+2"教育模式，大学前两年须进行通识教育，在经济学、社会学、法学等方向完成专业学习后，再进入新闻学院学习新闻专业知识。日本最早开设新闻类专业的上智大学也对课程设置进行改革，强调学生知识获取的综合性。学校要求新闻学系的新生在一年级都以学习基础课程以及通识课程为主，在二年级以后，学生要同时学习必修课程和选修课程。这些课程除了包括基础的专业课程还涉及国内外时事问题、科技新闻、政治新闻等内容，同时学生还需要选修其他学院的课程以达到毕业的要求。

3. 学校培养与社会媒体平台相融合

对于广电专业，信息技术的运用是改变传统教学模式的关键，也是培养满足社会需求的新型广电人才的突破口。那么，如何将信息技术与

广电专业课程有机整合，满足社会发展对于广电人才的新需求？从实践
运用角度看，这种融合可以划分为五种模式：直接开设"信息技术"
课程模式、"情境—探究"模式、"资源利用—主题探究—合作学习"
模式、"小组合作—远程协商"模式、"专题探索—网站开发"模式。
马宁和余胜泉根据融合的不同程度和深度，将其进程大致分为三个阶
段：封闭式的、以知识为中心的课程整合阶段，开放式的、以资源为中
心的课程整合阶段，全方位的课程整合阶段。他们又将信息技术与课程
教学整合的 3 个阶段细化为 10 个层次。① 黄宇星提出信息技术与课程教
学整合的 11 种具体策略：知识点切入策略、多种感官参与学习策略、
思维训练核心策略、情感驱动策略、情境激励策略、因势利导策略、实
践感知策略、习作强化策略、合作探究策略、自主探究学习策略、寓教
于乐策略。② 王静和李葆萍提出了信息技术与教学融合的教学评价指标
体系。③ 信息技术与课程整合不等同于 CAI，刘力等人从历史发展背景、
内涵、目标、教学过程以及对教师和学生的要求等方面对信息技术与课
程整合、CAI 加以区分（见表 8-1）。④

表 8-1　经典 CAI 模式与信息化教学模式特点之比较

	经典 CAI 模式	信息化教学模式
设计核心	教学内容设计，以课件开发为中心	教学过程设计，重视学习资源的利用
学习内容	单学科知识点	交叉学科专题
主要教学模式	讲授/辅导	研究型学习
	模拟演示	资源型学习
	操练练习	合作型学习

---

① 马宁、余胜泉：《信息技术与课程整合的层次》，《中小学信息技术教育》2002 年第
1 期。

② 黄宇星：《信息技术与课程整合策略》，《文化教育研究》2003 年第 1 期。

③ 王静、李葆萍：《信息技术与学科教育整合的课堂教学评价指标体系的建立》，《中国
电化教育》2003 年第 8 期。

④ 徐娟、宋继华：《高校新型教育技术培训课程设计》，《现代教育技术》2006 年第
6 期。

续表

	经典 CAI 模式	信息化教学模式
教学周期	以课时为单位	以单元为单位（短至一星期，长至一学期或一学年）
教学评价	依据行为反应	依据电子作品

进入 21 世纪，信息技术与课程整合又迎来了新的发展契机，西方学者又提出了 Blending Learning（混合学习），就是要在信息技术的支撑下把传统学习方式的优势和 E-Learning（数字化或网络化学习）的优势结合起来。混合学习的模式有很多种，如技能驱动型模式、态度驱动型模式、能力驱动型模式以及基于 Web 的协作扩展模式等。国内学者如李赫等人提出了信息化环境下的教学设计操作模式；林红霞等人提出了信息化教学设计中创设情境的几种方法；王海燕等人提出了自主学习的教学设计模式；朱莉等人研究了基于多元智能理论的网络课程教学模式设计。①

总之，基于培养核心素养的信息技术与广播电视学课程整合的基本可归结为如下几点。以学为中心，注重学习者核心素养的培养，教师作为学习的促进者，引导、监控和评价学生的学习进程；充分利用各种信息资源来支持学；以"任务驱动"和"问题解决"作为学习和研究活动的主线，在相关的有具体意义的情境中确定和教授学习策略与技能；强调"协作学习"；强调针对学习过程和学习资源的评价。

二 信息技术与课程整合模式的研究设计

1. 研究对象

本课题的研究目的就是设计开发以培养广播电视学专业人才核心素

---

① 何克抗：《对国内外信息技术与课程整合途径与方法的比较分析》，《中国电化教育》2009 年第 9 期。

养为目标的信息技术与课程整合模式。课程是承载核心素养的载体之一，整合要以先进的教育思想、教学理论（特别是建构主义理论）为指导；要紧紧围绕"新型教学结构"的创建这一核心来进行整合；要注意运用"学教并重"的教学设计理论来进行课程整合的教学设计；要高度重视各学科的教学资源建设；要注意结合各门学科的特点建构易于实现的信息技术与学科课程整合模式。①

《教育部 中共中央宣传部关于提高高校新闻传播人才培养能力实施卓越新闻传播人才教育培养计划 2.0 的意见》提出要培养造就一大批具有家国情怀、国际视野的高素养全媒化复合型专家型新闻传播后备人才。要把这一要求转换为具体的教学目标，首先必须提炼出新时代广播电视学人才的核心素养，这是我们培养符合社会发展需求人才的基础。在此基础上指导培养目标及课程建设，并开发与之配套的信息技术与课程整合模式。

2. 研究的重点、难点

笔者在文献检索中发现，多数论文提到"要将互联网思维作为评价新闻学专业课程的重要标准"、"要提升广播电视学专业学生的职业道德素养"或"新闻职业精神传承与业务实践能力训练兼顾"等具有概念性质的模糊说法。因此，为了从教育教学角度更加明确这一问题，我们引入了广播电视学专业人员专业核心素养这一概念。核心素养，又称"关键素养"或"21 世纪素养"，科学地进一步确定广播电视学专业人才的核心素养是本项研究的难点之一。同时，如何根据确定的核心素养制定教学目标及课程建设，以及在此基础上建构信息技术与课程整合模式也是本项研究的重点。

难点：广电专业人才核心素养的确定

该解决方案以核心素养为理论指导，通过分析国内外广播电视学专业的建设发展和教学实践，建构该专业人才的核心素养，进而形成调查

---

① 余胜泉：《信息技术与课程整合的目标与策略》，《人民教育》2002 年第 2 期。

评价表和焦点小组访谈提纲，之后回到媒体工作一线进行实证研究，邀请记者、编辑、制片人、新闻中心主任对广播电视学专业人才的素养进行评价，收集数据并进行分析验证，从中概括出媒介融合背景下广播电视学专业人才的核心素养及培养目标。

重点：素养驱动型信息技术与广电课程整合模式的设计与开发

建构素养驱动型信息技术与广电课程整合模式，须注意以下三点。

一是要有问题意识。作为新文科建设的一分子，广电学科需要探索和回答其在长期发展过程中积累起来的问题，并根据时代变革，完成学科更新，增强学科建设与时代发展之间的契合性。

二是要学科融合。新文科强调文科之间的组合重建和文理之间的互动组合。学科的交叉融合，并不是最近才出现的现象，在人文学科的学术研究中，学科交叉越来越明显，文理之间的交融也越来越有必要。

三是要注意科技的工具属性。在科学技术快速发展，不断突破其工具属性，衍生出"智能化""情感化"工具的当下，人文学科在与自然学科的博弈中虽然处于相对劣势状态，但基于反思的立场，人文学科更应该以积极的态度面对被科学技术改变的世界，关心变化的中国与世界。

根据调查确定的核心素养，通过对专家、学者的深入访谈，确定教学目标以及承载相关目标的课程群。在此基础上通过成功的案例分析以及在先进教学理念支撑下设计整合模式并进行一定范围的教学实验，确定适合中国国情的广电专业信息技术与课程整合模式（见图 8-3）。

3. 本研究的主要目标

本研究通过分析国内已有新文科建设相关理论研究和教学实践，结合国内外广播电视学人才培养目标和教学实践，探索广播电视学教育如何突破固有边界和培养目标，通过培养目标和课程体系的改革，将信息技术与课程有机整合，建构新型教学模式，培养出既能满足新文科建设在国家层面的要求、实现学界与业界的有效衔接，又能满足社会需求的传媒人才。

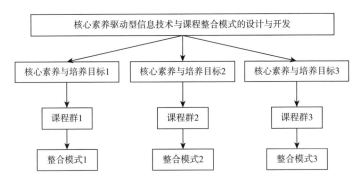

图 8-3　广电专业信息技术与课程整合模式

4. 要解决的问题

（1）新时代需要什么样的广播电视学专业人才。通过国内外广播电视学专业不同类型的高校课程设置及培养目标的梳理，以及针对我国广电传媒行业的实际走访调查得出的社会需求，结合新时代背景，分析其中的差距，探索需要培养什么样的人才，并希望在此指导下，促进广电传媒人才培养思维、理念的转变。

（2）通过总结归纳国内外各大高校的教学目标和课程设置情况，提炼出广电专业人才核心素养，通过社会需求调查对该专业人才的核心素养进行修正，建构科学确立人才的核心素养及在此基础上梳理出的培养目标及课程建设。

（3）建构适应我国新时代，基于核心素养驱动下的信息技术与广电培养目标和课程建设相融合的教育教学模式，把科技迅速涌入给传媒行业带来的影响体现在人才培养的各个环节。

三　研究思路及方法

1. 研究框架及思路

本研究的基本思路是把核心素养的培养作为新时代大背景下对于人才要求的出发点，把对新文科建设的发展战略目标与媒介融合背景下广播电视学教育改革发展创新结合起来，以满足社会需求作为本项目的目标来开展研究（见图8-4）。

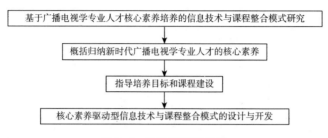

图8-4 研究框架及思路

2. 研究方法

本研究利用文献分析法对国内外广电专业发展及人才培养以及信息技术与课程整合的相关文献进行深入调研；运用案例分析法对我国高校以及外国高校成功的案例进行分析概括；运用深度访谈法、问卷调查法深入传媒行业分析广电专业人才需求，进入高校调查分析教学目标及课程设置的相关问题，建立全新的信息技术与课程整合的理念，在此基础上提出相应的整合模式及对应策略。

四 创新之处

根据科学界定的广播电视学专业人才的核心素养以及在此基础上制定的教学目标及课程，建构与信息技术与广电教学目标及课程相融合的教学模式，是该研究的一大亮点，具体的创新之处体现在以下三个方面。

第一，立足新时代大背景，以核心素养梳理广电传媒人才培养目标和课程体系，对广电传媒教育进行更加细化的研究。

第二，通过总结归纳国内外各大高校的教学目标和课程设置情况及调查得出的社会需求，发现传媒人才培养与社会需求之间的差距，使广电传媒教育与传媒行业、国家发展之间的衔接更加紧密有效。

第三，设计开发信息技术与广电专业课程有机整合的教学模式，为促进新时代广电传媒教育的转型提供借鉴。人文学科应在坚守学科本位的前提下，尊重科学技术的工具属性，为自身发展求得更大空间和可能。

建构新文科背景下的广电传媒人才培养目标及课程体系。在已有相关研究和教育实践的基础上，将新文科建设与媒介融合时代广电专业的改革创新相结合；将未来高校传媒人才培养与传媒行业人才需要相结合；将传媒人才培养体系与国家发展需要相结合。这样可以为新文科背景下传媒教育的转型提供理论及实践支撑。

参考文献

著作

1. 〔美〕保罗·康纳顿:《社会如何记忆》,纳日碧力戈译,上海人民出版社,2000。

2. 常昌富、李依倩等编选,关世杰等译《大众传播学:影响研究范式》,中国社会科学出版社,2000。

3. 陈阳:《大众传播学研究方法导论》,中国人民大学出版社,2007。

4. 〔英〕戴维·米勒、韦农·波格丹诺:《布莱克维尔政治学百科全书》,邓正来主编,中国政法大学出版社,1992。

5. 〔英〕丹尼斯·麦奎尔:《受众分析》,刘燕南、李颖、杨振荣译,中国人民大学出版社,2006。

6. 丁法章主编《新闻评论学》,复旦大学出版社,1997。

7. 杜映梅:《职业生涯规划》,对外经济贸易大学出版社,2005。

8. 〔美〕盖伊·塔奇曼:《做新闻》,麻争旗、刘笑迎、徐扬译,华夏出版社,2008。

9. 〔英〕格雷厄姆·沃拉斯:《政治中的人性》,朱曾汶译,商务印书馆,1996。

10. 郭庆光:《传播学教程》(第二版),中国人民大学出版社,2011。

11. 〔法〕哈布瓦赫:《论集体记忆》,毕然等译,上海人民出版社,2002。

12. 〔德〕哈拉尔德·韦尔策编《社会记忆：历史、回忆、传承》，李斌等译，北京大学出版社，2007。

13. 何明智：《国际新闻与世界图景的建构》，中国社会科学出版社，2010。

14. 闵大洪：《传播科技纵横》，警官教育出版社，1998。

15. 贺新闻：《战略人力资源管理》，高等教育出版社，2014。

16. 胡文龙、秦硅、涂光晋：《新闻评论教程》，中国人民大学出版社，1998。

17. 《江泽民文选》，第3卷，人民出版社，2006。

18. 李宏、李民：《传媒政治》，中国传媒大学出版社，2006。

19. 李永健：《传播研究方法》，浙江大学出版社，2009。

20. 刘长占、肖鸣政：《人才素养测评方法》，高等教育出版社，2000。

21. 刘笑盈：《国际新闻传播》，中国广播电视出版社，2013。

22. 〔美〕罗伯特·福特纳：《国际传播：全球都市的历史、冲突及控制》，刘利群译，华夏出版社，2000。

23. 〔加拿大〕马歇尔·麦克卢汉：《理解媒介——论人的延伸》，何道宽译，商务印书馆，2000。

24. 〔美〕斯帕克斯：《媒介效果研究概论》，何朝阳、王希华译，北京大学出版社，2008。

25. 王雁飞、朱瑜：《绩效与薪酬管理实务》，中国纺织出版社，2005。

26. 吴明隆、涂金堂：《SPSS与统计应用分析》，东北财经大学出版社，2012。

27. 〔美〕辛格尔特里：《大众传播研究：现代方法与应用》，华夏出版社，2000。

28. 臧国仁：《新闻媒体与消息来源——媒介框架与真实建构之论述》，三民书局，1999。

29. 张岩波：《潜变量分析》，高等教育出版社，2009。

学术论文

30. 蔡雯、黄金：《规制变革：媒介融合发展的必要前提——对世界多国媒介管理现状的比较与思考》，《国际新闻界》2007 年第 3 期。

31. 蔡雯、王学文：《角度·视野·轨迹——试析有关"媒介融合"的研究》，《国际新闻界》2009 年第 11 期。

32. 蔡雯：《媒介融合前景下的新闻传播变革——试论"融合新闻"及其挑战》，《国际新闻界》2006 年第 5 期。

33. 蔡雯：《新闻传播的变化融合了什么——从美国新闻传播的变化谈起》，《中国记者》2005 年第 9 期。

34. 曹晔华：《新媒体环境下科技传播人才的素养模型建构与高校创新培养研究》，博士学位论文，中国科学技术大学，2015。

35. 陈刚、魏文秀：《风险与焦虑：全球化背景下国际冲突议题媒介叙事的困境及其消解》，《江淮论坛》2013 年第 1 期。

36. 陈阳：《框架分析：一个亟待澄清的理论概念》，《国际新闻界》2007 年第 4 期。

37. 陈振华：《集体记忆研究的传播学取向》，《国际新闻界》2016 年第 4 期。

38. 程前、张晓飞：《媒介融合语境下广播电视专业教育的问题与对策》，《视听》2016 年第 2 期。

39. 丁柏铨、夏雨禾：《党的执政能力建设与党的媒介形象展现》，《当代传播》2008 年第 4 期。

40. 范丽媛：《近三年来普京媒介形象的中西对比研究——以〈人民日报〉和〈华盛顿邮报〉为例》，硕士学位论文，兰州大学，2015。

41. 冯文波、李刚：《一场空难引发的新闻伦理之思》，《青年记者》2015 年第 11 期。

42. 何明智：《CCTV-9 的国内新闻对中国国家形象的建构》，《国际关系学院学报》2009 年第 5 期。

43. 何涛：《价值与利益的权衡取舍——乌克兰危机中德国奥论的

博弈》，《中国报业》2015 年第 22 期。

44. 胡泳、李娜：《社交网络与乌克兰抗议运动》，《新闻记者》2014 年第 6 期。

45. 黄楚新、王丹：《新媒体时代传统媒体人的媒介素养》，《青年记者》2014 年第 4 期。

46. 黄旦、李暄：《从业态转向社会形态：媒介融合再理解》，《现代传播（中国传媒大学学报）》2016 年第 1 期。

47. 黄建友：《论媒介融合的内涵及其演进路径》，《当代传播》2009 年第 5 期。

48. 黄敏：《"冷战"与"主权"：中美南海对峙的媒体框架分析》，《新闻与传播研究》2009 年第 4 期。

49. 李莉、张咏华：《框架构建、议程设置和启动效应研究新视野》，《国际新闻界》2008 年第 3 期。

50. 李希光：《谁在设置我们的国际新闻报道框架》，《中国记者》2002 年第 9 期。

51. 李兴军：《集体记忆研究文献综述》，《上海教育科研》2009 年第 4 期。

52. 李永凤、覃珊珊：《试析新媒体语境下"广播电视新闻学"课程的教学转型》，《内蒙古师范大学学报》2016 年第 7 期。

53. 刘亚秋：《从集体记忆到个体记忆对社会记忆研究的一个反思》，《中国社会科学》2010 年第 5 期。

54. 刘燕：《国族认同的力量：论大众传媒对集体记忆的重构》，《华东师范大学学报》（哲学社会科学版）2009 年第 6 期。

55. 刘燕南、杨奉涛、刘娟等：《周边、台海、自身：海外华语观众关注"三个安全"——2013 中央电视台中文国际频道海外观众调查概要》，《现代传播（中国传媒大学学报）》2015 年第 1 期。

56. 刘颖悟、汪丽：《媒介融合的概念界定与内涵解析》，《传媒》2012 年第 1 期。

57. 娄珍须、贾岳：《多元语境下编织舆论安全之网》，《新闻战线》2015 年第 3 期。

58. 陆南泉：《中俄关系现状与前景》，《新疆师范大学学报》（哲学社会科学版）2015 年第 1 期。

59. 罗自文：《基于个性魅力视角的领导人电视形象塑造研究》，《中国广播电视学刊》2013 年第 5 期。

60. 梅迪：《中国电视传播者与受传者的和谐建构》，《中国广播电视学刊》2009 年第 7 期。

61. 苗青、王重鸣：《基于企业竞争力的企业家胜任力模型》，《中国地质大学学报》（社会科学版）2003 年第 3 期。

62. 彭爱萍：《中国内地广播电视新闻学专业教育现状调查报告》，《现代传播（中国传媒大学学报）》2011 年第 4 期。

63. 邱蔚：《媒体融合背景下的节目主持人直播能力素养重构策略》，《新闻研究导刊》2017 年第 4 期。

64. 孙彩芹：《框架理论发展 35 年文献综述——兼论内地框架理论发展 11 年的问题和建议》，《国际新闻界》2010 年第 9 期。

65. 王红丽：《媒体呈现与意义建构——基于〈人民日报〉、〈纽约时报〉乌克兰事件报道的话语分析》，硕士学位论文，暨南大学，2015。

66. 翁秀琪：《集体记忆与认同构塑——以美丽岛事件为例》，《新闻学研究》2001 年第 7 期。

67. 吴廷俊：《问题与成绩同行：1978～2008 中国新闻教育发展研究》，《新闻大学》2009 年第 6 期。

68. 夏苇航：《新时期中俄关系影响因素及前景探析》，《人民论坛》2014 年第 32 期。

69. 邢仔芹：《媒介融合的现状及对传媒业的影响》，硕士学位论文，山东大学，2009。

70. 许华：《普京如何塑造领袖形象》，《对外传播》2015 年第

3 期。

71. 许华：《政治领袖与当代俄罗斯国家形象》，《俄罗斯东欧中亚研究》2014 年第 1 期。

72. 杨青：《21 世纪初俄罗斯媒体外交与国家形象塑造》，《新闻学论辑》2012 年第 28 辑。

73. 伊天威、孙薇：《广播电视学：融合事业中的学理重构》，《出版广角》2017 年第 3 期。

74. 于小雪：《我国社会新闻报道中的人文关怀问题》，《新闻爱好者》2011 年第 3 期。

75. 曾繁旭、戴佳、郑捷：《框架争夺、共鸣与扩散：PM2.5 议题的媒介报道分析》，《国际新闻界》2013 年第 8 期。

76. 詹小美、康立芳：《集体记忆到政治认同的演进机制》，《哲学研究》2015 年第 1 期。

77. 张淡云、杨俊等：《关于新华社和美联社报道埃及骚乱事件的分析》，《新闻传播》2011 年第 11 期。

78. 张洪忠：《大众传播学的议程设置理论与框架理论关系探讨》，《西南民族大学学报》（哲学社会科学版）2001 年第 10 期。

79. 赵玉明：《谈谈广播电视研究和广播电视学学科建设》，《现代传播（中国传媒大学学报）》2007 年第 8 期。

80. 周海燕：《媒介与集体记忆研究：检讨与反思》，《新闻与传播研究》2014 年第 9 期。

81. 周小普、刘楠、张翎：《新战略、新融合、新技术——2016 国外广播电视发展与未来趋势》，《中国广播》2017 年第 2 期。

82. 朱陆民：《乌克兰变局对中国国家利益的影响》，《太平洋学报》2014 年第 7 期。

83. 邹军：《媒介融合的中国实践与媒介产业规制变革趋势》，《新闻知识》2010 年第 11 期。

外文文献

84. Boyatzis, R. E., *The Competent Management: A Model for Effective Performance*, John Wiley & Sons, 1982.

85. Dietram A. Scheufele & David Tewksbury, "Framing, Agenda Setting, and Priming: The Evolution of Three Media Effects Models", *Journal of Communication*, 57, 2007.

86. Gitlin, T., *The Whole World Is Watching: Mass Media in the Making and Unmaking of the New Left*, Berkeley: University of California Press, 2003.

87. Goffman, E., *Frame Analysis: An Essay on the Organization of Experience*, Boston, Northeastern University Press, 1974.

88. Holli A. Semetko and Patti M. Valkenburg, "Framing European Politics: A Content Analysis of Press and Television News", *Journal of Communication*, Spring, 2000.

89. Jenkins, H., "Convergence? I Diverge", *Technology Review*, June, 2001.

90. Jenkins, H., Deuze, M., "Editorial: Convergence Culture", *Convergence: The International Journal of Research into New Media Technology*, 14, 1, 2008.

91. Ledford, G. E., "Paying for the Skill, Knowledge, and Competencies of Knowledge Workers", *Compensation and Beneifts Review*, 27, 4, 1995.

92. McClelland, "Testing for Competency Rather than 'Intellengence'", *American Psychologist*, 1973.

93. Missouri Group, *News Reporting and Writing*, Bedford/S Martin's, 2010.

94. Spencer, L. M. & Spencer, *Comperence at Work: Models for Superior Performance*, John Wiley & Sons, 1993.

95. Ytreberg, E., *Convergence: Essentially Confused?*, New Media &

Society, 2011.

96. Yuqiong Zhou & Patricia Moy, "Parsing Framing Processes: The Interplay between Online Public Opinion and Media Coverage," *Journal of Communication*, 57, 2007.

后 记

也许是缘分使然，十年之前我在央视《走近科学》栏目组工作过。我被派到原中央电视台中文国际频道新闻部挂职副主任。当时的中央电视台对于我们这批从高校来挂职的教授非常重视，安排我们直接参与一线工作。

我所挂职的中文国际频道，从总监到我所在新闻部的领导都非常支持我的工作。经过一段时间的工作，我也和其他主任一样开始了新闻部的轮流值班。在央视挂职工作的经历，不但让我感受到媒介环境的变化，而且也切身感受到新闻传媒教育与一线对人才需求的差距。挂职结束后我曾先后赴中央广播电视总台、青岛电视台、厦门卫视、福建省广播影视集团进行调研，了解他们对于新闻传媒人才的培养有些什么样的看法。媒介融合时代广电传媒转型发展的关键在于人才，在当前和今后一个时期，我国传媒行业人才问题，供给和需求两侧都有，但矛盾的主要方面在供给侧。这正是当下该专业学生面临的就业难题：学生找不到专业对口的工作，用人单位抱怨招聘不到与岗位相匹配的人才。

本书所包含的并不仅仅是我一个人的工作，它是我和我的研究生们共同的研究成果。当然我们还要感谢大力支持我们调研工作的原央视中文国际频道副总监新闻部主任马勇，新闻部副主任王未来、王世林、包君昊等。从 KBS 电视台的考察，到在国内各大省级广播电视台的调研，他们为我们的调研，联系协调付出了很多心血。

从 1995 年进入地方电视台工作算起，我在新闻传媒行业工作有将

近 26 个年头了。但就我自己的感受来说，真正进入新闻传媒行业是从
1998 年在央视兼职开始。虽然是兼职，但那几年从头学起，真正学会
了如何做一名合格的电视记者和编辑，至于以后新闻传媒的教学和研
究，我更愿意将其视作旁观者的体验、观察。2013 年至 2015 年的挂职
工作，使我对广电传媒行业的认识得到了升华，所以本书应该是对我
22 年来从事广电传媒行业工作、教学、研究的总结。希望我和我的团
队做的这些探索能对广电传媒转型发展及人才培养带来一些启示，再次
感谢那些给予我们大力帮助和支持的同事、朋友们。

李永健

2021 年新春佳节之际

图书在版编目（CIP）数据

广电传媒的转型发展与人才培养 / 李永健等著. --
北京：社会科学文献出版社，2021.10
ISBN 978-7-5201-9291-0

Ⅰ.①广…　Ⅱ.①李…　Ⅲ.①广播电视-传播媒介-
发展-研究-中国②广播电视-传播媒介-人才培养-研
究-中国　Ⅳ.①G229.2

中国版本图书馆 CIP 数据核字（2021）第 215525 号

广电传媒的转型发展与人才培养

著　　者 / 李永健　张　弛　荣文雅 等

出 版 人 / 王利民
组稿编辑 / 祝得彬
责任编辑 / 张　萍
责任印制 / 王京美

出　　版 / 社会科学文献出版社·当代世界出版分社（010）59367004
　　　　　地址：北京市北三环中路甲 29 号院华龙大厦　邮编：100029
　　　　　网址：www.ssap.com.cn
发　　行 / 市场营销中心（010）59367081　59367083
印　　装 / 三河市尚艺印装有限公司

规　　格 / 开　本：787mm × 1092mm　1/16
　　　　　印　张：15.75　字　数：223 千字
版　　次 / 2021 年 10 月第 1 版　2021 年 10 月第 1 次印刷
书　　号 / ISBN 978-7-5201-9291-0
定　　价 / 98.00 元
